영유아 문제행동 지도와 상담

이론과 실제

유아특수교사, 유아교사, 작업치료사의 다학문적 협력을 통한

영유아 문제행동 지도와 상담

이론과 실제

백상수 · 한민경 · 류은영 · 신용현 · 이희정 · 최인영 · 임미희
성경진 · 허혜정 · 이주영 · 김희은 · 조혜진 · 홍 진

KNOWLEDGE COMMUNITY 공동체

머리말

영유아 문제행동 : 이해와 소통의 여정

"영유아의 속삭임을 듣다"

영유아기에 접어든 아이들은 세상을 탐색하고 자신의 감정을 표현하는 과정에서 다양한 문제행동을 보일 수 있습니다. 이러한 행동은 단순히 '문제'로 치부될 수 없으며, 그 행동 뒤에는 깊은 발달적·정서적 이유가 숨겨져 있습니다. 우리 모두가 바라는 것은, 각 아동의 행동과 표현을 보다 깊이 이해하고, 그들의 올바른 정서 함양과 성장을 지원하는 것입니다. 그런 맥락에서 이 책 『영유아 문제행동 지도와 상담』은 각 분야의 전문가들이 힘을 모은 결과물입니다.

우리는 영유아 문제행동이라는 복잡한 주제를 다학문적 접근을 통해 탐구하며 놀라운 사실을 발견했습니다. 각기 다른 전문가들이 내린 정의와 그들의 접근 방식이 서로 다를 수 있다는 점은, 우리가 보다 풍부한 시각을 갖게 하고, 아이들에게 더욱 실질적이고 효과적인 지원을 제공할 기회를 열어줍니다. 유아교사는 사회적 상호작용의 중요한 측면을 강조하고, 특수교사는 개별 유아의 신체적·인지적 특성을 중시하는 반면, 작업치료사는 감각 처리와 관련한 행동에 초점을 맞춥니다. 이러한 다양한 관점의 교차는 아이들에게 어떤 영향을 미칠까요?

가장 큰 우려는 다양한 접근 방식으로 인해 아이들이 혼란을 느낄 수 있다는 점입니다. 그들은 서로 다른 시각을 수용하는 방법을 배우는 대신, 다양한 접근 사이에서 방향성을 잃고 방황할 수 있습니다. 이러한 혼란은 정서발달이 한창 진행 중인 영유아기에는 특히 해로운 영향을 미칠 수 있습니다. 우리는 이러한 위험을 인지하고, 영유아 문제행동에 대한 상호 이해와 협력을 도모하는 것이 얼마나 중요한지를 알고 이 책을 집필하게 되었습니다.

이 책은 유아특수교육, 유아교육, 재활치료 분야의 전문가들이 하나가 되어, 다학문적 시각으로 영유아 문제행동을 조명합니다. 또한 유아특수교육, 유아교육, 재활치료 분야에서의 생생한 사례와 경험을 바탕으로, 아이들의 문제행동을 바라보는 다양한 시각을 제시합니다. 이 책은 아이들을 향한 우리의 공통된 마음, 그 마음으로 함께 만들어가는 여정의 기록입니다.

각 장마다 실질적인 사례를 통해 행동의 배경을 탐구하고, 아이들의 고유한 특성을 이해하는 길잡이 역할을 하고자 합니다. 우리는 이러한 공동의 탐구를 통해 새로운 시각과 접근 방식을 발견하고 적용할 수 있기를 소망합니다.

다양한 전문 지식의 통합은 단순히 이론적 지식을 넘어, 아동에게 더 나은 지원과 환경을 제공할 수 있는 기회를 제공할 것입니다. 아이들이 표현하는 문제행동을 단순한 문제로 보지 않고, 그들이 성장하는 데 필요한 소중한 기회로 인식하게 되는 날을 기대합니다. 아이들의 웃음꽃이 활짝 피어나는 세상을 만들어가는 여정에 여러분을 초대합니다.

2025년 2월

저자 일동

차 례

Part 2 영유아 문제행동 지도 실제적용 및 분석 : 유아교육 현장 사례

Part 1

영유아 문제행동 지도와 상담 :

이론편

Chapter

01

영유아 문제행동의 이해와 지도 : 소통과 공감을 중심으로 한 접근

1. 포용적 관점에서 접근하는 영유아의 문제행동 지도
2. 영유아의 정서 이해와 공감을 기반으로 한 문제행동 개입 전략
3. 영유아의 회복탄력성 증진 : 관계 중심의 교육 접근법

chapter

01 영유아 문제행동의 이해와 지도 : 소통과 공감을 중심으로 한 접근

" 아이의 눈높이에서 보는 새로운 세상엔
무한한 가능성과 한없는 사랑이 있습니다.
그걸 함께 볼 수 있다면 따뜻하게 보듬어 안을 수도 있습니다."

아이의 문제행동은 해결해줘야 할 과제가 아니라, 함께 성장할 수 있는 기회입니다. 고로 우리는 행동 속에 담긴 메시지를 이해하고, 따뜻한 마음으로 그들을 지지하여 더 나은 교실 환경을 만들어 나갈 수 있도록 노력해야 합니다.

1. 포용적 관점에서 접근하는 영유아의 문제행동 지도

유아교사, 유아특수교사들은 통합학급에서 1년 동안 다양한 발달 특성을 가진 아이들을 담당해 지도하고, 수많은 다양한 상황에 직면합니다. 행복한 순간도 많지만 때로는 어떻게 대처해야 할지 모를 힘든 상황을 마주하고 끊임없이 무엇이 최선일지 고민합니다.

'이 아이의 행동 뒤에 숨겨진 진짜 이야기는 무엇일까?'
'어떻게 하면 아이의 마음을 더 잘 이해하고 더 도와줄 수 있을까?'

이런 생각을 끊임없이 떠올리며 아이들을 지도합니다. 때론 나의 판단이 옳았다는 기쁨을, 때론 더 나은 방법을 찾을 수 있었을 텐데 하는 아쉬움을 느끼기도 합니다. 그렇게 시간이 지날수록 경험이 쌓이고, 시행착오를 통해 더 나은 교사가 될 수 있다는 믿음을 가질 수 있습니다. 하지만 경험이 많다고 하여 어떤 상황에서도 주저하지 않고 대처할 수 있으며 후회할 일이 없어지는 것은 아닙니다. 오히려 많은 경험이 쌓일수록 그 경험이 어떤 아이의 행동에 대한 고정관념과 선입견을 갖게 하고, 더 신중하게 아이의 행동을 지켜본 후 판단을 내리지 않는 성급함에 빠지게 만들 수도 있습니다. 특히 문제행동을 대할 때 그럴 가능성은 더 높아질 수 있습니다.

단순히 경험에 의존하고, 아이들을 바라보는 객관적인 시각이 좁아지면 문제행동 뒤에 숨겨진 다양한 이유와 사정을 일일이 확인하려는 꼼꼼함을 유지하기란 더 어려워집니다. 고로 교사는 자기 경험을 기반으로 한 노하우가 생기는 것을 경계하고, 늘 한결같은 마음으로 아이마다 다른 이유와 사정을 각각 판단해야 한다는 의식을 가져야 합니다. 하지만 어떤 일이든 오래, 열심히 할수록 노하우는 쌓일 수밖에 없습니다. 그것은 교육 현장에서 쌓은 교사의 소중한 자산이지만 때때로 우리를 제한하는 이유가 됩니다. 자신도 모르게 '문제행동'에 대한 고정관념이 생기고, 한 아이, 한 아이를 충분히 경험하지 않고 자신이 정한 시각에서 바라보고 앞으로의 행동을 예측하기도 합니다.

교사인 저희들 역시 그랬습니다. 어느 순간에 '문제행동'을 해결할 정답을 찾은 양 당당해진 적도 있었습니다. 지금 돌이켜보면 부끄럽고 자만했던 시간이었습니다. 아무리 경험이 쌓이고 내 나름의 교육관이 만들어지더라도 결국 아이들은 한 명, 한 명 모두 소중하듯 그 행동과 생각에 담긴 이유 또한 각기 다르다는 사실을 간과하고 있었던 것입니다. 그리고 깨달았습니다. 교사가 아이들의 행동을 단순히 '문제'로 바라보는 시각부터 벗어버려야 한다는 것을 말입니다.

교사는 아이에 대해 조금은 더 알게 되겠지만, 여전히 이 아이와 많은 것을 함께하며 알아가야 하는 사이처럼 대해야 합니다. 작은 손짓, 말 한마디에 어떤 메시지가 담겨 있는지 귀 기울여 듣고, 그 마음을 알고 이해하려는 노력을 최우선으로 해야 합니다. 그래야만 아이는 교사가 자신에게 보이는 기대감과 알려주고 싶어 하는 긍정적인 응원의 마음에 호응할 것입니다. 그리고 그런 시간이 아이에게도, 교사에게도 더 행복한 교육 현장을 만들어줄 것입니다.

'우리가 아이를 보면서 떠올려야 할 또 다른 한 분은 부모님입니다.'

부모님과 함께 아이에 대해 이야기하는 것은 아이를 위해, 그리고 교사를 위해 꼭 필요한 과정입니다. 부모님의 입장에서 한 번 더 생각해 보고 그 마음을 이해해 보려는 노력도 꼭 필요합니다.

"아이가 왜 그러는 걸까요?"
"아이를 어떻게 지도해야 할까요?"

우리가 늘 듣는 그 질문 안에는 아이에 대한 깊은 사랑과 절박함이 담겨 있습니다. 그럴 때 전문가로서 아이의 상황과 원인을 찾고, 앞으로의 일에 관해 부모님과 적극적으로 이야기하는 동반자가 되어야 함을 잊지 마세요. 아이에 대한 관심과 사랑이라는 공통분모가 있는 만큼 더 나은 방향으로 성장할 수 있도록 돕는 데 충분히 좋은 동반자가 되어줄 수 있을 것입니다.

물론 그 일이 왜 쉽지 않은지 잘 알고 있습니다. 시간에 쫓기고, 신경을 쏟아야 할 아이들은 늘 많아 벅찰 때가 있습니다. 그 많은 아이들의 웃음, 눈물, 작은 손짓 하나까지 신경을 쓰고 마음을 쏟는 유아교사, 그리고 유아특수교사의 삶은 결코 쉬운 길은 아닙니다. 매일 일상처럼 흘러가는 일을 감당하기도 버거운 날이 있는데 그런 순간에도 놀이 중심 교육이라는 교육 과정을 유지하고, 아이들 각자의 개별적인 요구를 충족시키려 노력하는 일은 어쩌면 매 순간 도전자 같은 기분이 들게도 합니다. 특히 문제행동을 보이는 아이들을 대하는 일은 더 각별하게 가정과 연계를 통해 아이를 깊이 이해하려는 노력과 꾸준한 관찰, 연구가 필요한 일입니다. 우리는 그 산더미 같은 업무를 하나하나 계속 해결해 나가야 합니다.

현실 때문에 때때로 지치고 힘들어 'VIP 고객'이라는 표현과 '경계선'과 같은 단어로 아이들을 폄하하는 순간들이 있을 수 있습니다. 그것을 무조건 잘못이라고 말하기엔 교사들이 버티고 있는 힘든 현실을 이해해 주기 위해 '오죽하면'이라는 단어가 떠오르기도 합니다. 교사들의 노고와 어려움을 알고, 인정하고, 공감하는 만큼 이해하는 부분이 분명히 있기 때문입니다. 하지만 그럼에도 불구하고 우리는 기억해야 합니다. 우리는 무한한 잠재력이 있지만 아직 꽃을 피울 시기가 되지 않아 그만큼 관심과 사랑이 필요한 아이들이 바라보는 교육자입니다.

그리고 그런 교사들을 믿고 지지해 줘야 할 분들에게 말씀드리고 싶습니다. 지금도 대학, 대학원에서 심리학을 배우고, 유아교육, 특수교육에 관한 연수를 찾아 듣고 공부하는 수많은 교사들이 있습니다. 그들은 '깨어있는 교사'가 되어 많은 아이들을 지도하기 위해 수없이 자신을 단련하고 있습니다. 그 한 사람, 한 사람의 인재들이 가진 열정이 지난 100년간 유아교육, 특수교육의 역사를 만들어 왔습니다. 그러니 아이들의 눈빛 속에 담긴 희망과 변화의 가능성을 놓치지 말고 그걸 위해 끊임없이 배우고 성장하려는 열정을 가진 수많은 교사들이 있다는 걸 잊지 마세요. 그 교사들의 헌신과 열정은 학부모님들의 신뢰를 얻어 장차 우리 아이들의 밝은 미래를 함께 만들어 나가는 밑거름이 될 것입니다.

2. 영유아의 정서 이해와 공감을 기반으로 한 문제행동 개입 전략

1) 정서 이해 기반 접근

'아이의 마음을 읽어주세요.'라는 말, 많이 들어보셨을 것입니다. 하지만 아직 글을 쓰거나 유려한 문장을 말할 수 없는 나이인 아이의 마음을 어떻게 읽는다는 것일까요? 그 방법은 바로 '행동'에 있습니다.

아이들은 '행동'으로 말을 합니다. 신생아 시기에는 울음으로, 그 다음에는 손짓과 발짓, 표정을 바꾸고, 말을 떼기 시작한 후에도 언어로 의사를 표현하기보다 행동으로 보여주는 시기는 생각보다 꽤 오래 지속됩니다. 그러니 아이의 마음을 알아내기 위해서는 '행동'을 관찰하고 그 안에 어떤 다양한 감정과 생각이 담겨 있는지 찾으려는 노력이 필요합니다. 그래서 '마음 읽기'라는 표현을 쓰는 것입니다.

어른들이 하는 '행동'이 '결괏값'이라면 아이들이 하는 행동은 '과정'이라고 할 수 있습니다(Barrett, 2017). 지금 무엇을 느꼈고, 무엇을 필요로 하고, 왜 그런 생각을 갖게 되었는지 우리는 행동을 통해 알아낼 수 있습니다. 아니, 어쩌면 매 순간 정답처럼 알아내지 않아도 됩니다. 아이들에게 필요한 것은 자신의 표현을 늘 바라봐 주고, 그 표현에 어떤 배경과 의도가 숨겨져 있는지 궁금해하며 귀를 기울여주는 관심과 사랑이 가장 중요하기 때문입니다. 때로는 좌절감을, 때로는 기쁨을, 때로는 혼란을 외치는 그들의 행동을 이해하려는 노력이야말로 아동들과의 깊은 유대감을 형성하는 첫걸음입니다. 그렇게 존중과 관심을 받고 있다는 확신을 가진 아이는 앞으로도 더 다양한 자신의 감정을 더 잘 이해하고 표현할 수 있는 내면의 힘을 쌓을 수 있게 됩니다(Brownell, Svetlov, Anderson, Nichols, & Drummond, 2013).

그것은 단순한 관찰과는 또 다른 단계입니다. 표면적으로 드러나는 것을 관찰하는 것에 그치지 않고, 아이들이 바라보는 세상에서 같은 눈높이로 세상을 바라볼 줄 알아야 진정한 공감과 이해를 도모할 수 있습니다. 산만한 행동을 자주 보이는 아이를 보고 그 행동 자체에만 집중해서는 안 됩니다.

'아동들의 행동에는 언제나 어떤 메시지가 숨겨져 있습니다.'

그 행동 뒤에 숨어 있는 감정과 필요를 이해하는 것이 중요합니다(Lobue & Orgen, 2022). 아동들이 무엇을 느끼고 어떤 도움을 필요로 하는지 알아차리기 위해 귀를 기울이고, 마음을 열어야 합니다. 이는 단순한 관찰을 넘어 그들의 세상으로 들어가는 것입니다. 어떤 행동이든 그 자체가 목적이기보다는 더 깊은 감정을 드러내는 수단입니다. 예를 들어, 때때로 산만해 보이는 행동은 단순히 에너지가 넘치는 표현일 수 있으며, 공감과 지지가 부족한 환경에서 나올 수 있는 반응일지 모릅니다. 이처럼 아동들에게 다가가 그들의 이야기를 들어주는 것은 우리에게 그들이 진정으로 필요로 하는 것이 무엇인지 발견할 기회를 줍니다. 도전적인 행동도 아동들이 세상과 소통하는 하나의 방법일 뿐입니다. 이 책이 교사와 부모 여러분께 아동들의 메시지를 이해하고, 그들이 따뜻하게 안도할 수 있는 환경을 함께 만들어 나가는 데 도움이 되기를 바랍니다. 아동들과 함께하는 여정은 우리 모두에게 더 나은 세상으로 나아가는 길이 될 것입니다.

2) 공감 기반 접근

우리 아이가 아기였을 때를 떠올려보세요. 배가 고프면 입을 오물거리고, 무언가 원하는 게 있을 때 손을 뻗었죠. 아이의 행동에는 이유가 있습니다. 분명 열심히 자신만의 방식으로 세상을 배우고, 소통하며 성장하고 있죠. 우리도 어린 시절엔 모두 그런 표현의 단계를 거쳐 왔습니다. 단지 그때와 비교해 성인인 우리는 너무 많은 표현법과 언어를 배웠기에 쉽게 아이의 언어가 아닌 행동 자체에서 이유를 찾기 어려울 뿐입니다. 그러니 모든 행동에는 분명히 이유가 있다는 마음을 갖고 이유를 찾으려고 노력해야 합니다.

유아기는 사회적 행동을 배우고 발달시키는 중요한 시기입니다. 열심히 세상을 탐구하며 자라나는 아이들은 각자 다른 행동으로 자신의 존재를 표현하려 합니다. 그만큼 아이에 따라 정말 다양한 행동반경을 보이기 때문에, 때때로 부모와 교사는 그 행동 중 어떤 것이 문제행동이고 정상 행동인지 고민에 빠집니다. '문제행동'이라는 개념 자체가 매우 주관적이기 때문에, 같은 행동이라도 누가, 어떤 상황에서, 어떤 기준으로 보느냐에 따라 달라질 수 있습니다. 가장 가까이에서 가장 빨리 아이의 행동을 본 어른들 역시 각자 다른 주관과 특성을 가진 사람이기 때문입니다. 중요한 것은 늘 객관적이고 긍정적인 시각을 유지하면서 반대로 감정적이고 자의적인 해석을 내리고 있지는 않은지 계속 주의를 기울이는 것입니다. 만일 문제행동을 보인다면 그 아이가 '도움'을 요청하는 또 다른 표현일 수 있습니다.

그렇다면 문제행동이라는 확신이 들었을 땐 어떻게 해야 할까요? 더 빨리 알아채지 못했음에 자책할 필요는 없습니다. 유아기 문제행동은 원인이 매우 다양하며, 개인, 가정환경, 사회환경 등 여러 요인이 복합적으로 작용합니다. 그러니 알아채고 확신을 내리는 일은 누구에게나 쉬운 일은 아닙니다. 다만, 문제행동이 확실할 경우 빠르게 움직여야 합니다. 문제행동은 조기에 알아채고 개입할수록 긍정적인 효과를 얻을 수 있기에 그만큼 더 적극적으로 다가갈 필요가 있습니다(Morales, Brown, Taber-Thomas, Lobue, Buss, & Pérez-Edgar, 2017). '아이들의 성장을 돕는 따뜻한 교육 방법'이라는 시선에서 집중한다면 더 효과적인 해결책을 찾을 수 있을 것입니다.

'공감과 소통은 아동들과의 관계를 깊게 하고,
그들이 열어 보이는 세상에 들어가는 열쇠입니다.'

개울물에 놓인 징검다리 앞에 선 것처럼 아이들은 처음엔 그 돌을 밟기를 주저합니다. 그리고 자신 있게 첫발을 뗄 수 있게 도와주는 것이 바로 부모와 양육자, 교사 같은 어른들의 공감과 소통입니다. 아이들은 자신이 느끼는 감정을 인정해 주고 진심으로 공감받고 있다고 느낄 때 자신이 받은 존중을 자신감으로 삼아 돌을 밟고 개울을 건너갈 힘을 얻습니다. 용기를 내 발을 디뎌도 자신이 안전하다고 느낄 때 자신을 더 솔직하게 표현할 수 있고, 다 건너갔을 때 분명 지금보다 더 큰 즐거움과 행복이 있다는 믿음이 생기기 때문입니다.

그러니 우리는 부드러운 말, 따뜻한 행동으로 아이의 마음에 위안을 주고, 문제를 해결해 나갈 수 있도록 잘 이끌어야 합니다. 아이의 말과 행동을 잘 보고 듣고, 지금보다 더 솔직하게 자기감정과 필요를 털어놓을 수 있도록 격려하며, 함께 그 문제를 해결해 주겠다는 믿음을 주어야 합니다. 그런다면 아이들은 우리를 신뢰하고, 자신감 있게 독립적으로 문제를 해결하는 능력을 기를 수 있을 것입니다.

'아이들은 원래 솔직하게 자기감정을 모두 표현하는 게 아닌가요?' 아마 그런 궁금증을 가질 분도 계실 것입니다. 하지만 마음을 여는 데 익숙하고 자신이 이해받고 있다는 확신을 가진 아이는 그런 확신이 없는 아이와 전혀 다른 모습으로 자라납니다(Aktar, Colonnesi, de Vente, Majdandžić, & Bögels, 2017). 게다가 누구나 다 알아볼 만큼 문제행동으로 모든 마음이 표현되고 있을 때는 이미 조기 개입을 통한 자연스러운 변화를 끌어내기에 늦었을 수도 있습니다.

'충분한 관심과 지지를 통해 안정된 정서를 갖고 자란 아이는
앞으로 자신이 겪는 문제들을 더 쉽게 털어놓고,
함께 해결책을 찾아나갈 힘을 얻을 수 있습니다.'

앞으로의 삶 속의 수많은 도전에서도 용기 있고 주체적으로 문제해결책을 찾

아가길 원한다면 일찍이 그 방법과 방향을 알려주는 것이 중요하다고 할 수 있습니다. 요즘 흔히 이야기하는 '회복탄력성'이 좋은 아이가 되길 바란다면, 우리가 아이의 행동과 감정 변화에 좀 더 민감하게 반응해야 하는 건 그런 이유 때문입니다.

우리는 아이들의 문제행동에 섣불리 비난을 가하는 대신, 그들의 심리적·정서적 필요를 이해하고 지원하는 회복적 접근을 도모해야 합니다. 무조건적인 사랑과 지지를 주어 잘 성장할 수 있도록 토대를 마련해 주고, 그들의 행동이 우리 기대에 미치지 못할 때조차도 비난이 아닌 이해를 선택하는 것이 중요합니다. 따뜻한 마음으로 아동들을 감싸 안고, 그들의 필요를 채워줄 방법을 찾으려는 노력이야말로 아동들에게 안정감을 줄 수 있습니다. 이를 통해 아이들은 자신의 감정과 행동을 더 건강하게 조절할 수 있는 사람으로 자라날 것입니다.

3. 영유아의 회복탄력성 증진 : 관계 중심의 교육 접근법

교육 현장에서 아이들의 문제행동은 종종 우리를 당황하게 만들고 불안하게 합니다. 매일 보고, 함께 생활하며, 아이에 관해 많은 것을 알고 있다고 자신했던 게 무색하리만큼 아이들은 때때로 생각지도 못한 문제를 깜짝 놀랄 만한 방식으로 내놓기 때문입니다. 교사는 당황스럽지만 문제를 해결하기 위해 원인과 배경을 파악하려 노력합니다. 하지만 표면적으로 드러나는 현상만으로 알 수 있는 정보는 한정적이며, 아이들이 스스로 솔직한 자신의 감정과 원인까지 이야기해 주는 경우는 거의 없습니다. 그럼 교사는 간과했던 숨은 문제점을 찾아내야 한다는 압박감까지 겹쳐 자신이 무엇을 잘못했는지, 어떻게 이 상황을 해결할 수 있을지 고민에 빠집니다.

유아교육 현장에서 문제행동을 보이는 아이를 지도하는 것은 교사에게 많은 심리적 부담을 안겨주는 일입니다. 훗날 사회의 일원으로서 잘 적응해 나갈 수 있게 기본적인 지식과 소양, 바른 행동을 알려줘야 한다는 목표를 달성하기 위해 '때론 엄격한 교정과 훈육이 필요한 것이 아닌가?' 하는 고민에 빠지기도 합니다. 당장은 부드러운 말로 상황을 모면하는 게 쉬운 방법임을 알지만 정말 아이의 미래를 위해 옳은 일인가 하는 의문을 가져본 사람이라면 누구나 해보셨을 갈등이라 생각합니다.

때론 계속된 실망감과 무력감에 지칠 수 있습니다. 하지만 바로 그 순간이 회복적 교육의 필요성을 느낄 절호의 기회임을 잊지 말아야 합니다. 우리는 서로 다른 경험과 배경을 가진 아이들이 모인 공간에서 그들의 감정을 확인하고, 그들의 목소리를 들어주며, 그들이 잠재력을 발견할 수 있도록 도와야 하는 사람들이기 때문입니다. 우리의 노력이 미약하게나마 영향을 주고, 그래서 아이들이 자신의 존재 가치를 더 높이 깨달아 멀리 날아가고 싶다는 힘을 얻는다면 우리가 하는 노력은 충분히 가치 있는 일임을 믿어야 합니다.

하지만 결국 우리는 단순한 중재가 아닌 회복적 교육 시스템을 도입하는 방향으로 이 문제를 해결해 나가야 합니다. 이 시스템은 아이의 문제행동 분석을 통해 그 행동이 나타나는 근본적인 이유를 이해하고, 그 안에 숨겨진 불안정성이나 다른 고통이 없는지 찾아내는 것에서부터 출발합니다. 만약 문제가 보인다면 왜 그런 행동이 드러나는지 이면에 숨어 있는 심리적·정서적 필요를 이해하고 지원할 수 있는 방법을 찾아가는 방향으로 나아가면 됩니다. 우리의 가장 큰 목표 중 하나는 '모든 아이들이 행복하고 충만한 삶을 누릴 수 있도록 돕는 것'이기 때문입니다.

우리가 만나는 아이 중에는 발달 지연을 겪는 아이들도 있습니다. 하지만 그게 다른 아이들과 함께 성장할 수 없는 이유가 될 수는 없습니다. 그러므로 발달 지연 아이들 역시 사회의 일원으로 건강하게 성장할 수 있도록 모두 협력하고 노력해야 합니다. 그 노력은 단순한 지원을 넘어, 그들이 받는 교육과 의료 서비스의 평등을 구현하는 것입니다. 교사들이 문제행동을 보이는 아이들의 긍정적인 변화를 끌어내기 위해 노력할 때, 그 변화는 고스란히 교실 전반에 긍정적인 영향을 미칩니다. 더불어 그 교육 현장의 필요에 맞춘 지원을 제공하는 것은 교실을 더 건강하고 안전한 배움의 공간으로 만드는 첫걸음이 될 것입니다.

'아이에게는 성공을 향한 목표 의식보다 실패를 두려워하지 않고
과감하게 도전할 수 있는 자신감, 그리고 그 도전의 시간을
즐길 수 있는 마음의 여유가 가장 필요합니다.'

그래서 교육 공간에는 아이들을 향한 따뜻한 칭찬과 안정감을 느낄 수 있는 지지자가 있는지가 가장 중요한 부분입니다. 장점을 발견하고 칭찬해 줄수록 아이의 자아존중감은 높아질 수 있고, 그게 기반이 되어 어떤 어려움도 극복할 수 있는 내적 힘이 자연스럽게 길러질 수 있습니다(McMahon, Wallace, Samuels, et al., 2024). 이는 가정이나 교실 공간 어느 쪽이든 모두 해당됩니다. 어떤 곳에서든 아이가 안정감을 느끼며 자신의 성장 잠재력과 꿈을 향한 의지를 놓치지 않도록 환경을 조성해 주는 것, 그것이 우리가 아이에게 줄 수 있는 가장 큰 선물이 될 것입니다.

회복적 교육의 원리는 마치 정원사가 시들어가는 꽃에 물을 주고 사랑하는 마음으로 지켜보고 어루만져주듯 아이들의 정서적·사회적 성장에 중점을 두고 교사와 학생, 학생과 학생 간의 관계를 회복시키고 강화시켜 나가는 것입니다. 그렇다면 실제 교육 현장에서는 어떻게 회복적 교육 시스템을 도입할 수 있을까요?

가장 먼저 해야 할 일은 문제행동이 나타나는 근본적인 이유를 이해하는 것입니다. 아이들의 문제행동에는 반드시 이유가 있다고 아동심리학자들은 이

야기합니다. 겉으로 보이는 문제는 아이들이 느끼는 불안정성이나 고통이 모두 표출된 것이 아닌 간신히 힘겹게 자신의 마음을 드러내는 해결의 실마리일 수 있습니다. 고로 그 행동이 나타나게 된 근본적인 이유를 이해하고, 그때 아이들이 느낀 감정에 공감하며, 필요한 부분을 도와주는 데 주력해야 합니다(Carvalho, Lemos, & Goulart, 2016). 지금 느끼는 어려움을 이겨내야 한다는 책임감을 심어주고, 자기통제(self-regulation) 능력을 발전시켜 나갈 수 있도록 해준다면, 점점 더 큰 문제도 스스로 해결해 나갈 수 있는 강한 마음을 가진 사람으로 성장해 나갈 수 있을 것입니다.

많은 아동심리학자들은 아이가 문제행동을 했을 때 중재가 언제나 일관되어야 한다는 것을 강조합니다(Ashton, et al., 2021). 오늘 안 된다고 한 일을 내일은 된다고 하거나, 부모가 안 된다고 한 것을 교사가 된다고 하는 등 서로 다르게 말하면 아이들은 어떤 것이 옳은지 그른지를 잘 판단하지 못하고 혼동하거나, 때와 사람에 따라 다르게 행동해도 된다는 요령을 먼저 터득하게 되기 때문입니다(Chandler, Roberts, & Chiodo, 2015). 학교, 가정, 아이들이 생활하는 다양한 기관이 모두 서로 긴밀하게 소통하고 협력하며 일관된 교육 방향을 제시해야 합니다. 우리의 궁극적인 목표는 아이들이 스스로 생각하고 행동할 줄 아는 독립적인 존재가 되어, 자기만의 행복한 삶을 살아갈 수 있길 바라는 것이기 때문입니다.

하지만 현실적으로 유아교육기관, 가정, 재활치료센터 등 아이들을 둘러싼 다양한 양육 환경에서 각자 전문가들의 교육 및 중재의 목표의 우선순위에 따라, 아이들은 다른 방식으로 교육받기도 합니다. 교육기관은 집단생활과 규칙을 강조하는 반면, 가정에서는 개인의 특성을 우선시하며 아이들을 존중합니다. 연구에 따르면, 이러한 환경 간의 불일치는 아동이 혼란스럽고 불안정한 감정을 느끼게 할 수 있으며, 이는 아동의 행동 문제를 유발할 수 있습니다. 예를 들어, 아동이 집에서는 자율성을 경험하지만, 학교에서는 규칙을 따라야 할 때 정서적 갈등이 발생할 수 있습니다. 이러한 다양한 접근 방식은 아이들에게 혼란을 야기하고, 행동 변화를 어렵게 만들 수 있습니다.

아이들은 자신을 이해해 주는 따뜻한 시선과 일관된 지침을 갈망하며, 안정적인 환경 속에서 성장하고 싶어 합니다. 실제로 심리학 연구에 따르면, 아동의 발달은 일관된 지침을 제공받을 때 보다 원활하게 이루어지며, 이는 아동의 자아존중감(self-esteem)에도 긍정적인 영향을 미친다고 밝혀졌습니다. 교육적으로 접근했을 때도 일관된 규칙과 기대는 아동이 자신의 행동을 이해하고 자기 조절 능력을 향상시키는 데 도움을 줍니다. 또한 이러한 환경에서는 아동이 긍정적인 사회적 행동을 모델링하고 학습할 가능성이 높아집니다.

이러한 혼란을 해소하고 아이들의 성장을 돕기 위해서는, 모든 교육 관련 기관들이 마치 오케스트라 단원들이 하나의 목표를 향해 연주하듯, 아이들을 위해 하나의 목소리를 내야 합니다. 연구에서는 여러 기관이 협력하여 아동의 필요를 충족시키는 통합적 접근이 아동의 전반적인 발달에 크게 기여한다고 밝힌 바 있습니다. 그에 따르면, 가정과 학교의 일관된 경험과 규칙은 아동의 행동 문제를 줄이는 데 매우 효과적입니다. 예를 들어, 가정과 학교 간의 협력적인 관계가 아동의 행동 개선 및 학업성취도 향상에 긍정적인 영향을 미친다는 뉴욕대학교의 연구 결과 역시 눈여겨볼 만한 가치가 있습니다. 그러니 가족과 학교, 그리고 관련 기관들이 협력하여 일관된 가치관과 지침을 제공함으로써 아이들의 안정적인 성장을 도와야 합니다.

부모와 교사는 아이들의 행동과 경험을 공유하고, 공동의 목표를 향해 나아가는 일관된 지도원칙을 수립해야 합니다. 이 과정에서 서로의 역할을 이해하고 존중하는 태도가 중요합니다. 이러한 협력은 마치 두 강이 만나 더욱 넓고 깊은 강을 이루는 것처럼, 아이들의 성장을 더욱 탄탄하게 뒷받침합니다. 부모와 교사가 함께 아이들의 문제행동에 담긴 메시지를 이해하고, 그들의 미래 성장을 위한 일관된 지침을 제공한다면, 아이들이 좀 더 안정적인 소속감을 느끼고 정서적으로 안정된 환경에서 학습할 수 있는 가장 좋은 방향이 될 것입니다. 기대되는 행동원칙을 일관적으로 제공할 때, 아이들은 더 안전하고 행복하게 성장할 수 있습니다.

함께 생각해 볼 문제

1. 교사는 아이들의 행동을 단순히 '문제'로 보기보다 그 행동 뒤에 숨겨진 감정과 필요를 이해해야 합니다. 그러기 위해서는 교사로서 아이의 행동을 긍정적으로 해석하기 위한 적극적인 노력이 필요합니다. 이러한 노력을 위해 어떤 방법들이 있을까요?

2. 아이의 행동을 지도하는 과정에서는 부모와 교사의 협력이 매우 중요합니다. 효과적인 협력을 이루기 위해서는 어떤 소통 방법과 전략이 필요할까요?

3. 아이의 행동을 깊이 이해하고 접근하기 위해 교사는 어떤 방식으로 아이를 바라보고 접근해야 할까요?

Chapter

02

영유아 문제행동의 이해

1. 영유아 문제행동에 대한 다양한 관점과 통합적 접근
2. 영유아 문제행동 지도의 접근법 : 공감과 소통을 중심으로 한 교육
3. 영유아 문제행동 지도 : 공동체 규범과 부모-교사 협력의 중요성

chapter 02 영유아 문제행동의 이해

1. 영유아 문제행동에 대한 다양한 관점과 통합적 접근

흔히 '문제'라는 단어가 붙는다는 이유로 '문제행동'에 대해 단순하면서도 단편적으로 받아들이는 경향이 있습니다. 하지만 이는 생각보다 복잡하고 어려운 단어입니다. 더군다나 아이에게 사용될 경우엔 어떤 특정한 기준에 맞춰 아이를 판단하는 것처럼 느껴질 수 있기에 더더욱 신중하게 접근할 필요가 있습니다. 이에 어떤 행동을 보고 문제행동이라고 단정 짓기 전에 다음과 같은 질문을 던져보는 것이 반드시 필요합니다. 가장 기본적인 이 질문은 우리가 문제라고 인식하는 행동의 본질을 파악하게 함으로써 근본적인 해결책을 찾기 위한 첫걸음이 됩니다. 혹은 모호하게 인식하던 문제행동의 개념에 대해 서로 다른 인식을 알아보고 각자가 가지고 있던 개념을 통합해 볼 수 있는 계기도 될 수 있는 만큼 매우 중요하게 생각해 봐야 합니다.

"어머님, 아이가 거짓말을 하는 경향이 있는 것 같아요."

"아이들이 다 그런 거 아닌가요? 저는 큰 문제라고 생각하지 않아요."

이렇게 한 아이의 한 행동을 두고도 교사와 부모, 양육자에 따라 문제로 인식할 수도, 문제가 아니라고 생각할 수도 있습니다. 또는 같은 행동이라도 상황에 따라 문제가 될 수도, 되지 않을 수도 있다고 여겨지기도 합니다. 하지만 모든 의견을 반영할 수 있는 옳은 방법을 찾기란 오랜 시간과 시행착오를 겪어야 하는 비효율적인 일이며, 올바른 교육환경을 위해서도 좋지 않은 방향입니다. 고로 우리는 무엇이 문제행동이며, 그것을 근본적으로 접근하여 해결하기 위해 무엇을 해야 하는지 보다 명확하고 공통적인 합의에 임할 필요가 있습니다. 이 과정은 아이의 행동을 단순히 평가하려는 것이 아닌 그 뒤에 숨은 필요와 감정을 이해하는 데 초점을 맞추는 일입니다.

아이의 행동은 마치 숨바꼭질을 하는 것처럼 행동 안에 지금의 감정, 정말 필요로 하는 것, 지금 갖고 있는 생각이나 욕구를 숨겨두고 있습니다. 그걸 찾아내 파악하는 건 우리의 몫입니다. 특히 유아기에는 비언어적 방식으로 신호를 보내는 경우가 더 많기 때문에, 그 신호를 따라가며 아이의 감정과 욕구, 성향 등을 파악해 가야 합니다. 그러려면 아이를 아주 유심히, 주의 깊게 관찰해야 합니다. 예를 들어, 아이가 과도하게 장난감을 요구하거나, 활동에 소극적으로 참여한다면 그 뒤에 숨겨진 감정이나 욕구가 분명히 있을 것입니다. 큰 관심이 없는 활동이거나, 또 다른 애정과 관심을 확인받고 싶거나, 무언가 다른 욕구가 있을 수도 있습니다.

알아챘다면 그때부터는 아이가 스스로 자신의 감정을 표현하는 법을 익힐 수 있도록 건강한 표현법을 알려주어야 합니다. 이때 교사와 부모는 아이의 행동을 분석하고, 아이가 진짜 원하는 것과 진짜 감정을 끌어낼 수 있는 능력을 갖출 수 있도록 노력해야 합니다. 그런 세심하고 감정적인 접근만이 아이의 신뢰를 획득해 더 즐거운 일, 더 만족스러운 생활을 보낼 수 있다는 확신을 주고, 앞으로 해나갈 모든 사회적 상호작용도 긍정적으로 끌어낼 수 있을 것이기 때문입니다. 이럴 때는 아이가 관심과 애정, 또는 확인을 원하고 있을 수도 있습니다.

아이가 무엇을 원하는가 하는 질문은 곧 그 행동의 원인과도 연결됩니다. 아이가 왜 그런 행동을 하는가 하는 근본 원인을 파악하려는 관심을 가지지 않는다면 행동의 이면에 무엇이 있는지 알 수 없고 해결도 바라기 어렵습니다. 만약 아이가 신경질적으로 행동한다면 그 이면에 행동 자체와 전혀 무관한 외부 환경의 변화, 친구와의 갈등 등 또 다른 문제가 자리 잡고 있을 수 있습니다. 그러니 우리는 늘 가능한 한 많은 정보를 다양하게 파악하기 위해 꾸준히 관심을 기울여야 합니다. 그리고 수집한 정보를 기반으로 아이를 지도하기 위해 다음과 같은 원칙을 기억해야 합니다.

원칙 1 일관성 있는 지도

"이건 언제나 지켜야 하는 일이야."

아이 앞에서 부모와 교사의 지도는 늘 일관성을 유지해야 합니다(Allevato, 2011). 일관된 행동을 바라볼 때 아이는 어떤 상황에서 무엇을 기대할 수 있는지 예상할 수 있고, 반대로 자신이 왜 규칙을 지켜야 하는지 이해할 수 있습니다. 왜 내 행동에 부모나 교사가 저런 반응을 보이는지 생각해 보게 만들고, 자신의 행동이 얼마나 이해받고 있는지 느낄 수 있습니다. 그런 감정의 교류가 있을 때 아이는 지도에 따라 사회적 규범을 습득해야 한다는 생각을 가질 수 있고, 자신의 감정을 조절하는 데도 큰 도움을 받을 수 있습니다(Park, Alber-Morgan, & Fleming, 2011).

원칙 2 긍정적인 피드백

"잘했어."

아이가 어떤 행동을 했을 때 긍정적인 피드백을 주는 것은 매우 중요합니다. 한 번의 칭찬으로도 아이는 자신이 올바른 일을 했다는 만족감을 느끼며, 앞으로도 이렇게 행동해야겠다는 결심을 할 수 있습니다. 마치 격려를 받은 것과 같은 감정을 느끼는 것입니다. 그렇기에 아이가 각각의 노력에 합당한 칭찬과 성취감을 느낄 수 있도록 피드백을 주어야 합니다. 이를 통해 아이가 앞으로도 꾸준히 새로운 도전에 관심을 가질 수 있도록 도울 수 있습니다(Kerr & Nelson, 2010).

원칙 3 신뢰 관계 구축

"널 믿어."

"선생님을 믿어요."

"엄마/ 아빠는 널 믿어."

신뢰는 어떤 관계에서든 유대관계 형성을 위한 가장 기본적인 조건입니다. 특히 유아기 아동은 자신이 안전하다고 느끼는 환경에서 더 자유롭게 자신의 감정이나 의사를 표현하기에 그 환경 자체가 아이의 성장에 이로운 영향을 준다고 볼 수 있습니다. 그리고 그 신뢰는 단시간에 만들어지는 것이 아니기에 그만큼 부모와 양육자, 교사의 일관된 태도와 진정성 있는 소통이 필요합니다. 아이들은 자신을 이해하고 지지해 주는 사람이라 확신을 가졌을 때 더욱 쉽게 마음을 열기 때문입니다.

이러한 원칙들은 아이들이 안전하고 긍정적인 환경에서 성장하도록 지원하는 데 중요한 역할을 합니다. 그리고 문제행동이 나타났을 때 그 행동을 보다 효과적으로 이해하고 적절하게 대응할 수 있게 해줄 것입니다(Brennan, Huffstutter, Rosenzweig, & Bradley, 2008).

'우리가 보여준 신뢰라는 탄탄한 땅을 밟고
자신감 있게 자기 마음을 우뚝 세울 줄 아는 어엿한 한 사람으로 자라났을 때
건강하고 튼튼한 마음을 가지고 인생을 살아갈 수 있게 될 것입니다.'

2. 영유아 문제행동 지도의 접근법 : 공감과 소통을 중심으로 한 교육

아이들은 마치 모두 다른 작물의 씨앗과도 같습니다. 각자 다른 모양의 싹을 틔우고 자라나 다른 맛과 모양의 열매를 맺기 때문입니다. 그래서 어떤 아이는 조금 느리고, 어떤 아이는 조금 빠르기도 하고, 빨리 시작했지만 도중에 자라는 시간이 오래 걸리기도 하고, 늦게 시작했지만 도중에 빠르게 자라는 아이도 있습니다. 그러니 어른이 해야 할 일은 그 타고난 기질과 성장 과정에 끊임없이 관심을 기울이며 발을 맞춰 나가주는 것뿐입니다. 문제행동 역시 마찬가지이죠. 아이의 어떤 행동을 '문제다. 아니다.'로 평가하기 전에 먼저 그 행동이 왜 일어났는지, 어떤 상황적 요소를 고려해야 하는지를 객관적으로 이해해 보려 노력하는 게 중요합니다.

있는 그대로 자신이 가진 기질을 인정하는 어른 아래에서 존중받고 자란 아이는 자신의 감정을 건강하게 표현할 줄 알고, 더 나아가 자신감을 갖고 사회에서 타인과 상호작용을 해나갈 수 있습니다(Wink, LaRusso, & Smith, 2021). 그렇기에 아이들의 행동을 단순하게 판단하거나 쉽게 판정하지 않고 그 맥락과 감정을 깊이 이해하려 노력해야 합니다. 그래야만 아이가 긍정적인 방향으로 성장할 수 있을 것입니다.

아이들의 행동에는 그들이 느끼는 감정과 상황이 반영된 다양한 메시지가 담겨 있습니다. 그 메시지를 이해하기 위해서는 먼저 아이들의 행동을 관찰하고, 그 행동의 배경이 된 감정과 행동을 통해 얻고자 하는 부분이 무엇인지를 알아내려는 노력이 필요합니다.

'저런 행동을 언제 가장 자주 보였을까?'

'그 행동을 할 때 어떤 감정을 표현하려는 것일까?'

계속 아이에게 소리 없는 질문을 던져보세요. 그러려면 소리가 나지 않는 비언어적 신호와 언어적 표현을 모두 주의 깊게 살펴보아야 합니다. 또한 그때 당시 아이가 겪고 있는 환경적 요인, 즉 가정이나 사회적 맥락을 이해하는 것도 메시지를 해석하는 데 큰 도움이 됩니다.

아이들의 마음을 이해하고, 더 나은 도움을 줄 수 있는 따뜻한 교육자가 되기 위해서는 먼저 자기성찰이 필요합니다.

'나는 아이들에게 어떤 영향을 끼치고 있는가?'
'나는 아이들의 반응이나 행동을 어떻게 받아들이고 있었지?'

이런 고민을 통해 마음가짐과 행동을 점검하고 좀 더 긍정적이고 포용적인 자세를 가지는 것이 무엇보다 중요합니다. 포용력을 갖고 아이와의 진솔한 대화를 통해 꾸준히 생각과 감정을 들어주고, 함께 공감해 가는 것입니다. 그런 시간을 가지는 것은 아이가 가진 장점을 있는 그대로 긍정적으로 받아들이고 좋은 방향으로 발전해 가고 싶다는 의지를 갖게 만들 수 있습니다. 대화를 통해 아이의 생각과 감정을 직접 듣고 소통하며, 그들이 자신을 자유롭게 표현할 수 있도록 안전한 환경을 조성해 나가는 것, 그것이 따뜻한 교육자의 모습일 것입니다.

또 한 가지는 아이들의 행동을 이해하기에 앞서 먼저 우리 자신을 돌아보는 시간이 필요하다는 점입니다. 아이들의 문제행동을 바라볼 때, 종종 그 아이 자신이나 가정환경을 탓하기 쉬운 상황이 발생합니다. 그러나 사실, 아이들에게 가장 큰 영향을 미치는 사람은 바로 교사인 우리입니다. 그러므로 우리는 아이들에게 어떤 말을 자주 하고 있는지 스스로 되짚어보아야 합니다. 긍정적이고 격려하는 말을 주로 하고 있는지, 아니면 부정적인 언사와 꾸짖음에 더 많이 의존하고 있는지를 생각해 보는 건 어떨까요? 아이들을 바라볼 때 우리가 어떤 감정을 느끼고 있었는지 점검해 볼 필요가 있습니다. 혹시 아이들의 어떤 행동이 짜증이나 화를 유발했었는지, 그때 우리의 반응이 아이에게 어떤 영향을 미쳤는지 등에 관해 고민해 봐야 합니다.

특히 곰곰이 생각해 봐야 할 점은 우리가 자신의 감정을 어떻게 표현하고 있었는가 하는 점입니다. 과연 마음만큼 따뜻하고 긍정적인 감정을 제대로 전달한 것일까, 또한 일관성 있게 아이를 대했는가 하는 점 등을 하나씩 점검해 보는 것도 매우 중요합니다(Boyer, 2010). 일관성은 곧 아이들과 쌓은 신뢰 관계와 깊은 연관이 있기 때문입니다. 그리고 만약 마음만큼 깊은 유대감을 쌓지 못했거나 표현에 기복이 있었다면, 앞으로 부족한 부분을 개선해 나갈 수 있다는 긍정적인 의지를 가질 수 있도록 노력해야 합니다. 그 과정을 통해 우리는 더욱 신뢰받는 교사가 될 수 있으며, 아이들에게 진정한 사랑과 올바른 지도를 제공할 수 있을 것이기 때문입니다.

'우리는 아이들의 행동을 판단하는 게 아니라 공감하고 이해해 주는 사람이어야 합니다.
우리 아이들의 행동 속에는 자신만의 이야기가 담겨 있습니다.
그 이야기에 담긴 성장의 씨앗을 함께 찾아주는 것,
그것이 교육자의 바른 역할일 것입니다.'

"어떻게 해야 아이들의 행동 뒤에 숨겨진 이야기를 읽어낼 수 있을까요?" 한 사람의 인격과 감성이 완성되기까지 영향을 끼치는 요소는 수없이 많고 다양합니다. 특히 유아기 아동들은 어른보다 많은 요소의 영향을 받게 되는데, 그중에서도 교사는 생각보다 훨씬 큰 영향을 끼치는 존재입니다(Buettner, Jeon, Hur, & Gracia, 2016). 희망적인 사실은 변화에 민감한 만큼 잘못된 방향이나 부정적인 영향을 받았다 하더라도, 조기 개입을 통해 금세 수정될 여지가 크다는 점입니다.

첫째, 교육전문가로서 아동심리와 발달 과정을 이해하기 위해 많은 교육자와 학자들의 이론과 실제를 배우고 활용해 낼 수 있도록 노력해야 합니다. 우리가 배운 이론 중 어떤 아이에게나 공통으로 적용할 수 있는 이론은 거의 없습니다. 아이들은 저마다 다른 속도와 방식으로 세상을 배워 나가고, 각자 다른 재능과 특성, 기질을 갖고 있기 때문입니다. 그러니 그런 특이 사항에 휘둘리지 않고 아이의 상황을 정확히 파악하여 문제해결을 위한 방법을 찾아내기 위해서는, 최대한 아이와 밀접한 정보를 다양하게 수집하는 것이 중요한 과정이라 할 수 있습니다.

둘째, 늘 아이들의 행동 변화를 기록하고, 상황에 맞는 지도 방법을 모색하기 위해 새로운 접근 방식을 시도해야 합니다. 각 아이의 특성과 발달 수준에 맞는 개별화된 지도 방안을 모색하는 일은 아이들의 서로 다른 특성에 맞춰 가장 적합한 교육 방안을 마련해 내는 교사의 역량을 강화하는 일과도 밀접하게 연관되어 있는 일이니만큼 매우 중요한 일이라 할 수 있습니다.

셋째, 아이의 부모님과 긴밀한 소통과 협력을 통해 아이의 행동에 대한 정보를 공유하고 긍정적인 변화를 위한 노력을 함께해야 합니다.

위와 같은 방법들을 통해 우리 아이들은 더 큰 성장을 경험할 것이며, 교사인 우리 역시 더 나은 교육자로 거듭날 기회를 얻게 될 것입니다.

3. 영유아 문제행동 지도 : 공동체 규범과 부모-교사 협력의 중요성

이 질문에 대해 다시 생각해 봅시다. “어떤 게 문제행동이라고 생각하시나요?” 어른의 눈으로 보기에 아이들의 행동은 정말 다양하고, 그중 어떤 게 문제행동의 범주인지 판단하기 어렵습니다. 그럴 때 문제행동인가 아닌가 고민되신다면 스스로에게 질문을 던져보세요.

‘지금 아이의 이 행동이 공동체에 해를 끼치는가?’

만일 단순히 ‘어긋남’을 넘어, 성인이 되었을 때 타인과의 공동체 생활에 방해가 되는 행동이라면 반드시 교정될 필요가 있습니다. 아동들의 교육과 성장은 단순히 그들의 감정을 다루는 것을 넘어서, 사회의 일원으로서 그들의 삶의 방향성을 설정해 나갈 수 있어야 하기 때문입니다. 결국 우리가 하는 모든 일의 최종 목표는 아동들이 스스로 자신의 삶을 이끌어갈 수 있는 든든한 기반을 마련해 주는 것입니다. 그에 비하면 감정은 배우고 성장하는 과정에서 고려해야 할 여러 요소 중 하나일 뿐입니다. 그렇기에 이를 실현하기 위해서는 부모와 교사가 함께 협력하여 지속가능한 교육의 길을 만들어야 합니다.

공동체에 해가 되지 않고, 잘 어우러지는 사람으로 성장하기 위해서는 때론 아이 본인이나 부모가 원하는 게 아닌 다수의 사람들이 보편적으로 옳다고 믿는 것, 지켜야 한다고 생각하는 것, 마땅히 배워야 하는 기준에 맞춰 나가려는 조정의 자세가 필요합니다. 때에 따라 달라지는 상황이나 아이의 특성이 아닌 일관된 어떤 규칙, 규정, 기준이 있어야 하며, 그것을 아이에게 지키도록 설득하기 위해서는 평소보다 다소 엄격하고 일관된 지도원칙이 필요합니다. 그래야만 아이는 그것이 꼭 지켜야 하는 일, 배워야 하는 일임을 수용하고, 이후 어떻게 하면 긍정적인 자세로 익혀 나갈 것인가 하는 다음 단계에 들어설 수 있습니다.

첫째, 아무리 강조해도 부족하지 않은 '부모와 교사의 협력' 관계 모색은 이런 일관성을 유지하는 데 필수적인 요소입니다. 집에서 부모가 안 된다고 금지한 규칙을 학교에서 교사가 된다고 허용해서는 안 된다는 뜻입니다. 반대의 경우도 마찬가지입니다. 만일 그에 대한 교사와 부모의 생각이 다르다면 그들끼리 의논을 통해 합의한 후 아이에게 지시가 전달되어야 합니다. 이건 매우 정교하고 세심한 공동 노력이 필요한 일임을 명심하세요.

둘째, 아이들이 문제행동을 보일 때, 교사가 가능한 한 즉시 그 행동의 결과에 관해 설명해 주는 것이 매우 중요합니다. 이러한 즉각적인 설명을 통해 아이들은 자기 행동이 어떤 결과를 초래할 수 있는지를 명확하게 이해하게 되고, 이는 아이들이 더 나은 선택을 하도록 해줄 것입니다.

함께 생각해 볼 문제

1. 아이들의 문제행동은 단순히 행동 자체의 문제가 아니라 그 행동 뒤에 숨겨진 감정, 욕구, 또는 주위 환경의 영향으로 인해 발생할 수 있습니다. 교사로서 이러한 행동의 원인을 제대로 이해하기 위해 어떤 방법을 사용할 수 있을까요? 예를 들어, 한 행동이 반복적으로 나타날 때 아이가 그 상황에서 어떤 감정을 느끼는지 알아내기 위한 구체적인 방법은 무엇일까요?

2. 아이가 부모와 교사에게서 서로 다른 메시지를 받으면 혼란스러울 수 있으며, 그 결과 문제행동이 지속될 수 있습니다. 부모와 교사가 협력 관계를 강화하려면 어떻게 신뢰를 쌓고 효과적으로 소통할 수 있을까요? 예를 들어, 부모와의 대화에서 서로 다른 양육 방식이 충돌할 때 이를 어떻게 해결하고 공통된 교육 목표를 세울 수 있을까요?

3. 따뜻한 교육자가 되려면 스스로에게 어떤 질문을 던져야 할까요? 어떤 태도를 가져야 할까요?

Chapter

03

영유아 행동 지도 : 균형 잡힌 성장을 위한 전략적 접근

1. 모든 성장의 첫걸음 : 인내심
2. 좌절을 극복하고 성장하는 힘 : 좌절 내구력
3. 자립의 첫걸음 : 해야 할 일과 참아야 할 일 분별하기

chapter

03 영유아 행동 지도 : 균형 잡힌 성장을 위한 전략적 접근

과거에는 아이를 키우다 보면 주변 어르신들께 물어물어 키운다고 할 만큼 '양육 이론'으로 정립된 이론이 적었습니다. '아이 하나를 기르는 데 온 마을이 다 필요하다.'라는 말처럼 모두 자신의 경험을 토대로 지혜를 모아 기르는 게 최선이었을 것입니다. 하지만 요즘에는 스마트폰, 컴퓨터 한 대만 있어도 수없이 많은 육아 정보와 전문가들의 조언, 사례가 쏟아져 내려옵니다. 전반적으로 영유아기 교육에 대한 관심이 높아져서이기도 하고, 미디어의 영향이기도 합니다. 소위 '아이돌급 아동심리 전문가'나 육아 연구자들의 강의, 예능 프로그램 등을 너무나 쉽게 접할 수 있기에, 그만큼 다양한 양육 방식이나 아동심리 분석 자료를 구하기도 용이합니다.

하지만 한편으론 정보가 너무 많아서 선택하기 어렵다는 부모님들도 꽤 있습니다. 모두가 자기 방식이 최선이라 하니 무엇이 맞는지 결정하기 어려워지는 것입니다. 짧은 영상으로 다른 아이의 사례와 그에 맞춘 조언을 우리 아이이게 그대로 적용했을 때 통하지 않아 더 혼란스러워하는 경우도 많습니다. 오히려 온전히 내 아이의 상태와 마음을 들여다볼 시간이 줄어들고 있는 것입니다. 물론 세세한 부분은 아이마다 특성과 환경이 다르기 때문에 일괄적으로 어떤 게 옳다고 말하는 것은 무의미합니다. 하지만 최근 유행하는 마음을 읽는 허용적인 교육관에서 다소 벗어나, 아이의 미래를 위해 무엇을 가장 중요하게 여겨야 하는지에 관해 이야기해 보려 합니다.

1. 모든 성장의 첫걸음 : 인내심

가장 기본적인 이야기부터 시작해 볼까요? 인내심을 가지는 건 참 어렵습니다. 특히 자기 본능과 욕구에 따라 해내고 싶은 의지가 강한 유아기부터의 아동에게는 더 힘든 일입니다. 하지만 그 아이가 자라나면서 사회에 성공적으로 적응해 나가기 위해서 인내심은 꼭 길러야 하는 부분입니다(Barragan–Jason, Atance, Kopp, & Hopfensitz, 2018).

"자제력은 정신적인 근력을 형성하는 데 필수적인 요소이다."

_ Roy Baumeister

아이에게 인내심을 길러주지 않고 아이가 원하는 것을 바로 주고, 참지 않아도 되는 편안한 상황을 만들어주는 데 너무 집중하다 보면 아이는 자신을 통제하는 경험을 해볼 기회를 놓치게 됩니다. 그렇게 자라 사회에 나왔을 때 필연적으로 참아야 하는 상황이 생기기 마련인데, 이때 아이는 왜 자신이 참아야 하는지 이해하지 못하고, 참아야 하는 그 상황이 너무나 불편하고 힘들다고 느낄 가능성이 큽니다.

'참아야 하는 상황을 이해하고 참는 아이는 그것을 수련의 시간으로 받아들이지만,
이해하지 못한 채 참는 아이는 억압과 통제처럼 받아들입니다.'

그리고 억압과 통제라는 생각과 불편함이 아이가 공동체 생활에 대한 긍정적인 생각을 하지 못하게 만드는가 하면, 더 많은 사람들과의 관계에서도 적극적으로 나서지 않도록 만들 수 있습니다. 더 다양한 상황, 더 많은 사람들과 만날수록 자신이 참아야 하는 불편함이 늘어날 거라 생각하는 것입니다.

이는 시간이 지날수록 더 큰 차이를 만들어내는 요인이 됩니다. 잘 참는 아이는 어떤 새롭고 다양한 상황에서도 잘 적응하며, 다른 사람들과 상호 관계에서 좋은 평가를 받습니다. 학교에 가면 선생님의 지시에 잘 따르고, 학교 규칙을 잘 지킵니다. 친구들과의 관계에서도 자신이 하고 싶은 일이나 의견만을 강요하지 않고 다른 이의 의견에 따라가며, 적극적으로 갈등을 해결하거나 필요한 도움을 요청하는데, 이는 모두 더 좋은 교우 관계를 맺어나가는 데 큰 도움이 되는 성향입니다. 그런 능력의 확장은 자기 본능과 욕구만을 강요하지 않고 맡은 역할을 충실히 수행하려 노력하는 책임감 있는 사람에게는 당연한 결과라 할 수 있습니다(Bettinger & Slonim, 2007). 그리고 성인이 되어 사회에 나왔을 때 많은 사람들과 협력 관계를 구축해 나가며 사회의 일원으로서 더 유연하게 적응할 수 있는 사람으로 성장해 나가는 것입니다. 이런 점을 보면 인내심은 단지 인내하는 법을 안다는 의미가 아닌 협동, 양보, 지시에 따르고 성취를 위해 노력하는 많은 능력들과 밀접하게 연결되어 있다는 것을 알 수 있습니다(Berkman, 2016).

2. 좌절을 극복하고 성장하는 힘 : 좌절 내구력

한때 우리나라에서도 베스트셀러 반열에 올랐던 '앤절라 더크워스(Angela Duckworth)'의 저서 『그릿(GRIT)』에 '좌절 내구력'이라는 단어가 나옵니다. 좌절 내구력이란 '일상생활에서 마주하는 도전과 어려움을 인내하고 극복하는 능력'이라는 뜻으로, 저자는 이것이 성취와 행복에 핵심적인 역할을 한다고 주장했습니다. 이런 능력은 일순간에 갑자기 일부러 만들어지지 않습니다. 어린 시절 아주 작은 도전과 실패, 성공을 직접 겪으면서 스스로 문제를 해결할 수 있다는 자신감을 느끼며 습득되는 능력이기 때문입니다. 좌절 내구력이 발달한 아동은 도전적인 상황에서도 긍정적인 태도를 유지하며, 아무리 어려운 문제도 풀어내기 위해 꾸준히 노력하여 결국 극복해 낼 수 있습니다.

유아교육기관에서 단체 생활을 시작하면서 아이는 끊임없이 새로운 문제에 직면하게 됩니다. 특히 새롭게 배워가며 능숙해져야 하는 과업들이 급증하게 하는데, 대표적인 과업들로 인사하기, 가방 제자리에 놓기, 줄 서기, 자기 물건 스스로 정리하기, 친구들과 함께 생활하기 등이 있습니다. 이러한 상황에서 다른 사람들은 집에서처럼 자신만을 기다리거나 맞춰주지 않습니다. 그럴 때 아이가 자기 일을 스스로 해야 하는 것을 받아들이고 그것을 해내기 위해 노력하게 만들기 위해서는 바로 이 좌절 내구력이 강화되어 있어야 합니다(Cole, Ram, & English, 2018). 그래야만 생각한 대로 잘되지 않는 시행착오를 이겨내고 포기하지 않고 끝까지 해내려는 의지를 가질 수 있습니다. 그리고 그런 의지가 있어야만 학년이 올라가고, 성인이 된 후에도 수행해야 하는 끊임없는 과업 앞에 좌절하지 않고 성장하며 살아갈 수 있게 될 것입니다(Pandey, Hale, Das, Goddings, Blakemore, & Viner, 2018).

3. 자립의 첫걸음 : 해야 할 일과 참아야 할 일 분별하기

부모와 교사로서 우리는 아동들이 미래의 도전과 기회를 잘 대비할 수 있도록 곁에서 늘 함께하며 지도해야 합니다. 하지만 현장에서 많은 부모님과 교사분들께서 단호하게 반드시 가르쳐야 할 것과 아이에 따라 허용해도 괜찮은 것을 의외로 구분하기 어려워합니다. 그래서 이번에는 좌절 내구력을 가진 튼튼한 마음을 가진 아이로 키우기 위해 어떤 요소들을 특히 잘 심어주어야 하는지 세부 요소에 관해 이야기해 보려고 합니다.

1) 아이도 '할 일'이 있습니다

'건강하게만 자라다오.'는 너무나 중요한 말이지만 아이들은 연령에 맞게 성장해 나가야 하며 단계마다 달성해야 할 일정한 과업 같은 것이 분명 존재합니다. 아이가 태어난 후 1년마다 반드시 받게 되어 있는 영유아 검진 역시 그런 과업들을 잘 수행해 내고 있는가에 따라 아이의 성장 정도를 파악하기 위해서라 할 수 있습니다. 그렇다면 건강하게 자라는 것 이외에 아이에게도 해야 할 '일'이 있다는 것을 받아들이는 것이 필요합니다.

그중 가장 중요한 것은 '싫어도 해야 하는 일'과 '하고 싶어도 참아야 하는 일'입니다. 이러한 원리를 어릴 때부터 익히는 것은 아이의 자립적인 생활 능력을 기르는 데 필수적입니다(Hauser, 2019). 아이에게는 가끔 하기 싫은 일도 반드시 해야 한다는 점을 알려줌으로써, 장기적으로 자신의 미래와 목표를 위해 포기와 인내의 가치를 배우도록 이끌어야 합니다. 예를 들어, 아이가 집안일에 참여하거나 정해진 시간에 숙제를 수행하는 것은 단순한 의무가 아닙니다. 이러한 활동은 책임감과 자기관리 능력을 기르는 소중한 기회가 됩니다. 그러한 경험을 통해 아이는 자신의 선택이 삶에 미치는 영향을 깨닫고, 목표를 이루기 위해 때때로 불편함을 감수해야 한다는 중요한 교훈을 배우게 됩니다. 그런 필수와 자제의 교훈이 쌓이고 모여 아이를 성장시키고, 그 이후 직면할 다양한 상황에서 자신을 조절하고 보다 성숙한 결정을 내릴 수 있는 능력을 발현시킬 수 있는 것입니다(Moffitt, Arseneault, Belsky, Dickson, Hancox, & Harrington, 2011). 아주 작은 일을 두고 심어준 책임감 하나가 잘 자라 향후 건강한 사회의 일원으로 성장하는 데 필요한 기반이 되어주는 것입니다.

2) 도와줄 줄 알고 나눌 줄 알아야 합니다

때때로 다른 이를 위해 자기 욕구를 참는 것은 유아에게 매우 중요한 교훈을 줍니다. '참아라.', '나누어라.', '도와주어라.'와 같은 가르침을 지속적으로 알려줌으로써, 아이들은 평소에도 타인에 대한 배려와 도움의 가치를 습관화할 수 있고, 이는 공동생활에 자연스럽게 적응해 나가는 법을 배우는 데 도움이 됩니다. 예를 들어, 친구가 원하는 장난감을 자신의 소유물에서 잠시 빌려주며 '나누는 것의 기쁨'을 느끼고, 자신의 욕구를 조절하는 방법을 익힐 수 있습니다. 또한 도움을 주는 행동은 아이가 사회적 유대감을 형성하고, 긍정적인 대인관계를 유지하는 데 중요한 역할을 합니다. 어릴 때부터 타인과의 관계 속에서 자신의 욕구를 조절하고 협력과 배려의 가치를 학습하게 된다면, 이는 자란 이후의 정서적·사회적 발달에도 큰 기여를 하게 됩니다.

어떤 상황에서도 자기 욕구를 잘 자제하고 다른 사람들을 배려할 줄 아는 사람은 그만큼 공동체의 일원이 되었을 때 우리 사회에 필요한 상호 존중의 가치 실천에 기여하는 이로 인정받을 수 있을 것입니다(Galla & Duckworth, 2015). 그리고 본인 역시 긍정적이고 건강한 사회적 관계 속에서 만족스러운 인생을 살아갈 가능성이 그만큼 높아질 것이니, 이는 아이에게 매우 이로운 일이라고 할 수 있습니다.

3) '되는 것'과 '안 되는 것'에 관한 명확한 규칙을 정해주세요

모든 것을 허용하는 것이 자율성을 존중하는 것처럼 보일 수 있지만, 이는 오히려 무분별한 선택을 초래할 수 있습니다. 반면 명확하게 규칙을 설정했을 때 아이에게 안정적이고 일관된 환경을 제공하여, 자신의 판단과 행동에 대한 책임감을 길러줄 수 있습니다(Watts, Duncan, & Quan, 2018). 규칙은 아동이 무엇이 기대할 만한 일인지, 어떤 행동이 허용되고 어떤 행동이 그렇지 않은지를 이해하는 데 도움을 줍니다. 이러한 예측 가능성은 아이들의 불안을 줄이고, 자신감을 심어줍니다. 아이들은 규칙에 따라 행동함으로써 자기 행동의 결과를 이해하고 학습하게 되며, 이는 결과적으로 이들의 자기조절 능력과 사회적 기술 발전에 기여하게 됩니다.

4) 명확한 규칙은 자율성과 공존해야 합니다

자율성과 규칙은 상충되는 개념이 아니라 서로 보완하는 관계에 있으며, 명확한 규칙 설정은 아이들이 건강하게 성장하는 데 중요한 기반이 됩니다(Grenell, Prager, Schaefer, Kross, Duckworth, & Carlson, 2018).

명확한 규칙에 대해 아이와 충분히 합의가 이뤄져 아이의 삶 속에서 합의된 이 규칙들이 안정적으로 지켜진다면 이제 자율성을 경험하는 방법을 가르칠 차례입니다. 규칙이 아이들이 안정감을 느끼고 건강하게 성장할 수 있도록 돕는 역할을 한다면, 자유롭게 선택하는 경험은 아이들의 책임감을 배양하는 데 기여합니다. 아이가 선택의 주체가 되면서 규칙도 지킬 수 있고, 그 책임감 위에 자율성도 기를 수 있게 해줍니다.

규칙 : "우리는 매달 하나의 장난감만 사기로 해요."
자율성 : "대신 어떤 장난감을 사는 것이 좋을지 함께 이야기해 보자!"

또한 규칙은 공동체 일원의 책임을 인식하고, 함께 생활하는 또래와의 관계에서 상호 존중의 가치를 배우는 데 중요한 역할을 합니다. 명확한 규칙을 통해 아이들은 자기 행동이 다른 사람에게 미치는 영향에 대해 고민하고, 책임감 있는 선택을 할 수 있는 힘을 길러 나갑니다.

5) 신뢰를 기반으로 한 권위

교사는 아이와의 관계에서 일방적인 권위나 통제로 접근해서는 안 됩니다. 대신 상호 존중과 신뢰를 바탕으로 아이에게 늘 믿을 수 있는 존재로서 관계를 이어 나가는 것이 중요합니다. 그와 동시에 아이가 필요로 하는 규칙을 일관적으로 제공한 후, 자율적으로 행동할 수 있도록 존중하는 태도를 보여줍니다. 그리고 감정적으로 아이를 지원해 주면서 스스로 문제를 해결해 나갈 수 있다는 자신감을 심어주는 것이 좋습니다.

이러한 관계를 통해 아이는 교사로부터 존중받고 있다는 안정감을 느끼고, 자신의 감정과 생각을 자유롭게 표현할 수 있는 환경을 가질 수 있습니다. 또한 어떤 어려운 일에도 도전해 달성하려는 강한 의지를 키워나갈 수 있습니다. 그것이 바로 그 아이가 자란 후에도 건강한 정신력을 토대로 더 나은 학습 경험을 쌓고 사회적 기술을 발전시킬 힘이 되어주는 것입니다.

6) 다른 사람의 감정을 이해하고 소중히 여기는 능력

다른 사람의 감정에 민감성을 갖도록 지도해야 한다고 하면 마치 '우리 아이가 다른 사람 눈치를 봐야 한다는 것인가요?'라는 말처럼 들릴 수도 있을 것입니다. 하지만 '눈치를 보는 것'이 반드시 나쁜 것이라 할 수 없으며, '눈치가 없다.'라는 말을 듣는 것만큼 앞으로 사회생활에서 큰 단점이 될 만한 요소가 없다는 것을 성인이라면 모두 알고 있을 것입니다. 함께 협력하며 살아가야 하는 관계 속에서 다른 사람의 감정에 민감하게 반응한다는 것은 곧 공감 능력이 높다는 긍정적인 신호로 볼 수 있습니다. 공감 능력이 높은 사람은 그만큼 다양한 사회적 상황에서 원활하고 능숙하게, 그리고 자신에게 유리하게 소통할 가능성이 높습니다.

그러니 부모와 교사는 아이의 공감 능력을 키워줄 수 있도록 다양한 상황을 통해 타인의 입장을 이해하는 법을 알려주어야 합니다. 일례로 역할놀이를 활용하여 친구의 입장에서 생각해 보게 하거나, 감정 카드와 같은 도구를 사용해 각기 다른 감정을 표현하며 이야기를 나누는 활동을 통해 아이들은 타인의 감정에 대해 더 깊이 이해할 수 있습니다.

그런 경험이 쌓여 아이들이 상대방의 감정과 필요를 인식하고, 이를 존중하며 반응하는 방법을 배우게 합니다. 타인의 감정에 대한 민감성을 기르는 과정은 아이가 고무적인 사회적 상호작용을 하고, 친밀한 관계를 쌓는 데 기여하는 중요한 요소입니다(Gailliot, 2012). 타인의 감정을 소중히 여기는 감정적 민감성을 갖춘 아이는 주변 사람들과의 관계를 원활하게 유지하고, 더 나아가 행복하고 안정적인 사회적 삶을 누릴 수 있는 기반을 확립해 나갈 수 있을 것입니다.

7) 실수는 '꼭 해야만 하는 것'입니다

실수는 성장의 자연스러운 일부입니다. 아이는 실수를 경험해야만 배워야 할 점을 깨닫고, 이를 통해 발전할 수 있습니다. 그 과정에서 부모와 교사는 아동이 실수로부터 배우고 다시 일어설 수 있도록 격려하고 지원해야 합니다. 실수가 없다면 자기 행동을 되돌아볼 기회를 얻을 수 없으며, 무엇이 잘못되었는지 찾아보고 이해하는 시간을 가질 수 없습니다. 그러니 실수를 단지 부정적으로 바라보기보다는, 이를 통해 배움의 교훈을 찾고 성장할 수 있는 발판으로 삼는 것이 중요합니다.

예를 들어, 아동이 어려운 게임에서 실수를 했을 때, 부모가 "괜찮아, 다음에 더 잘할 수 있어!"라는 긍정적인 말을 해준다면 아이의 자신감을 북돋아 줄 수 있습니다. 그런 격려에 힘을 받고 다시 도전해 가며 아이는 실패가 끝이 아니라 새로운 시작이라는 것을 배우게 됩니다. 실수를 통한 학습은 아동이 감정적으로 강해지고, 스스로 문제를 해결하는 능력을 기르는 데 도움이 됩니다. 그리고 더 건강하고 자신감 있는 모습으로 성장할 수 있게 합니다.

8) 스스로 생각할 수 있는 기회를 주세요

아이에게 스스로 선택하고 결정할 기회를 제공하는 것은 매우 중요합니다. 그러한 과정이 아이가 독립적으로 사고하고, 자기 판단에 따라 행동하는 능력을 길러주기 때문입니다.

예를 들어, 어릴 때는 어떤 옷을 입을지, 어떤 간식을 선택할지, 또는 어떤 놀이를 할지 등 간단한 의사를 직접 선택할 수 있게 해주는 것이 좋습니다. 선택을 할 수 있을 때 아이는 자기 선택에 대한 책임감과 그 선택이 자신에게 미치는 영향을 가늠하는 법을 배울 수 있습니다. 그리고 이런 반복적인 경험은 아이에게 자율성을 길러주고, 자신감 있게 문제를 해결할 수 있는 능력을 배양해 줍니다.

한 번 실수했다면 그 실수 이후 자신이 감당해야 했던 것들을 떠올리며 다음 선택에서 같은 실수를 반복하지 않기 위해 더 고민하게 됩니다. 그리고 더 나은 선택과 책임의 상관관계에 대해 배워갈 것입니다. 그리고 그런 경험이 쌓여 성인이 되었을 때 정말 인생에서 중요한 결정을 내려야 하는 순간에 정확한 자신의 의사에 따라 선택하고, 그 선택의 결과가 성공 혹은 실패 어느 쪽이라도 수용하고 다음 단계로 나아갈 수 있는 강한 회복력과 정신력을 발휘할 수 있게 됩니다(Nigg, 2016). 성인들이 해야 할 일은 그 선택의 시간을 기다려주고, 어떤 과정이든 응원해 주며, 그 결과에 대해서 격려와 지지를 보내주는 것입니다.

함께 생각해 볼 문제

1. 교사와 부모는 아이들의 좌절 내구력을 높이기 위해 어떤 환경을 만들어줄 수 있을까요?

2. 아이의 '미래'를 준비하기 위한 교육에서 가장 중요하게 생각해야 하는 것은 무엇일까요?

3. 아이들에게 인내심과 자율성을 골고루 길러주기 위해 교사는 어떤 방법으로 규칙을 강조하면서도 아이들이 스스로 선택하고 책임지는 기회를 충분히 줄 수 있을까요?

Chapter

04

영유아 정서발달의 기초 : 감정 수용, 공감, 자아존중감 증진

1. 아동의 비언어적 의사소통 이해하기
2. 영유아의 감정을 이해하는 방법 : 잘못을 인식하는 첫걸음
3. 건강한 감정 표현을 위한 두 가지 핵심 : 공감과 일관성
4. 자아존중감 키우기 : 도전, 관계, 그리고 성장의 중요성

chapter

04 영유아 정서발달의 기초 : 감정 수용, 공감, 자아존중감 증진

1. 아동의 비언어적 의사소통 이해하기

아이들은 때때로 부적절한 행동을 합니다. 그러면 어른은 그 행동이 잘못된 것임을 알려주고 바른 행동을 할 수 있도록 지도하면서 행동이 변화되도록 지원해 줍니다. 하지만 간혹 이런 단순한 과정을 거쳐 변화되지 않는 행동이 있습니다. 수차례 지도해도 고치지 않고, 왜 그런지 물어봐도 잘 대답하지 않는다면 그 아이를 어떻게 대해야 할까요? 만약 그 잘못된 행동을 무시하지 않고 변하게 도와주고 싶다면, 먼저 두 가지를 떠올려봐야 합니다.

첫째, 그 행동을 하는 이유가 무엇일까? 아이의 행동에는 표면적으로 드러나는 이유 이외에 더 복잡한 심리적·정서적 상황이 숨겨져 있을 수 있습니다. 심리학자들의 연구에 따르면 아이들의 문제행동은 종종 그들이 직면한 상황적 요인이나 발달적 요인과 깊은 관련이 있기 때문입니다. 불안이나 스트레스, 고통 같은 부정적이고 복잡한 감정을 다 설명할 수 없기 때문에 행동으로 신호를 보내는 것이라 할 수 있습니다.

둘째, 왜 이유를 말하지 않는 것일까? 아직 언어발달이 완성되지 않은 영유아기 아이들에게 언어로 자기 의사와 감정을 표현하는 것은 어려운 일입니다.

마치 언어가 통하지 않는 나라에 간 외국인이 온몸을 이용해 몸짓으로 자기 의사를 전달하려고 하는 것처럼 언어적 표현보다는 비언어적 표현인 행동으로 표출하는 게 더 쉽고 많은 것을 전달할 수 있다고 느끼는 것입니다.

이런 영유아기 특성에 관해 아동 발달 전문가인 '피아제(Jean Piaget)' 역시 영유아기 아동은 자신이 경험한 정서를 언어로 표현하기보다 행동으로 반응하려는 경향이 있다고 설명하기도 했습니다. 그들이 정서를 인식하고 이해하는 과정은 언어발달과 밀접하게 연관이 되어 있지만, 때때로 언어능력이 느리게 발달하여 준비가 되지 않은 아이들은 감정을 표현하기 위해 다른 방법, 즉 행동을 선택할 수밖에 없다는 것입니다. 그 이론에 의하면 행동 역시 아이들이 자기감정과 의사를 표현하고 소통하려는 또 다른 수단으로 볼 수 있습니다.

간혹 어른들은 아이들의 정서가 다양하지 않고, 그다지 복잡한 감정을 느끼지 않는 순수한 상태라고 여기는 경우가 많습니다. 하지만 아이들이 느끼는 감정은 생각보다 훨씬 다양합니다. 새로운 환경에 대한 두려움, 부모와의 이별에 대한 불안, 친구와의 갈등 등 모든 것이 처음 겪는 일이기에 낯설고, 이전 경험을 통해 얻은 바가 없기 때문에 도전이자 시험처럼 느껴질 수 있습니다. 그리고 때로 그런 불안감은 일시적으로 지나가지 않고 계속 이어져 장기적인 영향을 끼치기도 합니다. 예를 들어, 지속적인 분리불안을 겪은 아이들이 이후 사람들과의 관계에서 원활히 상호작용을 하는 법을 낯설어하고 잘 풀어나가지 못하는 경우가 장기적인 영향을 끼치고 있다고 할 수 있습니다.

아이 입장에서는 자신이 할 수 있는 최대한의 힘을 끌어모아 있는 힘껏 생각과 감정을 외부로 표현하지만, 그 결과가 일반적이지 않아 의도치 않게 문제행동이 될 수 있습니다. 예를 들어, 불안감이 높아진 아이가 극도로 야단스럽거나 공격적인 행동을 보일 수 있습니다. 그것을 어른들이 단순한 행동으로 간주해서는 안 되며, 행동 이면에 숨겨진 불안정한 감정을 이해하고 지원하는 데 초점을 맞춰야 합니다. 만약 제대로 초점을 맞추고 이해해 주며 적절한 지원이 이뤄질 수 있다면, 문제행동은 금세 변화되고 아이는 올바른 방향으로 행동을 수정하며, 안정적인 정서로 바뀔 수 있다는 연구 결과가 있습니다. 하지만 반대로 초기 귀속을 강요받거나 부정적 피드백을 받는다면, 자기 생각이 잘 전달되지 않고 있다는 답답함, 잘못된 해석과 처벌이 이어졌을 때 느낄 부당함에 대한 반발심 등 아이들의 정서적 불안감을 심화시킬 더 많은 부작용을 낳을 수 있습니다. 그리고 그런 경험이 차후 아이의 자존감 형성을 방해하는 데다 장기적으로는 정서적 문제까지 유발할 수 있다는 학설도 있습니다.

따라서 성인 양육자나 교육자는 아이들이 나타내는 행동을 문제행동으로 단순히 판단하거나 처벌하는 대신, 그 행동의 배경을 이해하려고 노력해야 합니다. 이때 전문가들은 아이가 어떤 상황에서 특정한 행동을 보였는지를 분석하고, 그 행동 뒤에 있는 감정을 파악하는 과정이 필요하다고 추천합니다. 예를 들어, 행동 분석과 관찰을 통해 아이의 불안 원인을 파악하고 그에 대한 해결책을 모색해 본다면, 문제를 해결할 수 있는 보다 효과적인 방법을 찾을 수 있을 것입니다.

아이들의 행동을 올바르게 이해하고 해석하는 것은 그들의 성장과 발달에 있어 매우 중요합니다. 그러니 아이들이 불안, 고통, 또는 어려움을 행동으로 표현하는 것을 단순히 부정적인 것으로 판단하지 말고, 이를 통해 아이들의 목소리를 이해하고 지원해 줄 수 있는 기회로 삼아야 합니다. 우리가 아이들이 겪는 복잡한 감정의 세계를 좀 더 존중하고 더 잘 이해하기 위해 노력한다면, 아이들은 그에 상응하는 믿음을 갖고 자신을 표현할 수 있을 것입니다. 그런 믿음과 수용이 기반이 된 관계가 형성되었을 때 비로소 행동 수정을 위한 접근이 효과를 발휘할 수 있을 것입니다. 그러니 우리는 이 문제를 보다 멀리 내다보고 아이가 앞으로의 성장 과정에서 긍정적인 정서를 함양해 나갈 수 있도록 좀 더 아이의 목소리에 귀를 기울이며 진심으로 독려해야 합니다.

1) 작은 목소리에 귀 기울이기

아이들의 눈으로 본 세상, 아이들의 귀로 듣는 세상은 생각보다 훨씬 아름답습니다. 물론 우리 어른들이 보기엔 당황스러울 정도로 엉뚱할 때도 있습니다. 하지만 어릴 적 그런 아름다움을 충분히 느끼고 경험하는 것은 어른이 되어서도 가치관을 형성하는 데 매우 큰 영향을 끼칩니다. 그래서 설령 아이의 어느 한 부분이 문제가 될 수 있는 행동이나 말이라 할지라도 그것 역시 성장을 위한 하나의 소중한 기회로 보아야 합니다. '잘못되었어.'라고 단정 짓지 않고, '왜 그렇게 생각했을까?'라는 질문을 먼저 던져보길 권하는 이유도 아이의 생각을 충분히 들여다보고 변화할 기회를 주기 위해서입니다. 아이들은 어른들과 달리 앞으로 수십, 수백 번 이상 바뀔 수 있는 가능성을 지닌 존재들이기 때문입니다.

아동심리를 분석하는 학자들의 연구를 보면 아이들이 자기 목소리를 많이, 그리고 자주 들려줄수록 그들의 정서적 안정과 자존감이 높아진다는 내용이 있습니다. 어른보다 작은 소리로, 작은 몸짓으로 표현하는 아이의 소리가 많이 들린다는 건 아이의 말에 귀를 기울여주고 성장 속도에 맞춰주는 환경이 갖춰졌다는 뜻입니다. 반대로 어른들이 큰 소리를 내거나 강압적인 분위기 속에서 일방적인 지시가 주가 되어 아이 의사에 잘 따르지 않는 환경에서 자란 아이는 소극적으로 의사를 잘 표현하지 못하거나 발달이 느린 경우가 많습니다(Neff, 2011). 전문가들이 화목하고 안정적인 소통이 이뤄지는 환경을 강조하는 건 바로 그런 차이 때문입니다.

만약 어떤 아이가 교실에서 지나치게 산만하게 행동한다면, 이를 단순히 집중력 부족으로만 보아서는 안 됩니다. 혹 관심을 받고 싶거나 특정한 이유로 불안감을 느끼고 있다는 신호일 수도 있습니다(Baer, 2010). 그리고 그 이유를 빠르고 정확하게 파악하는 방법은 '적극적인 경청'밖에 없습니다. 단지 아이가 하는 말을 듣고 있는 그대로 이해하는 게 아니라, 말 속에 감춰진 아이의 감정과 필요를 감지해 내야 합니다. 그다음 아이 스스로 솔직한 감정과 느낌을 표현할 수 있도록 유도하면서 표현하는 것 자체에 자신감을 가질 수 있도록 독려하는 방법이 좋습니다.

1단계 : 한 번의 독려를 받고 솔직하게 자기 의사를 표현한 아이가 성공적으로 소통을 해냈다면, 그 아이는 그다음엔 더 큰 목소리로 자신감 있게 더 많은 것을 주장할 수 있습니다.

2단계 : 두 번, 세 번 이어져 자신을 믿고 지지해 준다는 신뢰를 갖게 되면, 그 정서적 지원이 아이의 다른 발달 영역에까지 확장됩니다.

3단계 : 1년, 2년, 그리고 성인이 되었을 때 실패를 두려워하지 않고 더 많은 일에 도전해 내는 용기 있는 '회복탄력성'이 높은 사람으로 살아갈 수 있게 될 것입니다.

씨앗이 싹을 틔우기 위해 온 힘을 다해 땅을 밀어내고 올라오듯, 아이들은 순수한 열정과 성장하려는 의지와 잠재력을 지니고 있습니다. 문제는 그 씨앗에 물을 주고, 땅을 골라주며 지속적으로 관심을 가지는 사람의 존재 여부입니다. 반드시 싹을 틔우고 자신만의 꽃을 피울 것이라는 믿음과 따뜻한 마음으로 지지해 주는 것이 바로 진정한 교육의 출발점이라 할 수 있습니다. 그리고 교실 환경은 싹을 틔운 뿌리가 안정적으로 뻗어 나갈 수 있는 땅이 되어야 합니다.

교사, 부모, 또는 그저 지나가는 어른이라도 만나는 아이들의 작은 목소리에 귀를 기울여주세요. 그러면 아이들은 자기가 가진 불안과 기대를 마음껏 표현하고, 더 많은 것에 호기심을 갖고 질문하는 적극적인 아이가 될 것입니다. 그리고 아이가 어떤 것에 관심을 가졌는지 알았다면 아이와 같은 관점에서 문제를 바라봐주며 잠재력을 끌어낼 수 있도록 "할 수 있어!", "해보지 않을래?"라고 말해주면 됩니다. 그렇게 할 수 있다면 아이는 분명 자신을 향한 순수한 격려와 사랑을 느끼며 세상을 살아갈 소중한 사람으로 성장해 나갈 것입니다.

2) 따뜻한 손으로 마음 읽어주기

요즘은 많이 줄었지만 예전에는 왼손잡이에 대한 안 좋은 편견이 많아서 아이가 왼손으로 무언가를 하려고 하면 그 손을 '탁!' 쳐서 오른손으로 고쳐 잡게 하는 부모님들이 꽤 많았습니다. 그렇게 바로 중재하면 아이는 오른손잡이가 될 수는 있었겠지만 어디까지나 아이 입장에서는 '혼나기 싫어서', '맞기 싫어서'라는 이유 때문일 뿐, 아이가 원래 쓰고 싶은 왼손을 억지로 못쓰게 되었다는 부정적인 감정은 성인이 되어서도 잊히지 않는 법입니다. 과연 그렇게까지 해서 행동을 수정하는 게 좋은 교육법일까요? '왼손잡이 아이 오른손잡이로 만드는 법'을 우리가 보는 아이의 문제행동을 수정해야 하는 상황에도 대입해 봅시다.

아이의 문제행동을 보았을 때 '바로 훈육을 하는 방법'과 '시간을 두고 천천히 아이를 설득하고 자연스럽게 중재하는 방법'이 있습니다. 물론 효율성을 따진다면 당장 하는 훈육이 행동 수정에는 효과적일 것입니다. 하지만 그렇게 훈육으로 가르칠 수 있다는 생각 자체는 옳지 않은 방법입니다. 그 전에 '왜 왼손을 쓰고 싶어 하지?' 혹은 '왼손잡이가 되는 게 아이에게 해가 되는 일일까?'를 생각해 보듯 지금 아이의 문제행동이 정말 문제인지, 당장 수정해야 하는 것인지, 아니면 천천히 아이의 의사와 성향을 파악해 설득해 나가야 하는 일인지 등 여러 가지 요소를 고려해 보는 게 필요합니다. 행동 수정이나 훈육의 방식을 통한 즉각적인 효과를 기대할 것이 아닌 정서적 지원과 이해를 통해 접근해야 한다는 뜻입니다(Baumeister, Campbell, Krueger, & Vohs, 2003). 특히 양육자가 아닌 교육자로서의 입장에 서 있다면 더 신중하게 이 문제에 접근해야 합니다.

미국 심리학회(American Psychological Association)에서 실시한 연구에 따르면 아동과 교사 간의 긍정적인 관계 형성이 아동의 행동 변화와 정서적 안정에 끼치는 영향은 생각보다 크다고 알려져 있습니다. 교사와 신뢰가 기반이 된 긍정적인 관계를 맺은 아이는 학업성취도가 높아지고, 사회적 기준에서도 긍정적인 행동을 할 가능성이 높아진다는 것입니다. 우리 역시 어릴 적부터 겪어왔던 교사들을 떠올려보면 쉽게 이해할 수 있습니다. 아무것도 잘하는 것이 없고 말썽만 피우는 학생이라고 단정 짓는 교사가 교실에 들어왔을 때와 언젠가 진짜 잘할 수 있는 걸 발견할 수 있을 것이라고 칭찬과 격려를 해주는 교사의 수업을 들을 때, 그 마음가짐은 당연히 달라질 수밖에 없습니다. 그때를 기억하고 지금 교사로서 아이들을 지도할 때 아이들에게 자신의 모습이 어떻게 비칠지 생각해 보면 어떤 식으로 아이들을 대해야 하는지 답을 알 수 있습니다.

아이들을 지도하는 과정은 단순히 규칙을 가르치는 것을 넘어, 아이들의 마음을 이해하고 소통하는 여정입니다. 마치 어두운 밤하늘을 밝히는 별빛처럼, 교사의 진심 어린 대화는 아이들의 마음을 따스하게 비추고, 성장을 촉진합니다(Davidison, 2007). 감정적 지능(EI)의 개념에 따르면, 아이들은 자신의 감정을 인식하고 조절하는 능력을 발전시키기 위해서는 성인과의 정서적인 교감이 필요하다고 합니다. 미국의 심리학자 '다니엘 골먼(Daniel Goleman)'의 연구에도 감정적 지능이 높은 아동이 사회적 상호작용에서 더 잘 적응하고 긍정적인 행동을 보일 가능성이 높다고 밝히고 있습니다. 충분한 정서적 지원을 받은 아이들이 대인관계를 늘 긍정적으로 받아들일 줄 알고, 불안감이나 공격성 등 부정적인 정서를 효과적으로 조절할 수 있는 능력이 발달할 수 있다는 말입니다(Germer, 2009).

그리고 '정서적인 교감이 토대가 된 긍정적인 행동 변화'라는 목표를 설명할 때 독일의 아동 발달 연구가들이 사용한 '긍정적 재강화'라는 적합한 단어가 있습니다. '긍정적 재강화'는 아이의 행동 변화를 끌어내는 가장 효과적인 방법으로써, 교사가 아이들을 지도하는 현장에서 주도적 역할을 유지하되 억압적이거나 위협적이어서는 안 된다는 의도를 내포하고 있습니다. 엄격함은 단순히 소리를 지르거나 화를 내는 것이 아니라, 아이들과의 진지한 대화를 통해 잘못된 행동을 이해시키는 것에서 출발해야 합니다. 그래야만 아이들이 스스로 왜 그런 문제행동을 하게 되었는지 충분히 생각하고 반성할 수 있기 때문입니다.

'내가 틀릴 수 있다는 것을 인정하는 용기, 하지만 다시 고쳐 나아질 수 있다는 신념.' 이 두 가지를 배운 아이는 높은 자아존중감과 올바른 행동 교정을 모두 얻을 수 있습니다. 긍정적인 자기 인식이 이뤄졌기에 이후 크고 작은 어떤 실수, 잘못, 실패를 경험해도 자존감이 하락되지 않고 계속 도전하는 아이로 자라날 수 있습니다. 진지한 대화가 아이들에게 준 신뢰와 안전에 대한 확신이 그렇게 큰 힘을 발휘하는 것입니다.

단, 진지한 대화를 통한 '긍정적 재강화'가 효과적으로 이뤄지기 위해서는 일관되고 예측할 수 있는 환경과 교사의 지도가 뒷받침되어야 합니다. 교사는 일관되고 예측 가능한 방식으로 지도함으로써 아이들이 혼란 없이 규칙을 배우고 내면화할 수 있도록 환경을 구축해 주어야 합니다. 그래야만 아이들은 '어떤 상황에서도 절대 해서는 안 되는 것'을 지킬 줄 알고, '대화와 협의를 통해 조율해 나갈 수 있는 것'을 구분해 유연하게 소통할 줄 아는 사회인으로 자라날 수 있을 것입니다(Gilbert & Irons, 2005). 우리는 아이들에게 '절대적 권리나 규칙'의 중요성을 가르쳐야 함과 동시에 '정서적 안정과 사회적 기술'을 가진 사람으로 길러내야 한다는 것을 잊지 말아야 합니다.

3) 따라 하기, 그리고 멈춰 기다리며 이해하기

모든 시작은 '따라 하기'였습니다. 아이가 처음 스스로 밥을 먹고, 화장실에 가고, 색칠하기와 오리기를 배웠던 모든 순간을 떠올려보면, 아이들은 자기 앞에서 흉내를 내는 누군가를 따라 하며 배웠던 것 기억나시나요? 성인들은 이미 수많은 경험을 통해 단지 말로 설명을 듣거나 책으로 보는 것만으로도 실행에 옮길 수 있지만, 아이들은 말로만 가르치는 건 큰 효과를 볼 수 없습니다. 그래서 아이들과 함께 행동을 연습하는 시간이 꼭 필요합니다. 보고, 따라 해보고, '똑같이 따라 했는데 왜 나는 잘 안되지?'라는 '멈추고 생각하기'를 해봅니다. 그리고 다시 시도하면서 자기감정과 능력을 조절하는 능력을 향상시킬 수 있게 될 것입니다. 자기 행동에 따라 달라지는 주변의 반응을 살펴보는 것도 사회성 함양에 꼭 필요한 부분이니 여러모로 좋은 방법이라 할 수 있습니다.

이때 교사의 따뜻한 손길과 부드러운 대화가 아이들을 더 긍정적인 방향으로 이끌어 줄 수 있습니다. 이에 관한 근거를 여러 심리학자들의 연구에서 찾을 수 있습니다. 연구에 따르면 아이들은 교사가 따뜻한 태도를 가질 때 더 개방적이고 수용적인 태도로 반응하는 경향이 있다고 합니다. '잘할 수 있어.', '괜찮아 선생님이 지켜볼게.' 같은 따뜻한 관심과 지지를 느꼈을 때, '그래 난 잘할 수 있어.', '꼭 잘 해내고 말 거야.', '실패해도 괜찮아. 선생님은 괜찮다고 해주실 거야.' 같은 높은 자아존중감(self-esteem)을 가질 수 있게 된다는 것입니다. 그리고 다른 친구들을 대할 때도 그 따뜻함을 가지고 친구를 격려하고 인정할 줄 아는 아주 건강한 사회성을 가진 아이로 자라날 수 있습니다(Maruyama, Valente, Tovo-Rodrigues, et al., 2023)

간혹 아직은 어린아이들이기 때문에 감정적이 되거나 순간 흥분해서 통제가 어려울 때도 있습니다. 그럴 때는 잠시 활동을 멈추고 "선생님 말을 잘 들어보세요."라고 설명해 주면 됩니다. "선생님이 말하는 대로 따라 해."가 아니라 설명을 해준 다음 아이에게 이해할 시간을 주고 "다시 해볼까?"라고 하는 건 명확한 차이가 있습니다. 바로 아이가 스스로 규칙의 중요성을 이해시키는 과정이 있기 때문입니다. 연구에 따르면 아동의 인지발달은 규칙과 구조를 이해하는 과정에서 크게 향상된다고 합니다. 대표적으로 아동심리학자 피아제는 '인지발달 이론'에서 아동이 경험을 통해 인과관계를 배우고 행위의 결과를 이해하게 된다고 주장했습니다. 행동을 멈추고 생각하는 시간 동안 아이가 현재 자신의 감정과 행동을 정리할 수 있고, 더 나아가 자기조절 능력을 높일 수 있다는 것입니다.

이때 기른 감정 인식과 조절 능력이 이후 아동의 사회적 관계 개선과 긍정적 행동 습관 형성에 중요한 영향을 끼친다는 주장은 다른 여러 학자들에게서 꾸준히 제기되었습니다. 아동 놀이치료를 전문으로 하는 심리학자 '로렌스 J. 코헨(Lawrence R. Cohen)'은 자신의 저서 『아이와 통하는 부모는 노는 방법이 다르다(Playful Parenting)』에서 놀이나 활동을 통해 감정을 표현하고 조절하는 연습이 아동 발달에 미치는 긍정적인 영향을 강조했습니다. 즉, 아이들이 행동을 연습할 기회를 가짐으로써 사회적 기술을 배우고 감정조절 능력을 기를 수 있게 된다는 말입니다. 아이들과 함께 행동을 연습하는 것은 그만큼 정서적·인지적·사회적 발달을 촉진시킬 수 있는 중요한 과정이라 할 수 있습니다(Gallese, 2003). 그러니 교사는 따뜻한 관심과 지지를 보내며 아이들이 자신을 이해하고 행동을 발전시켜 나갈 수 있도록 돕고, 함께 연습하며 더 나은 사람으로 성장할 수 있는 역량을 키워줄 수 있어야 합니다.

연습하기를 시작하면 아이들은 꽤 많이 실패하고, 실패했다는 것에 불편함을 표현합니다. 성인에 비해 아이들은 특히 자유롭게 선택하고 싶어 하는 마음이 아주 큰 편이기에 불편함은 더욱 크게 느껴질 수밖에 없습니다. 자율성만큼 책임감이 커졌는데 생각만큼 잘해내지 못하고 있다는 결과에 대한 인식이 짜증, 불안, 답답함 같은 부정적인 감정을 느끼게 만드는 것입니다. 하지만 우리는 그 복잡한 감정과 불편함이 아이들을 더 나은 사람으로 성장시키는 데 가장 필요한 경험임을 잊지 말아야 합니다. 우리는 수많은 학자들의 연구를 통해 아이들이 발달 초기에 겪는 불편함이 어떻게 '회복력(resilience)'과 문제해결 능력을 기르는 데 도움이 되는지 이해할 수 있습니다.

그에 관해 주장한 대표적인 학자는 오스트리아 출신의 심리학자이자 치료사였던 '베라 콘(Vera F. Kohn)'입니다. 그녀는 아동의 회복력과 문제해결 능력뿐만 아니라 자아효능감(self–efficacy)에 대해서도 언급하며, 불편함을 경험하고 극복하는 과정이야말로 어려운 상황을 극복하는 능력을 가르쳐줄 수 있는 좋은 기회라고 말했습니다. '하버드대학교(Harvard University)' 연구팀에서도 아동의 초기 실패 경험이 창의적 사고와 혁신적 태도를 발전시키는 데 긍정적인 영향을 끼친다는 점을 언급한 적이 있었습니다. 그 연구를 통해 알 수 있는 것은, 아이들에게 '멈춰 생각하는 시간'을 주는 것이 스스로 내면을 탐구하고 자아 인식을 높일 수 있는 아주 좋은 기회가 된다는 점입니다. 그 과정 속에서 습득한 긍정적 '자아 인지(self-awareness)'는 감정조절 기술을 더 향상시켜 주고, 이는 사회적 상호작용에서 긍정적인 변화를 끌어낼 수 있도록 도와줍니다.

긍정적 자아 인식으로 출발하는 감정조절 기술의 향상을 기반으로, 아이들은 이제 자기 행동이 다른 사람에게 어떤 영향을 끼칠 수 있는지를 깨닫고, 사회의 일원으로서 좋은 영향을 주고받기 위해 노력하는 법을 배워나가게 될 것입니다. 학술적으로는 그 과정을 사회적 기술 및 감정적 지능을 발전시킨다고 말합니다. 아동 발달 전문가 '다니엘 골만(Daniel Goleman)'은 공감 능력(empathy)이야말로 긍정적인 대인관계를 촉진하고 갈등을 해결하는 결정적인 능력이라고 강조한 바 있습니다. 이는 자기 행동의 영향력과 의미를 충분히 성찰해 보고, 사회적 적응력을 충분히 향상해야 함을 의미합니다. 그럴 수만 있다면 어른이 되어 사회에 나갔을 때 아무리 낯선 환경과 서로 다른 가치관을 가진 사람과의 대립적인 관계에서도 문제와 갈등을 유연하게 해결해 나가며 잘 적응해 나갈 수 있을 것이기 때문입니다.

2. 영유아의 감정을 이해하는 방법 : 잘못을 인식하는 첫걸음

영유아기는 신체적·인지적·사회적 발달이 급격히 이루어지는 시기입니다. 이 시기에 자신의 주장과 독립적인 행동이 나타나는 것은 매우 자연스러운 일입니다. 그러나 때때로 이러한 행동이 지나치게 강하게 드러나 '고집'이나 '잘못을 부인하는 행동'이 반복된다면, 이는 그 연령대 아이에게 나타나는 일시적인 현상 이상의 의미를 담고 있을 수 있습니다. 바로 아이가 자신의 감정을 조절하는 데 어려움을 겪고 있으며, 타인과의 관계 속에서 자기 행동에 대한 책임감을 배우는 과도기에 처해 있음을 알리는 신호이기 때문입니다.

그럴 때 아이에게 적절한 지원과 이해를 제공하는 것은 그들이 감정을 건강하게 수용하고 표현할 수 있도록 돕는 데 중요한 역할을 합니다. 우리는 이해와 인내를 통해 아이들이 자신의 감정을 잘 다루고 긍정적인 대인관계를 맺는 방법을 배워갈 수 있도록 돕는 가이드가 되어줄 수 있어야 합니다. 그럼 가장 먼저 '왜 자기 잘못을 인정하지 않고 고집을 피울까?'라는 질문에 대한 답부터 찾아가 보겠습니다.

1) 경험을 통한 학습 : 행동의 결과 인식과 수용

아이는 자신의 행동이 어떤 영향과 결과를 초래하는지 경험을 통해 직접 깨달아야 합니다. 하지만 간혹 상황이나 양육자의 지도로 인해 자기 행동에 따른 결과를 충분히 체감하지 못하거나, 바람직한 행동으로 교정을 받은 경험이 부족할 경우, 잘못되었다는 것조차 인식하지 못하거나 잘못임을 인정하기 어려워하는 경우가 있습니다. 경험 부족으로 인한 실수에 대한 자각과 수용 과정을 방해받았기에, 주체적으로 반성한 후 교정해 나갈 가능성이 그만큼 적어지는 것입니다. 이러한 경험의 부족은 실수에 대한 자각과 수용 과정을 방해할 수 있으며, 따라서 일상 속에서의 작은 경험을 통해 점차적으로 배우고 성장할 수 있도록 돕는 것이 중요합니다.

2) 자기 능력 인정의 중요성 : 칭찬과 지지의 역할

아이들은 자기 능력을 인정받고자 하는 강한 욕구를 가지고 있습니다. 이러한 욕구가 과도하게 표출될 경우, 성인의 지적에 반항적인 태도를 보이며 고집을 부리는 경우가 생길 수 있습니다. 이는 아이가 자신을 능력 있는 존재로 인정받고 싶어 하는 마음에서 비롯된 행동으로, 적절한 칭찬과 지지가 이러한 부정적인 반응을 완화하는 데 도움이 될 수 있습니다. 아이들이 긍정적인 방식으로 자기 능력을 표현하고 인정받을 수 있도록 도와주는 것이 중요합니다.

3) 아이의 성장을 돕는 지혜 : 실수를 통해 배우는 과정

누구나 자신의 실수를 인정하기 꺼려하지만, 아이들은 특히 그러한 경향이 강한 경우가 많습니다. 실수를 인정하는 것이 자아존중감을 훼손당하는 일이라는 두려움에 그 순간을 피하기 위해 고집을 피우는 것입니다. 이때 아이가 실수를 통해 배울 수 있는 기회를 놓치지 않도록, 제대로 성장까지 다다를 수 있도록 긍정적인 환경을 조성하는 것이 중요합니다. 그런 경험이 쌓여야만 이후로도 아이가 실수를 있는 그대로 받아들이고, 상황을 개선하기 위한 방법을 스스로 찾아 행동하려고 할 것이기 때문입니다.

4) 아이와 함께 성장하기 : 행동의 결과에 대한 이해 돕기

모든 아이들이 매번 자기 행동을 돌아보고 결과에 대한 책임감을 느끼는 것은 아닙니다. 아직 그런 부분이 충분히 발달하지 않은 까닭에 타인의 입장에서 생각하는 능력이 부족한 경우도 많습니다. 그런 부분이 어른의 눈에는 의도적으로 자기 잘못을 쉽게 인정하지 않으려는 모습처럼 비칠 수 있습니다. 하지만 이는 단정 짓지 말고 반성과 책임의 중요성을 이해시키기 위해 꾸준한 피드백과 예시를 통해 교육해야 하는 부분입니다. 꾸준한 교육을 통해 아이들이 다양한 관점에서 상황을 이해하고 자기 행동에 대한 책임감을 길러나가도록 도와줄 수 있습니다.

5) 아이의 자신감 키우기 : 실수를 성장의 기회로 만들기

혹은 실수를 인식했지만 자신감이 부족한 탓에 인정한 다음 결과를 받아들이는 것에 두려움을 느끼는 아이들도 있습니다. 실수 때문에 자신이 부족하다고 다른 사람이 생각할 것 같다는 염려가 지나치게 확장되는 경우라 할 수 있습니다. 그때 실수는 모든 이들이 성장 과정에서 겪는 자연스러운 과정이자 일부임을 이해시키는 것이 중요합니다. 지속적인 지지와 긍정적인 강화를 통해 아이가 자신감에 손실을 느끼지 않으면서도 꾸준히 실수를 솔직하게 인정하고 변화시키려 노력하도록 독려해야 합니다.

그런 격려의 과정을 통해 아이가 건강한 감정 수용법과 책임감 있는 행동의 중요성을 배워나갈 수 있도록 돕는 것은 매우 중요합니다. 우리의 배려와 지도가 아이들이 각자의 감정을 인정하고 그에 따른 행동을 책임질 줄 아는 성숙한 사람으로 성장시킬 것입니다.

3. 건강한 감정 표현을 위한 두 가지 핵심 : 공감과 일관성

아이들이 감정 수용 단계에서 어려움을 겪는 상황을 개선하기 위해서는 두 가지 중요한 요소가 필요한데, 바로 '공감'과 '일관성'입니다. 먼저 아이의 감정을 이해하고 수용해 주는 공감은 아이에게 자신이 이해받고 있다고 느끼게 하는 것입니다(Schonert-Reichl, Smith, Zaidman-Zait, et al., 2012). 이는 아이가 자신의 감정을 보다 잘 표현하고 조절할 수 있는 환경을 마련해 주는 것입니다. 또한 일관성 있는 태도를 유지해 주면 환경에 안정감을 느끼고 아이가 명확한 기대와 경계를 설정하는 데 도움이 됩니다. 이러한 공감과 일관성을 통해 아이들은 건강하게 감정을 수용하고 표현하는 방법을 배울 수 있습니다.

1) 아이의 마음을 읽어주세요

"너는 지금 - 해서 그런 거구나." 아이의 행동을 단순히 '잘못된 행동'으로 판단하기 전에 그 행동에 담긴 감정을 이해하고 공감하는 태도를 보여주는 것이 중요합니다. 아이의 말, 제스처, 표정을 통해 아이가 왜 그런 행동을 하는지를 살펴보세요. 그런 다음 아이의 감정을 자신의 말로 표현해 주면 됩니다. 예를 들어, “너는 지금 화가 나서 그런 거구나.” 또는 “지금 기분이 상해서 이렇게 말했구나.”라고 말하면, 아이는 자신의 감정이 이해받고 있음을 느끼고, 이를 통해 점차 자기조절 능력을 키워나갈 수 있습니다. 이런 시간을 먼저 가지는 것은 아이에게 안정감과 신뢰를 줄 뿐만 아니라, 아이와의 관계를 더욱 깊어지게 해줄 것입니다.

2) 명확한 경계를 설정해 주세요

“하지만 이건 분명히 안 되는 거야.” 아이의 모든 행동을 수용해 줄 수 없음을 분명히 하고, 아이의 안전과 발달에 해로운 행동이라는 확신을 기반으로 행동을 분명하게 제한해야 합니다. 이때 무조건적인 제지가 아닌 아이에게 절대로 허용할 수 없는 행동의 기준을 명확히 설정해야 합니다. 명확한 경계 설정을 통해 아이들은 무엇이 허용되고 허용되지 않는지를 배우게 되어, 책임감 있는 행동 방식을 습득할 수 있습니다.

3) 일관된 태도를 유지해 주세요

“예외는 없어.” 한 번 설정된 명확한 경계는 어떤 상황에서도, 아이의 어떤 고집 앞에서도 일관성을 유지하는 게 가장 중요합니다. 당장은 울고 떼를 쓰며 ‘한 번의 예외’를 간청하는 아이에게 예외를 허용하는 게 부모와 아이 모두에게 좋아 보일지라도, 장기적으로는 어떤 순간에도 일관성을 유지해 줘야만 아이는 정해진 일에 안정감을 느끼고 안전한 환경에서 성장해 나갈 수 있습니다(Campbell, 2002). ‘되는 것’과 ‘안 되는 것’이 명확하다는 건 예측이 가능하기 때문입니다.

예측 가능한 부모와 양육자, 교사의 반응 속에서 아이들은 스스로의 행동을 조절하는 법을 배우고, 그런 과정을 통해 더 큰 안정감과 신뢰를 쌓아나갈 수 있습니다. 그러므로 부적절한 요구에 대해서는 일관된 태도를 유지함으로써 아이들에게 책임 있는 선택의 중요성을 가르치는 것이 중요합니다. 아이의 감정 수용 단계에서의 어려움은 하루아침에 해결될 수 있는 문제가 아닙니다. 아이의 행동 변화를 위해 꾸준한 노력과 인내심을 가지고 늘 이해와 믿음과 신뢰를 바탕으로 소통하는 것이 중요합니다.

4) 여유를 가지고 대처하세요

"괜찮아. 충분히 생각해도 돼." 아이가 감정적으로 흥분할 때 교사도 함께 감정적으로 대응한다면 상황은 더 악화될 수 있습니다. 그럴 때는 조용하고 단호한 어조로 아이에게 잘못된 행동의 이유를 충분히 설명해 주는 것이 중요합니다. 이렇게 설명함으로써 아이가 스스로 잘못을 깨닫고 그 결과를 이해하도록 돕는 것이 핵심입니다. 교사의 차분한 대처는 아이에게 안정감을 주고, 더 나아가 아이가 자신의 감정을 조절하고 반성하는 능력을 키우는 데 도움을 줍니다.

또한 아이가 잘못을 이해한 다음에는 그에 대한 수정 방향을 제시해 주어야 하며, 긍정적인 행동을 할 때는 칭찬과 격려를 아끼지 말아야 합니다. 아이의 감정 수용 단계에서의 어려움은 발달 과정에서 나타나는 자연스러운 현상입니다. 이러한 어려움은 교사의 이해와 지속적인 노력을 통해 극복할 수 있습니다. 교사가 아이의 감정을 이해하고 수용하며 일관성 있는 태도로 지도하는 것은 아이가 건강한 사회성과 자아존중감을 형성하는 데 매우 중요한 역할을 합니다. 이러한 지원은 아이가 앞으로 다양한 상황에서 자신을 잘 표현하고 긍정적으로 대처할 수 있도록 도와줄 것입니다.

5) 책임감을 갖도록 도와주세요

"네가 선택한 거야." 아이가 고집을 부리거나 떼를 쓸 때, 위험하지 않은 한도 내에서 그냥 내버려두어 자기 행동에 따른 결과를 스스로 경험하게 하는 것도 유익할 수 있습니다. 이는 아이가 자기 행동에 책임을 지는 법을 배우는 중요한 과정입니다. 반복적으로 잘못된 행동을 하는 이유에는 어떤 선택을 해도 자신에게 불리한 결과가 나오지 않기 때문일 수 있습니다. 그러니 경험을 통해 아이가 자신의 선택에 따른 결과의 다름을 자연스럽게 체득하며, 책임감을 갖는 성숙한 태도를 익히도록 해야 합니다. 이는 반대로 자기 선택이 좋은 결과로 이어졌을 때 느낄 수 있는 기쁨을 기억하며 더 많은 행복으로 삶을 채울 수 있도록 하는 좋은 교육 방법입니다.

4. 자아존중감 키우기 : 도전, 관계, 그리고 성장의 중요성

'자아존중감'은 행복한 성장을 위한 여정의 핵심입니다. 자아존중감은 실패를 두려워하지 않고 긍정적으로 도전하려는 아이로 성장하는 발판이 됩니다. 높은 자아존중감을 가진 아이들은 실패를 두려워하지 않고, 새로운 도전에 적극적으로 참여하며, 긍정적인 태도를 유지합니다. 이는 자연스럽게 어떤 다양한 상황에서 높은 문제해결 능력을 갖춘 아이가 될 가능성을 높여줍니다. 자아존중감이 높을수록 자기 능력을 믿고, 시도해 보지 않았던 것에도 도전함으로써 새로운 경험을 쌓고 성장할 기회를 갖게 될 가능성이 높기 때문입니다(Arslan, 2021).

또한 자신에 대한 긍정적인 시선을 가진 아이는 타인을 바라볼 때도 단점보다 장점을 먼저 발견하려 하고, 설령 자신과 다른 면을 발견하더라도 긍정적으로 판단하려는 경향이 있습니다. 그런 태도가 상대방으로 하여금 수용적이고 기분 좋은 관계라는 인식을 심어줄 가능성이 높으니, 그만큼 다양한 사람들과 어떤 만남에서도 좋은 영향을 주고받을 가능성이 높습니다. 또한 자아존중감이 높은 아이들은 또래와의 갈등 상황에서도 유연하게 대처하고, 건강한 관계를 유지할 수 있습니다. 늘 개방적이고 협력적인 태도를 유지하기 때문에 지원과 이해를 바탕으로 한 깊이 있는 우정을 형성해 나갈 힘을 가지는 것과 같습니다. 그러한 원만한 관계 경험이 또래 집단에서부터 확장되어 점점 다른 사회적 상호작용에서도 좋은 영향을 끼치게 되는 것입니다. 그리고 발전된 사회적 기술을 기반으로 친밀감을 쌓는 데도 중요한 기반이 됩니다.

이렇듯 많은 성장의 뿌리가 되는 자아존중감은 어떻게 길러주고 발달시켜야 할까요? 자아존중감을 키우기 위해서는 두 가지 큰 원칙을 기억해야 합니다.

첫째, 아이는 실패를 통해 성장한다는 것을 기억해야 합니다. 실패는 학습의 중요한 부분이며, 이를 두려워하지 않아야 한다는 것을 알려주어야 합니다. 그러려면 실패를 긍정적인 경험으로 받아들일 수 있도록 지지해 주는 것이 필요합니다. 늘 안정적인 애정과 지지하고 있다는 믿음을 줌으로써 아이가 자신감을 가질 수 있도록 해주고, 무엇이든 도전하려는 것만으로도 너무나 좋은 일이라는 긍정적인 에너지를 주었을 때 아이는 자신을 믿고 다양한 도전에 맞설 용기를 가질 수 있습니다.

둘째, 자아존중감은 하루아침에 만들어지는 것이 아님을 잊지 말아야 합니다. 아이의 자아존중감을 키우기 위해서는 꾸준한 노력과 인내심이 필요합니다. 이 과정에서 교사와 양육자의 지속적인 지지가 더욱 중요합니다(Ornaghi, Conte, & Grazzani, 2020). 모든 아이들은 저마다 다른 개성과 능력을 갖추고 있으니 아이가 가진 고유한 장점을 함께 찾아내 주고 칭찬과 격려를 아끼지 마세요.

[내 아이의 자아존중감 키우기]

필요한 것	방법과 방향성 설정하기
성공 경험	아이에게 성공할 수 있는 기회를 만들어주세요. 성공했을 때의 기쁨과 성취감은 그대로 자기 능력에 대한 믿음으로 연결되어 아이의 자신감을 키워줄 씨앗이 될 수 있습니다. 그리고 그 기쁨과 성취감을 다시 느껴보기 위해 더 많은 도전을 긍정적으로 받아들이게 될 것입니다.
능력에 맞는 과제	아이의 능력을 고려한 적절한 과제를 제시하고, 필요할 때를 골라 도움을 주거나 기대치를 조정해 주세요. 처음엔 아이가 부담을 느끼지 않을 정도의 도전 목표를 설정해 주고, 그것으로 성취감을 느끼게 해주는 것입니다. 그렇게 반복하다 보면 점점 스스로 목표를 키우고, 더 많은 목표 설정과 도전을 통해 자신의 한계를 확장시켜 나갈 수 있을 것입니다.
격려와 칭찬	결과보다는 과정에 대한 칭찬과 격려로 아이의 노력을 인정해 주세요. 이렇게 함으로써 아이는 자신의 노력이 소중하다는 것을 깨닫고 긍정적인 자기 인식을 키울 수 있습니다.
구체적인 피드백	“잘했어.”라는 단순한 칭찬보다 “열심히 노력했구나! 결과도 좋지만, 과정이 더 중요해.”와 같은 격려가 아이의 자아존중감 향상에 더욱 효과적입니다. 이러한 방식은 아이가 자신이 한 노력의 가치를 이해하게 하고, 앞으로도 계속해서 도전할 수 있는 용기를 불어넣어 줍니다. 과정에 대한 강조는 아이의 지속적인 성장과 발전에 필요한 자신감을 키우는 데 중요한 역할을 합니다.
선택의 기회	선택할 수 있는 기회를 제공하는 것은 아이 스스로 결정하고 책임감을 느끼도록 돕는 데 매우 중요합니다. 이러한 경험은 아이가 자신의 의견과 선택이 존중받고 있다는 것을 느끼게 하며, 자존감을 높이는 데 기여합니다.
의미 있는 선택 제안	단순한 선택을 넘어서 의미 있는 선택을 할 수 있도록, 아이의 연령과 발달 수준을 고려하여 선택의 폭을 넓혀주는 것이 중요합니다. 예를 들어, 아이가 옷, 간식 또는 활동을 선택할 수 있게 하는 것은 그들이 자신의 취향과 선호를 이해하고 표현하는 데 도움이 됩니다. 이렇게 제공된 선택의 자율성은 아이가 스스로 결정을 내리는 과정에서 배우고 성장할 수 있는 기회를 제공합니다. 더 나아가 아이의 자존감을 더욱 높여주고, 미래의 의사결정에서도 긍정적인 영향을 미칩니다.

감정조절 모델링	자신의 감정을 이해하고, 표현하며, 조절할 수 있도록 돕는 것이 매우 중요합니다. 이를 통해 아이는 자신의 감정을 적절하게 인식하고, 적절한 방법으로 표현하는 능력을 키울 수 있습니다. 이때 교사가 먼저 자신의 감정을 아이에게 솔직하게 이야기해 주는 것이 큰 도움이 됩니다. 예를 들어, "선생님은 오늘 기분이 좋지 않았어. 그래서 조금 화가 났지만, 이렇게 숨 쉬면서 마음을 진정시키려고 했어."라고 설명할 수 있습니다. 이를 통해 아이는 감정이 자연스럽고 정상적인 것임을 배우고, 감정을 표현하는 다양한 방법을 익힐 수 있습니다. 그리고 앞으로도 건강한 방식으로 자신의 감정을 조절하는 데 필요한 기초 정보를 제공받게 됩니다.

함께 생각해 볼 문제

1. 아이의 행동 뒤에 있는 감정을 이해하려면 어른들이 어떤 태도와 방법을 가져야 할까요?

2. 아이들은 감정을 표현하는 데 어려움을 느껴서 문제행동을 보일 수 있습니다. 아이들이 건강하게 감정을 표현할 수 있도록 도와주기 위한 방법은 무엇일까요?

Chapter

05

영유아 사회성 발달의 핵심 : 공감 능력의 중요성

1. 공감 능력의 개념 : 타인의 감정을 이해하고 공유하는 능력
2. 공감 능력의 중요성 : 사회적 조화와 도덕적 발달의 기초
3. 공감 능력의 구성요소 : 인지, 정서, 의사소통의 복합적인 상호작용

chapter

05 영유아 사회성 발달의 핵심 : 공감 능력의 중요성

1. 공감 능력의 개념 : 타인의 감정을 이해하고 공유하는 능력

'공감 능력'은 단순히 다른 사람의 감정을 느끼는 것을 넘어 그 감정을 이해하고 적절하게 반응하는 복합적인 과정을 모두 포함합니다. 이는 사회적 관계를 맺는 누구에게나 매우 중요한 능력이지만 처음부터 완성된 게 아니라 자라면서 타인의 감정을 이해하고 공유하는 과정을 거치며 점차 발달시켜 나가는 능력 중 하나입니다(Berliner & Masterson, 2015). 공감 능력이 뛰어난 사람에게 우리는 어디에서나 누구와도 좋은 관계를 유지해 나갈 수 있는 좋은 강점을 지녔다고 말하곤 합니다. 그렇다면 이 능력을 어떻게 발달시켜야 할까요? 이 장에서는 유아기 아동의 공감 능력의 개념과 중요성, 구성요소, 발달 과정을 살펴보고 유아의 공감 능력 발달을 촉진하기 위한 교육적 함의를 알아보겠습니다.

첫째, 공감 능력은 사회적 적응 능력을 높이고 타인의 관점에서 생각함으로써 긍정적인 관계를 맺는 데 필수적인 기술이라 할 수 있습니다. 사회 구조가 복잡해질수록 사람 간의 유대감 형성이나 사회적 연결 정도에 개인차가 많이 생기고 그럴 때 공감 능력이 중요한 요소로 작용할 수밖에 없습니다. 상대적으로 공감이 잘 형성된 사회라면 사람들은 서로의 감정을 이해하고 지지하는 관계를 비교적 쉽게 구축하지만 그렇지 못하면 갈등이 심해지고 고립감, 소외감을 심하게 느끼기 때문에, 정서적 안정과 건강한 사회생활 모두를 위해 공감 능력을 반드시 길러야 합니다(Davis, 2018).

둘째, 흔히 감정 이입을 공감과 혼동하는 경우가 많은데, 감정 이입은 타인의 어려움에 염려나 애도의 감정을 느끼는 것이며 공감은 타인이 느끼는 감정과 동일한 감정을 느끼는 것입니다. 이는 마치 자기 일, 자신이 처한 상황인 것처럼 감정이 공유되는 상태를 말합니다. 그래서 감정 이입은 상대방의 감정을 이해한 후 그에 대한 연민을 느끼는 데 중점을 두는 반면, 공감 능력은 서로 간의 차이를 이해하기 위해 노력하는 고차원적 역량입니다.

2. 공감 능력의 중요성 : 사회적 조화와 도덕적 발달의 기초

유아기는 사회적 기술과 정서적 지능이 형성되는 중요한 시기입니다. 그래서 유아기 아이의 공감 능력을 길러줄 경우, 아이는 정서적 경험을 통해 다른 이를 배려하고 존중하며 살아간다는 삶의 가장 중요한 의미를 깨달을 수 있습니다. 가깝게는 친구의 기쁨이나 슬픔을 함께 공유하고 신뢰와 친밀감을 쌓아가는 경험을 해나가며 왜 그것이 중요한지 깨달아가는 것부터 시작됩니다(Wu, Kim, & Markauskaite, 2020).

그다음 더 많은 경험에 대입시켜 보게 되면서 점점 사회 구성원으로서 가져야 할 자신만의 도덕적인 기준을 정립하는 데 도움을 받을 수 있습니다. 그리고 형성된 공감 능력을 기반으로 사회적 조화와 도덕적 행동의 기반에 맞춰 앞으로의 삶에서 사회적 조화를 이루며 늘 건강하고 풍요로운 관계를 맺으며 살아갈 수 있는 능력을 갖출 수 있습니다. 더 잘 공감할 수 있기에 이타적인 행동을 잘하게 되고, 도덕적 판단과 책임감 있는 행동 실천에도 긍정적인 영향을 미치게 될 것입니다(Batson, Elkund, Chermok, Hoyt, & Ortiz, 2007). 그 모든 것이 공감 능력을 기르는 것에서부터 시작되기에 유아기에 공감 역량의 증진이 중요합니다.

3. 공감 능력의 구성요소 : 인지, 정서, 의사소통의 복합적인 상호작용

공감 능력은 인지, 정서, 의사소통 요소가 복합적으로 작용하면서 형성됩니다. 이 세 가지 요소는 서로 연결되어 있으며, 아이가 타인과의 관계에서 공감할 수 있는 기반을 제공합니다(Bensalah, Caillies, & Anduze, 2016).

첫째, 인지적 요소입니다.

인지적 요소에는 타인의 생각, 감정 및 의도를 이해하고, 그들의 관점에서 상황을 바라보는 능력이 포함되어 있습니다. 아이는 상대방의 관점을 이해함으로써 그들의 감정을 좀 더 깊이 있게 인식하게 되는데 이는 공감의 첫 단계입니다. 그 단계부터 아이는 다른 사람들이 겪고 있는 경험과 감정을 논리적으로 분석하고 해석하는 법을 배울 수 있습니다.

㉮ '친구가 슬퍼하고 있네. 친구가 슬픈 건 ~~~ 한 이유야.'

친구가 슬퍼하는 상황에서 그 친구가 왜 그러한 감정을 느끼고 있는지를 이해하는 것이 인지적 공감의 중요한 표현입니다. 그런 경험을 통해 인지적 요소가 발달할 때 비로소 아이가 건강한 대인관계를 형성하고, 사회적 상호작용에서 더욱 효과적으로 소통할 수 있는 기반을 갖게 되는 것입니다.

둘째, 정서적 요소입니다.

이 요소는 타인의 감정에 공감하고 비슷한 감정을 느끼는 능력을 나타냅니다.

㉮ '지금 친구가 너무 슬퍼하고 있어. 나였어도 정말 슬펐을 것 같아.'

위와 같은 이야기에서 정서적 요소를 찾아봅시다. 이처럼 친구가 슬퍼할 때 그 슬픔을 이해하고 함께 아파하는 것이 정서적 공감의 중요한 표현입니다. 이러한 감정의 공유는 서로 간의 친밀감을 높여주는 것은 물론 개인 간의 유대감이 강화되는 데 큰 영향을 끼칠 수 있습니다. 아이가 가진 타인의 감정에 공감할 수 있게 되면, 이는 아이 주변의 사회적 관계를 더욱 깊고 의미 있게 만들어줄 것입니다. 이처럼 정서적 공감이 단순히 감정을 느끼는 것을 넘어서 타인을 지지하고 위로하는 행동으로 이어지기 때문에 건강한 대인관계를 형성하는 데 필수적인 요소라 말할 수 있습니다(Blandon & Scrimgeour, 2015). 그리고 아이가 이러한 정서적 요소를 잘 이해하고 활용할 수 있도록 도와주는 것이야말로 그들의 전반적인 정서적 지능과 사회성 발달을 도울 가장 좋은 방법이라 할 수 있습니다.

셋째, 의사소통적 요소입니다.

이 요소는 타인의 감정을 이해하고 이를 적절하게 표현하는 능력을 의미합니다.

㉮ '친구가 정말 슬퍼 보여. 그래서 친구에게 위로의 말을 건네며 꼭 안아주고 힘내라고 말해줬어.'

타인의 감정을 정확히 이해했다면 그다음에는 그 감정에 적절한 반응을 보일 수 있어야 합니다. 의사소통적 요소가 발달함에 따라, 아이들은 다양한 사회적 상황에서 효과적으로 소통하고 관계를 형성할 수 있게 됩니다. 이때 의사소통 능력이 높으면, 자신의 감정을 표현하거나 타인의 감정을 존중하며 관계를 긍정적으로 끌어 나가는 주체적인 삶을 살아가는 데 큰 도움을 받을 수 있습니다. 누구나 자신의 감정에 잘 공감하고 적절한 표현을 해주는 사람과 신뢰와 친밀감을 쌓고 싶어 하기 때문입니다.

공감 능력의 구성요소들이 조화롭게 잘 작용함으로써, 아이들은 자신과 타인의 정서를 보다 깊이 이해하고, 사회적 관계에서 이를 발휘하게 됩니다. 아이 개개인에게 이러한 과정은 감정적으로 성숙한 사회 구성원으로 성장하고, 타인과의 연결을 강화하며, 긍정적인 상호작용을 할 수 있는 역량을 갖출 수 있게 도와줄 중요한 학습 과정이라고도 볼 수 있습니다. 그리고 더 나아가 사회적으로는 그 아이들이 자라 만들어갈 사회의 구성원들이 보다 조화롭고 협력적인 분위기를 만들어가는 주체가 되어 더 나은 공동체의 일원으로 자리 잡을 수 있도록 돕는 아주 중요한 요소임을 알 수 있습니다.

유아의 공감 능력 발달은 개인차가 크기 때문에, 개별 유아의 특성과 발달 수준을 고려하여 교육하는 것이 매우 중요합니다. 우리는 각 아이가 가진 배경과 경험이 다름을 인식하고, 그에 맞는 맞춤형 접근을 시도하며 신중하고 정성을 들여 한 아이, 한 아이의 능력 신장을 도와, 더 넓게 장기적으로 건강한 사회를 이루는 기반을 다지는 데 사명감을 가지고 최선을 다해야 할 것입니다.

함께 생각해 볼 문제

1. 유아의 공감 능력이 중요한 이유는 무엇인가요?
2. 유아의 공감 능력을 잘 키우기 위해 가정과 교육기관에서 할 수 있는 구체적인 방법으로는 무엇이 있을까요?
3. 공감 능력이 부족한 아이가 보일 수 있는 문제행동은 어떤 것이며, 이를 지원하기 위한 구체적인 방법은 무엇일까요?

Chapter

06

영유아의 문제행동을 다루는 보호막 : 적응 기술

1. 유아 적응의 개념 : 환경과의 조화로운 상호작용
2. 유아교육기관에서의 적응 과정
3. 유아 적응에 영향을 미치는 요인
4. 유아 적응을 위한 교육적 함의 : 긍정적인 적응 환경 조성

chapter

06 영유아의 문제행동을 다루는 보호막 : 적응 기술

유아는 성장하면서 가정 밖의 새로운 환경, 특히 유아교육기관에 적응하며 사회적·실제적 능력을 발달시켜 나갑니다. 이에 이 장에서는 유아 적응의 개념과 유아교육기관에서의 적응 과정을 살펴보고, 유아의 적응에 영향을 미치는 다양한 요인들을 자세히 분석하며, 유아의 성공적인 적응을 위한 교육적 함의를 제시하고자 합니다.

1. 유아 적응의 개념 : 환경과의 조화로운 상호작용

아이마다, 가정마다 시기의 차이가 있지만 어느 순간 아이는 가정의 양육자를 떠나 새로운 환경에 적응하는 단계를 밟습니다. 어린이집, 유치원 등 새로운 환경, 특히 유아교육기관에 적응하는 과정을 거치게 되는데, 그 과정을 '유아 적응'이라고 부릅니다. '적응'은 개인이 자신이 속한 환경과 조화롭게 상호작용하며, 자신의 욕구를 충족시키고 삶의 만족감을 얻는 과정입니다(Crooks, Bax, Delaney, et al., 2020). 이는 단순한 생존을 넘어선 복합적이고 다차원적인 과정으로, 개인이 환경에 맞추어 스스로의 욕구를 충족하고 삶의 만족을 극대화하기 위해 필수적인 요소로 이해할 수 있습니다.

대부분의 '유아기의 적응'은 사회적 상호작용, 규칙 준수, 감정조절, 새로운 경험 수용 등 다양한 측면에서 이루어집니다. 만일 성공적으로 적응할 수 있다면 자신의 감정을 인식하고 조절하며, 또래 친구 및 성인과의 관계를 효과적으로 형성할 수 있습니다. 하지만 먹는 것부터 자는 곳, 돌보는 사람까지 모든 게 변한다는 걸 처음 겪는 만큼 아이마다 적응하는 데 꽤 오랜 시간과 수고가 들기도 합니다. 그래서 유아가 새로운 환경에 성공적으로 적응할 수 있도록 돕기 위해서는 가정과 교육기관 간의 협력이 필요합니다. 다양한 요인을 고려한 맞춤형 지원은 유아의 사회적·정서적 발달을 촉진하며, 이들이 긍정적이고 건강한 성장 과정을 거칠 수 있도록 만들어줄 수 있습니다.

1) '유아 적응'을 바라보는 다차원적인 접근

'적응'이라는 개념 자체가 개인적·심리적 요인뿐만 아니라 사회적·환경적 요인이 복합적으로 작용하는 다차원적인 개념입니다. 그래서 단순히 외부 환경에 맞추는 것이 아니라 개인의 내적 상태, 감정, 동기와 더불어 그가 속한 사회적 관계를 통합적으로 고려해 도모해야 합니다(Gioia, Isquith, Guy, & Kenworthy, 2000).

이를 유아교육에 적용한다면 효과적인 적응을 위해서 외부 환경(유아교육기관의 규칙, 친구들과의 관계 등)과 내부 프로세스(감정, 동기 등) 간의 상호작용을 이해하고 통합하는 과정이 반드시 필요합니다(Greenberg, Domitrovich, Weissberg, & Durlak, 2017). 유아가 새로운 유아교육기관에 적응하는 과정에서 영향을 끼치는 요소는 정말 무궁무진하기 때문입니다. 예를 들어, 아이의 자아존중감, 과거 경험, 새로운 환경에 대한 호기심과 열정 등 개인적 요인이 있는가 하면, 교사의 지지와 이전의 사회적 경험이 긍정적인 정서를 강화하는 데 도움을 주기도 합니다. 그와 동시에 유아교육기관 내 교사와 또래 친구들과의 관계, 교육기관의 문화와 분위기, 그리고 물리적인 환경(놀이환경, 교실 배치 등)도

유아의 적응 과정에 중요한 영향을 미치기도 합니다.

그러니 이런 다차원적인 요소를 고려하여 아이의 특성이나 기관의 특수한 상황 등 다양한 변수에 맞춰 유연하게 대처할 수 있도록 해줄 것이며, 자신의 감정을 잘 조절하여 건강한 사회적 관계를 형성하는 데도 도움을 줄 수 있습니다.

2) '유아 적응'이 이뤄지는 상황적 특성

예를 들어, 새로운 학교에 입학한 경우, 한 아이는 이전의 사회적 경험 덕분에 쉽게 친구를 사귈 수 있지만, 다른 아이는 낯선 환경과 사람들로 인해 불안감을 느끼고 적응에 어려움을 겪을 수 있습니다. 그런 차이가 발생하는 이유는 무엇일까요? 같은 상황에서도 각 개인이 가진 경험, 타고난 기질과 특성, 혹은 가치관이나 사회적 배경이 다르기 때문입니다. 아이마다 각기 다른 적응 방식은 이전까지 속한 상황에 따라 적응의 기준과 판단이 달라지기 때문입니다. 이러한 상황적 특성은 개인이 어떻게 환경에 반응하고, 자신을 조절하는지를 결정짓는 중요한 요소로 작용합니다. 따라서 다양한 사회적 맥락과 환경을 이해하고 고려하여 보다 효과적인 적응 전략을 찾는 것이 필요합니다(Maloney, Lawlor, Schonert-Reichl, & Whitehead, 2016).

3) '사회의 다름'을 반영하는 규범적 특성

적응은 사회적 규범과 기준에 따라 판단되는 상대적인 개념입니다. 각 문화와 사회는 고유한 기대와 규범을 가지고 있으며, 이러한 요소들은 개인이 특정 환경에서 적응하는 방식을 결정짓는 중요한 기준이 됩니다. 예를 들어, 어떤 집단에서는 개방적이고 활발한 상호작용이 긍정적으로 받아들여질 수 있지만, 다른 지역에서는 보다 미묘하고 조심스러운 접근이 요구될 수 있습니다.

이러한 규범적 특성은 개인이 자신을 사회의 일원으로 인식하는 데 깊은 영향을 미칩니다. 대부분의 사람들은 일원으로서 소속감과 사회적 책임감을 갖고자 노력합니다. 그리고 사회적 기대에 부응하여 적응할 수 있을 때, 비로소 소속감을 느끼고 사회적 연대 속에 더 큰 만족감과 더 많은 경험에 대한 의지를 갖곤 합니다. 반대로 사회의 규범에 적응하지 못한다면 소외감이나 고립감을 경험할 수 있습니다. 이처럼 적응이 개인의 정체성과 사회적 상호작용을 형성하는 데 있어 필수적인 요소로 작용하는 만큼 그 방법을 아이에게 가르쳐가는 과정이 중요하다고 볼 수 있습니다.

2. 유아교육기관에서의 적응 과정

유아교육기관에서의 적응 과정은 유아의 전반적인 발달에 중요한 기틀을 제공하며, 건강한 사회적 관계 형성과 정서적 안정감을 키우는 데 중요한 역할을 합니다. 유아교육기관에서의 적응 과정은 일반적으로 다음과 같은 단계로 나누어 볼 수 있습니다.

1) 1단계 : 예비 적응

처음 유아교육기관에 들어간 순간부터 적응은 시작됩니다. 이 예비 적응 단계에서 유아기 아이는 가정에서의 일상생활을 바탕으로 새로운 환경을 바라보며 다른 환경에 대한 기대와 불안을 동시에 느낍니다. 부모와의 이별에 대한 불안감과 새로운 친구 및 선생님에 대한 호기심이 서로 뒤섞인 복잡한 감정을 경험하게 됩니다. 때때로 큰 불안감으로 인해 기관에 등원하길 거부하거나 기존 양육자에게 더 애착을 보이고 평소 보이지 않던 행동으로 불안을 표현하는 경우도 많습니다.

이때 교사 역할이 매우 중요합니다. 교사는 아이의 감정을 이해하고, 안심시켜 주며, 필요할 경우 유아가 최대한 편안하게 지낼 수 있는 환경을 조성해야 합니다. 따뜻한 격려와 지지는 유아가 새로운 환경에 대한 긍정적인 마음가짐을 갖도록 돕고, 안정감을 제공하기 때문입니다.

2) 2단계 : 초기 적응

예비 적응 단계가 지나 초기 적응 단계에 이르면, 유아는 유아교육기관에 들어가 새로운 친구들과 선생님을 만나고 이들과 상호작용하는 중요한 시기를 맞이합니다. 이 과정에서 유아는 새로운 규칙과 환경에 적응해야 하므로 혼란스러움이나 어려움을 느끼는 경우가 많습니다. 특히 놀이시간이나 수업 시간을 이해하고 따르는 데 도전이 있을 수 있습니다. 아이들은 낯선 환경에서 여러 규칙과 구조를 배우기 때문에 가끔은 이러한 변화에 적응하는 것 자체가 큰 스트레스로 작용할 수 있습니다. 때론 이 과정에서 감정을 표현하거나 또래 친구들과의 관계를 형성하는 데 어려움을 겪기도 합니다. 친구들과의 상호작용에서 발생할 수 있는 갈등이나 두려움이 존재할 수 있으며, 이는 유아가 사회적 기술을 배우는 과정에서도 도전이 될 수 있습니다.

따라서 이 시기에 유아교육기관의 교사가 지원과 지도를 적절히 제공하는 것은 매우 중요합니다. 아이가 감정을 안전하게 표현할 수 있는 환경을 마련하고, 상호작용에서 겪는 어려움을 이해하며, 도와주는 역할을 해야 합니다. 그런 일관된 관심과 도움이 있다면 아이는 점점 자신감을 갖고, 기관 안에서 새로운 관계와 상호작용을 즐겁게 받아들이려는 시도를 하게 될 것입니다.

3) 3단계 : 안정적 적응

시간이 지나면서 유아는 점점 새로운 환경에 익숙해지고 자신감을 얻게 됩니다. 기관 안에서 지켜야 할 생활 규칙을 자연스럽게 이해하고 받아들이는가 하면, 함께 생활하는 친구들과 사회적 관계를 형성하기 시작할 것입니다. 그리고 집 이외 공간에서도 안전함과 안정감을 느낄 수 있다는 확장된 사고를 할 수 있게 되면서 점점 자신감 있게 자기 의사와 감정을 표현할 줄 알게 될 것입니다(Kim, Jackman, Jo, Oh, Ko, McPherson, Hwang, & Singh, 2020).

이 시기가 지나면 유아는 친구들과의 사회적 관계를 형성하고, 생활 규칙을 자연스럽게 이해하기 시작합니다. 이러한 적응 과정은 아이들이 변화되는 환경 속에서 자신을 표현하고 서로를 이해하는 법을 배울 수 있는 좋은 기회가 됩니다. 예를 들어, 어떻게 하면 자신의 감정을 건강하게 표현할 수 있는지, 타인과의 관계에서 자신감 있게 행동하는 법은 무엇인지 등을 배워나가는 것입니다. 그리고 좀 더 나아가 그룹 활동에도 더 적극적으로 참여하고 선생님과의 신뢰 관계를 형성해 나가면서 좀 더 능숙하게 감정을 조절하는 능력을 향상시킬 수 있습니다(Montroy, Bowles, Skibbel, McCleland, & Morrison, 2016). 특히 다양한 협동 활동 참여는 아이의 사회적 기술을 발전시키고, 서로의 감정을 이해하고 존중하는 방법을 자연스럽게 가르쳐주기 때문입니다.

3. 유아 적응에 영향을 미치는 요인

유아의 적응 과정에는 여러 가지 요인이 복합적으로 영향을 미칩니다. 그래서 그 다양한 요인을 종합적으로 고려하여 적절한 지원을 제공해야 합니다(Rimm-kaufman, Curby, Grimm, Nathason, & Brock, 2009).

1) 가정환경

가정에서의 안정감과 지지 여부는 유아의 적응 과정에 큰 영향을 미칩니다. 부모의 애정과 지지, 그리고 일관된 양육 태도가 기반이 되어 자란 아이는 새로운 환경에 들어갔음에도 안도감을 느끼고 자신감을 형성해 나갈 수 있습니다. 마음 깊숙한 곳에서부터 뿌리내린 안정감이 아이가 새로운 사람들과 환경에 대한 두려움을 최소화하고, 긍정적으로 탐색할 수 있는 기반을 마련해 주기 때문입니다(Wanless, McClelland, Tominey, & Acok, 2013). 그래서 기관에 처음 왔다 해도 변화를 더 쉽게 받아들이고 더 빨리 적응해 나갈 수 있는 것입니다.

그리고 그런 가정환경에서 가장 중요한 인물이 바로 부모입니다. 부모가 제공하는 안정적인 가정환경은 아이가 감정적으로 더 나은 상태에서 사회적 상호작용을 수행할 수 있도록 지원하여 새로운 친구들과 교사와의 관계를 잘 형성할 수 있게 해줍니다. 그것이 곧 유아기 아동의 전반적인 발달에까지 긍정적인 영향을 끼치게 되어 건강한 사회적 기술과 정서조절 능력을 갖춘 사람으로 성장하게 해주는 것입니다.

2) 성격, 기질, 그리고 이전의 경험

각 유아의 성격, 기질, 그리고 이전의 경험은 그들의 적응 능력에 직접적인 영향을 미칩니다. 어떤 아이들은 새로운 상황에 대해 두려움이 적고, 호기심을 가지고 도전하는 경향이 있는 반면, 다른 아이들은 낯선 환경에 대한 불안과 압박감을 느낄 수 있습니다. 이러한 개인적 특성은 적응의 속도와 방식에 차이를 만들어냅니다. 예를 들어, 외향적인 아이는 새로운 친구들과의 상호작용을 즐기고 쉽게 적응할 수 있지만, 내향적인 아이는 처음 입학한 유아교육기관에서 수줍어하거나 소극적인 태도를 보일 수 있습니다(Yoleri, 2014). 또한 과거의 경험도 적응에 큰 영향을 미칠 수 있습니다. 만약 유아가 이전에 긍정적인 경험을 쌓았다면, 새로운 환경에서 긍정적인 기대를 가지고 적응할 가능성이 높아집니다. 반면 부정적인 경험이 많았던 경우에는 새로운 환경에서 불안감을 느끼며 적응하는 데 어려움을 겪을 수 있습니다. 따라서 각 유아의 성격과 기질, 과거 경험을 고려한 맞춤형 접근이 필요하며, 이러한 개별적 특성을 존중하는 교육적 지원이 유아의 성공적인 적응을 돕는 데 중요합니다.

3) 유아교육기관의 환경

유아교육기관 내의 환경적 요소는 유아의 적응 과정에 중요한 역할을 합니다. 이 환경은 교사들의 태도, 교육 프로그램의 질, 그리고 또래 관계 등을 포함합니다. 특히 사랑과 지지가 넘치는 긍정적인 환경은 유아의 적응을 크게 촉진합니다(Rimm-Kaufman, Early, Saluja, Pianta, Bradely, & Payne, 2002). 교사와의 신뢰 관계가 잘 형성되어 있으면, 유아는 자신감을 가지고 새로운 상황에 접근할 수 있습니다. 유아는 교사가 자신을 이해하고 지원해 준다는 믿음을 가지게 되며, 이는 유아가 감정적으로 안정된 상태에서 학습할 수 있도록 돕습니다. 또한 친구들과의 건강한 상호작용은 유아가 사회적 기술을 개발하고 또래 관계를 형성하는 데 중요한 요소입니다. 긍정적인 또래 관계는 유아가 새로운 환경에서의 도전을 극복하고, 서로의 감정을 이해하는 기회를 제공합니다. 유아교육기관의 긍정적이고 지지적인 환경은 유아가 새로운 경험에 잘 적응하고, 사회적·정서적 기술을 발전시키는 데 필수적인 기반이 됩니다. 따라서 기관의 환경을 사랑과 지지로 채우고, 유아들의 필요를 반영하는 프로그램을 운영하는 것이 중요합니다.

4. 유아 적응을 위한 교육적 함의 : 긍정적인 적응 환경 조성

유아교육적 측면에서 유아의 적응은 단순히 새로운 환경에 익숙해지는 과정을 넘어, 사회적·실제적 능력을 발달시키는 중요한 단계입니다. 우리는 긍정적인 적응 환경을 조성하고 적응 기술 교육을 통해 아이들이 건강하고 행복한 삶을 살아갈 수 있도록 적극적으로 지원해야 합니다. 그리고 이러한 지원은 궁극적으로 아이들이 건강하고 행복한 삶을 살기 위한 토대를 마련하는 방향으로 지향되어야 합니다. 이를 위해 유아의 성공적인 적응을 위한 교육적 함의는 다음과 같은 중요한 점들을 포함합니다.

1) 개인차

모든 유아는 저마다 다른 발달 속도와 적응 능력을 가지고 있습니다. 예를 들어, 어떤 유아는 빠르게 새로운 친구들과 관계를 형성할 수 있지만, 다른 유아는 시간이 필요할 수 있습니다. 하지만 이건 어떤 능력의 차이가 아니라 갖고 있는 기질과 개인차일 뿐입니다. 그렇기에 무엇보다 유아의 타고난 성격과 기질에 따라 가장 필요로 하는 지원을 발견하고 제공하는 것이 중요합니다. 아이가 가진 각각의 고유한 특성과 필요를 이해하고 존중하는 태도는 아이 스스로 더 자신감 있게 새로운 환경에 적응할 수 있도록 해주며, 그 자체로 어떤 어려움도 긍정적으로 바라보고 노력해 발전할 수 있는 기회가 될 수 있습니다. 그리고 더 나아가 건강하고 긍정적인 사회적 관계를 형성하게 해줄 수 있습니다. 그런 적절한 지원과 격려가 결합된다면, 어떤 아이라도 적응된 환경 속에서 자신의 독창성을 발휘하며 안정적으로 성장해 나갈 수 있을 것입니다.

2) 꾸준한 지지와 격려

아이는 자신이 이해받고 존중받고 있다는 느낌을 받을 때, 새로운 상황에 대한 두려움을 줄이고 자신감을 높일 수 있습니다. 예를 들어, 아이가 새로운 친구를 사귀는 데 어려움을 겪고 있다면, 교사나 부모가 그 과정에서의 노력을 칭찬하고 격려해 줌으로써 아이는 더욱 용기를 얻을 수 있습니다. 이때 교사와 부모는 유아의 감정과 경험을 수용하고 긍정적인 피드백을 통해 격려를 보내주는 역할을 하는 게 가장 이상적입니다. 아이가 새로운 환경에 적응하고 처음 겪는 일을 주체적으로 해결하는 법을 배워갈 수 있도록 그 노력을 인정해 주세요. 그것만으로도 아이의 성장에 큰 도움이 될 수 있습니다. 그 과정에서 아이가 솔직한 감정을 표현한다면 이를 열린 마음으로 받아주고, 감정을 공유하는 장을 마련해 주는 것도 중요합니다. 이러한 지속적인 지지는 아이들이 자신의 감정을 건강하게 인식하고 조절할 수 있는 능력을 기르도록 돕습니다. 결과적으로, 이러한 긍정적인 지지와 격려는 유아가 사회적·정서적 기술을 발전시키고, 새로운 환경에 원활하게 적응하는 데 필수적인 기반이 됩니다.

3) 사회적 상호작용의 기회

유아가 또래와의 관계를 형성할 수 있는 다양한 사회적 경험을 마련해 주는 것은 매우 중요합니다.

[지도 예시]

- 그룹 활동이나 협력 게임을 통해 친구들과의 유대감을 키울 수 있습니다. 아이들은 다양한 상황 속에서 자연스럽게 사회적 기술을 배우고 자신감을 얻게 됩니다.
- 팀워크가 필요한 프로젝트나 놀이 상황에서 서로의 아이디어를 나누고 역할을 조율하는 경험을 제안할 수 있습니다. 이를 통해 타인의 감정을 이해하고 존중하는 방법 등 효과적인 의사소통 기술을 두루 기를 수 있습니다.

또한 다양한 사회적 상호작용의 기회는 유아의 갈등 해결 능력 발달에도 도움이 됩니다. 친구들과의 작은 마찰이나 의견 차이를 통해 문제를 해결해 보며 아이는 자신의 감정을 조절하고, 타인의 관점을 이해하는 능력을 키울 수 있습니다. 그와 동시에 안정적이고 지원적인 환경까지 제공된다면 더 폭넓은 대인관계를 통해 상호작용할 기회를 얻게 되고, 경험이 쌓일수록 자연스레 자신감과 긍정적인 사회적 기술을 갖추게 될 것입니다. 그리고 궁극적으로 아이가 살아갈 앞으로의 삶에서 사회적 상황에 효과적으로 대처하는 데 큰 도움이 될 것입니다.

4) 일관성

유아가 가장 안정감을 느끼는 환경은 구조화된 일과와 규칙이 정립되어 늘 예측할 수 있는 범주 안에 있는 곳입니다. 호기심을 자극하고 계속 궁금해할 만한 자극을 주는 것도 중요하지만, 그건 어디까지나 어떤 일이 벌어질지에 대한 기대감 정도여야 하며 일상을 보내는 환경 자체가 늘 변해야 한다는 뜻은 아닙니다. 오히려 유아의 입장에서 이해할 수 있을 정도 범주 내에서 주변 세계를 구성하고 일상에서 예측 가능하다는 것이 불안감을 줄여줄 수 있는 요소로 활용될 수 있도록 해야 합니다. 그리하여 그 속에서 편안함을 느끼고 있는지 늘 관심을 기울이는 것이 중요합니다.

첫째, 매일 같은 시간에 정해진 놀이시간, 식사 시간, 휴식 시간
둘째, 언제나 지켜야 하는 명확한 규칙과 사회적 규범, 책임

적어도 이 두 가지는 반드시 지켜지는 환경이 조성될 수 있도록 해주는 것이 좋습니다. 아이는 자신이 일상에서 지켜야 할 일, 해야 할 일을 잘해내고 있다는 것만으로 자신감을 가질 수 있고, 자신의 일상이 안정적으로 지나가고 있다는 정서적 안정감을 느낄 수 있습니다. 그리고 이를 기반으로 더 많은 새로운 상황에 대한 두려움을 가지지 않고 적극적으로 탐색해 나가려는 성향을 기를 수 있게 될 것입니다.

또한 명확한 규칙을 설정하고 일관되게 적용할 때 아이는 어떤 행동이 허용되는지, 부모나 교사가 무엇을 기대하고 있는지 이해할 수 있습니다. 이 과정은 아이들이 자기 행동에 대한 책임을 배우고, 사회 규범을 이해하는 데 필수적입니다. 일관된 환경이 만들어준 정서적 안정감과 자신감은 그 자체로 앞으로 아이가 새로운 상황에 대한 두려움을 극복하고 적극적으로 탐색해 나갈 수 있는 힘이 되어줄 것입니다.

5) 정서적 교육

얼마나 많은 것을 보고, 듣고 경험하느냐 하는 것보다 중요한 것은 자신의 감

정을 얼마나 잘 이해하고 인식해 표현해 내는가 하는 것입니다. 감정은 인간의 경험에서 핵심적인 요소이며, 이를 인식하고 건강하게 조절할 수 있는 능력을 기르는 것이야말로 정신건강을 유지하고 다양한 사회적 상황에서 자신을 효과적으로 표현하는 데 필수적이기 때문입니다.

첫째, 정서적 교육을 통해 아이는 자신의 감정을 인식하고 명명하는 법을 배우게 됩니다. 예를 들어, "지금 화가 났구나." 또는 "슬프구나."와 같은 표현과 함께 다양한 감정을 알려줄수록 아이는 더 많은 감정을 구체적으로 이해할 수 있습니다. 그리고 잘 이해할수록 자신의 감정을 명확하게 표현할 수 있습니다.

둘째, 더 나아가 타인의 감정을 존중하고 이해하는 법을 배울 때 큰 도움이 됩니다. 예를 들어, 다른 친구가 슬퍼할 때 그 아픔을 느끼고, 위로하는 방법을 배우는 것은 사회적 상호작용에서 중요한 부분입니다. 같은 감정을 느끼고 공감하며 그에 맞게 행동할 줄 아는 만큼 더 많은 사람들과 다양한 상황에 대한 경험을 쌓으며 삶을 더 풍요롭게 쌓아나갈 수 있을 것이기 때문입니다. 이에 우리는 정서적 교육을 통해 아이의 발달을 지원해 나감으로써 그 세계의 확장을 도울 수 있도록 해야 합니다.

6) 긍정적인 적응 환경

긍정적인 적응 환경을 조성하는 것은 유아가 건강하게 성장하고 새로운 경험에 자신감을 가지고 적응하게 하는 데 필수적인 요소입니다. 물리적으로 안전하고 쾌적한 환경, 날 보듬어 안아주고 있다고 느낄만한 긍정적인 분위기, 정신적으로 따뜻하고 지지적인 교사 및 또래 간의 관계는 유아의 적응을 촉진하는 데 매우 중요한 요소입니다. 그 모든 것을 통해 심리적으로 안정된 아이는 마치 튼튼하게 뿌리를 내린 나무처럼 마음껏 가지를 뻗고 무성한 잎과 탐스러운 열매를 맺어낼 준비가 된 것이나 다름없습니다. 새로운 경험을 두려워하지 않고 늘 적극적으로 탐색하며 활발하게 만끽하는 법을 알기 때문입니다.

특히 긍정적인 분위기와 따뜻하고 안정된 교사-유아 관계는 아이가 소속감을 느낄 수 있게 만드는 중요한 요소입니다. 교사가 아이들에게 꾸준히 사랑과 지지를 보여주고, 서로 존중하며 배려하는 분위기를 조성하면 유아는 자연스럽게 자신감을 가지고 사회적 상호작용에 임하게 됩니다. 또래 친구들과의 건강한 관계 또한 긍정적인 환경의 중요한 부분으로써 아이들은 또래와의 놀이와 상호작용을 통해 사회적 기술을 배워나갑니다. 상호작용을 통해 건강한 유대감을 형성하고 교류의 기쁨을 알게 되면서 아이는 더 다양한 환경에 적응해 나갈 수 있게 되고, 이는 아이의 정서적 발달에 좋은 영향을 줄 것입니다.

7) 적응 기술 교육

사회적 상호작용 과정에서 필요한 기술은 경험을 통해서 배울 수 있습니다. 자신의 감정을 잘 조절하고, 자신감 있게 나설 줄 알며, 나와 다른 타인의 감정과 행동을 이해하고, 그에 적절하게 대응하는 법은 단편적인 사실을 알려주는 것만으로는 해낼 수 없는 일입니다. 그리고 그 경험의 기회 안으로 아이의 시선을 돌리고 스스로 들어갈 수 있게 해주는 것이 적응 기술 교육입니다.

교육 과정을 통해 유아는 향후 건강한 대인관계와 긍정적인 삶을 누리기 위한 중요한 밑거름을 가질 수 있습니다. 이때 적응 기술 교육 과정에는 사회적 적응 기술, 실제적 적응 기술, 자기조절 능력 등을 향상시킬 수 있도록 하는 교육 프로그램을 개발하고 활용하는 것이 포함되어 있습니다.

첫째, 사회적 적응 기술

사회적 적응 기술 개발을 위해서는 효과적인 의사소통 방법을 가르치는 게 가장 중요합니다. 자신의 생각과 감정을 명확하게 표현하고 다른 사람의 말을 경청하는 능력도 길러주어야 합니다.

종 류	방법과 기대 효과
협동 게임, 그룹 프로젝트	다른 친구들과 협력하며 공동의 목표를 달성해 보는 것은 좋은 경험이 될 수 있습니다. 타인을 존중하면서 공동 작업에서 각자 맡은 역할, 그에 따른 책임이 따른다는 것을 이해하고 서로 협력해 나가며 사회적 유대감을 느낄 수 있습니다.
롤플레잉 게임	친구들과 놀이 중 발생한 갈등을 직접 대화로 해결해 보는 역할극을 통해 문제를 인식하고 타협 방법을 스스로 모색해 보게 합니다. 이는 문제나 갈등 상황에 대한 경험과 주체적인 해결 방법을 학습할 수 있는 좋은 기회입니다.

- **효과 :** 친구들과의 의사소통 능력, 협력 능력, 갈등 해결 능력을 발전시켜 줍니다. 그리하여 아이가 건강한 사회적 관계를 형성하고, 다양한 사회적 상황에서 자신감을 갖고 행동할 수 있는 힘을 기를 수 있게 해줍니다.

둘째, 실제적 적응 기술

실제적 적응 기술은 다양한 사회적 상호작용을 통해 독립적으로 생활할 수 있는 방법을 알려주는 것입니다. 이때 아이들에게 일상생활에서 필요한 기본적인 기술을 익힐 수 있도록 돕는 게 중요합니다.

[지도 예시]

- 블록이 무너졌을 때 재조립하는 방법 알려주기
- 친구와 놀이 과정에서 발생한 소소한 갈등을 해결하는 방법 알려주기
- 식사 준비, 청소, 간단한 정리 등 일상적인 기술 가르치기

- **효과 :** 위와 같은 기술을 습득할 수 있다면 아이는 자신감을 갖고 새로운 경험에 도전하고 향후 생활에 필요한 자립심을 키우는 데 큰 도움을 받을 수 있습니다. 혼자 주변을 정리하고 자신의 의, 식을 돌보면서 해야 할 역할을 잘 이해하고, 가정 내에

서 자신의 책임감을 배울 수도 있습니다. 그리고 책임감이 사회로 확장되었을 때 속한 무리 안에서 조화롭게 스며들 수 있는 구성원으로서 잘 성장해 나갈 수 있습니다.

8) 자기조절 능력

자기조절 능력은 유아가 자신의 감정을 이해하고 조절하는 방법을 배우는 데 필수적인 요소입니다. 이 능력은 유아의 정서적 발달에 큰 영향을 미치며, 건강한 사회적 관계를 형성하는 데 중요한 역할을 합니다. 고로 유아가 다양한 감정을 인식하고 발휘할 수 있도록 돕기 위해서는 감정을 주제로 한 활동을 시도해 보는 것이 좋습니다.

[지도 예시]

- 감정 카드 & 그림 놀이 : 자신의 감정을 표현하거나 감정에 대한 이야기를 나눔으로써 아이가 자신의 느낌을 좀 더 정확하게 잘 이해할 수 있습니다.
- 명상, 심호흡, 요가 같은 이완 요법 : 아이가 받는 스트레스를 스스로 효과적으로 다스려 관리하고 감정을 조절하는 법을 익히는 데 유익합니다.

이러한 활동들은 아이들이 자신의 감정을 진정시키고, 어려움이 있을 때 스스로 조절할 수 있는 능력을 향상시켜 줍니다. 또한 이를 통해 자신의 솔직한 감정을 표현하거나 감정에 관한 이야기를 나누는 것 자체를 자연스럽게 받아들이기 때문에 부모, 교사와의 상호 소통도 더 원활해집니다. 이때 부모와 교사가 자신의 감정을 어떻게 조절하고 표현하는지를 보여주는 것도 매우 중요합니다. 아이들은 주변의 성인들을 관찰함으로써 감정에 대한 건전한 대처 방법을 배우고, 모델링된 행동을 따라 하기 때문입니다.

함께 생각해 볼 문제

1. 유아의 성격과 기질은 각 아이마다 다르기 때문에 필요한 지원도 다를 수 있습니다. 각 유아의 특별한 특성과 필요를 이해하고 존중하는 것이 왜 중요한가요?

2. 유아의 성격, 기질, 그리고 이전 경험이 새로운 환경에 적응하는 데 어떤 영향을 미치는지 생각해 보세요.

3. 유아가 잘 적응할 수 있도록 긍정적이고 지지적인 환경을 만들기 위해 교사와 교육기관은 어떤 역할을 해야 할까요?

Chapter

07

위험군 영유아 : 조기 지원을 통한 미래의 변화 가능성

1. 위험군 영유아의 개념과 특징
2. 위험군 영유아 조기 발견 및 지원 방법
3. 영유아 발달 과정에서 위험 요인

chapter 07 위험군 영유아 : 조기 지원을 통한 미래의 변화 가능성

1. 위험군 영유아의 개념과 특징

1) 위험군 영유아

'위험군 영유아'란 아직 공식적인 장애 진단을 받지는 않았지만, 발달 과정에서 또래보다 느린 속도로 성장하며 현격한 어려움을 직면할 수 있는 영유아를 의미합니다. 위험군 영유아들은 적절한 교육적 지원이 충분하지 않으면 학습이나 사회적 관계 형성에서 어려움을 겪고 심각한 문제행동을 보일 위험이 있다는 공통점을 갖고 있습니다. 하지만 이때의 위험군 영유아는 발달 지원이 필요한 모든 영유아를 포괄하는 개념입니다. 이는 특정 발달 지연으로 한정해 분류하기 위함이 아닌, 지원이 필요한 모든 아이가 적절한 시기에 도움을 받을 수 있도록 하기 위함입니다(Hanewald, 2011). 이에 그 목적에 맞게 필요한 자원을 아이마다 다른 개별적 필요에 따라 다각적으로 지원하도록 해야 합니다.

2) 장애 진단을 받은 영유아와의 차이점

차이 1. 자격 기준

장애 진단을 받은 영유아는 특수교육을 받을 자격을 갖게 됩니다. 반면 위험군 영유아는 아직 장애 진단을 받지 않았지만, 발달 지연이나 문제행동을 보이며 적절한 조기 중재를 충분히 받지 못할 경우 향후 더 심각한 발달 지연 가능성이 있는 아이들입니다.

차이 2. 발달 지연 및 위험 요소

위험군 영유아는 신체, 언어, 인지, 사회·정서 및 적응 행동 발달 등 다양한 영역에서 또래보다 발달 속도가 느릴 수 있습니다. 또한 장기적으로 볼 때 발달 지연이 발달 과정에서 여러 위험 요소를 가져올 수 있음을 내포하고 있습니다. 그래서 더욱더 위험군 영유아에게 조기 평가와 지원을 권유하며 개별적인 필요에 맞춘 교육적·정서적 지원을 필수로 강조하고 있습니다(Peterson, Wall, Raikes, Kisker, Swanson, Jerald, J., et al., 2004).

차이 3. 적절한 조기 개입과 지원

위험군 영유아에게는 특히 지속적이고 적절한 교육적 지원이 필수입니다. 이를 통해 아이가 가진 잠재력을 충분히 발휘하고 원활한 성장과 발달을 도모할 수 있기 때문입니다(Summers, Steeples, Peterson, Naig, McBride, Wall, S., et al., 2001). 특히 가장 중요한 것은 조기 개입을 통해 적절한 지원을 받는 것입니다. 조기 개입은 잠재적인 장애를 예방하고, 아이들이 더욱 건강하고 균형 있게 성장할 수 있는 토대를 마련하는 데 꼭 필요한 요소입니다.

이때의 지원은 위험군 영유아들이 개별적인 필요를 충족할 수 있도록 세심하게 이뤄져야 합니다. 지원은 아이가 가진 잠재력이 최대한 발휘될 수 있도록 돕는 것은 물론, 건강하고 자립적인 미래를 준비하는 데 중요한 역할을 합니다. 우리의 관심과 노력이 있을 때 비로소 소중한 어린이들에게 더 나은 내일을 열어줄 수 있을 것입니다.

2. 위험군 영유아 조기 발견 및 지원 방법

위험군 영유아의 경우 조기에 발견하여 적절한 지원이 이뤄질 수만 있다면 장애가 될 가능성을 예방하고 건강하게 발달할 가능성을 갖고 있습니다(Peterson, Mayer, Summers, et al., 2010). 이에 교사는 자신이 가진 전문 지식과 능력을 향상하고 부모 및 양육자와의 협력을 통해 대상 아이에게 필요한 지원을 제공함으로써 긍정적인 발달 환경을 조성하기 위해 노력해야 합니다. 그런 노력과 관심이 모여 어떤 아이든 자신이 가진 잠재력을 최대한 발휘할 기회를 얻을 수 있기 때문입니다.

이때 교사의 역할은 단순히 지식을 전달하는 사람을 넘어선다고 볼 수 있습니다. 교사는 부모 이외에 유아기 아이와 가장 많은 시간을 보내는 사람 중 하나입니다. 그만큼 아이를 면밀히 관찰할 시간이 있으며, 발달 지연이나 문제행동을 조기 발견하게 될 가능성도 높습니다. 또한 부모에 비해 전문적으로 영유아 시기 연령별 발달에 관한 지식과 기술을 배운 만큼, 위험군 영유아를 조기에 발견하여 도와줄 수 있는 충분한 능력을 갖고 있습니다.

이에 교사는 아이들이 안정적으로 성장할 수 있도록 환경 조성을 위해 노력해야 합니다. 그리고 전문성 향상을 위해 꾸준히 노력하고, 더 효과적인 교육 방법을 개발하며, 아이의 개별적인 필요를 충족시키기 위한 역량을 갖추기 위해 정진해야 합니다. 또한 주 양육자인 부모와의 긴밀한 소통을 통해 아이의 발달 상황을 공유하고, 필요한 지원을 함께 모색해야 합니다. 이에 자신이 가진 책임을 충실히 이행함으로써 아이에게 더욱 밝고 풍부한 미래를 제공할 수 있습니다.

이 협력은 가정 내에서도 아이에게 일관된 지원을 제공하는 데 큰 도움이 됩니다. 필요시에는 특수교육 전문가와 같은 전문가와 연계하여 아이가 적절한 지원을 받을 수 있도록 하는 것도 좋은 방법입니다. 그 모든 조치가 결국 아이의 전인적 성장과 발달을 지원하는 데 결정적인 역할을 할 것이기 때문입니다.

1) 조기 발견과 적극적인 개입의 중요성

영유아기의 조기 발견과 개입은 아이들이 신체적·정서적·인지적으로 균형 잡힌 성장을 이루도록 돕고, 장기적으로 더 나은 삶의 기반을 마련하는 데 좋은 영향을 끼칩니다. 충분한 지원을 바탕으로 성장한 아이는 좋은 흙에 영양분을 듬뿍 받고 자라난 나무처럼 튼튼한 정신적 기반이 될 자신감을 얻고, 향후 안정된 사회 구성원으로 성장할 수 있는 기회를 얻게 됩니다.

반면 이 시기에 적절한 지원을 받지 못할 경우, 아이의 연령이 올라갈수록 발달 과정에서 처하게 될 어려움의 종류 역시 점점 더 다양해지고 해결하기 어려워집니다. 따라서 조기 발견을 통해 문제를 신속하게 파악하는 것은 물론, 부모와 교사의 협력과 적절한 개입을 시도하는 적극적인 모습을 보여야 합니다.

2) 발달 지연의 심화 방지

옛말에 '호미로 막을 것을 가래로 막는다.'라는 말이 있습니다. 초반에 막으려 하면 작은 호미로도 막을 수 있는 일을 그냥 방치했다가 결국 큰 도구로도 막지 못할 큰 화를 불러온다는 뜻입니다.

"조금만 더 지켜보면 자연스럽게 나아지지 않을까요?
그냥 조금 느린 것일 수도 있잖아요. 어느 순간 잘하게 되는 애들도 있다던데..."

아이의 발달 지연이나 문제를 부모로서 금세 받아들인다는 건 물론 쉽지 않은 일입니다. 하지만 무엇이 우리 아이에게 가장 좋은 선택인가에 대해 생각해 보아야 합니다. 부모의 기대와 달리, 아이의 발달 지연이나 여러 특징적인 징후는 자연적으로 시간이 흐른다고 해결되지 않습니다. 오히려 일정 연령을 넘어서면 급격하게 나빠져 동일 연령대 또래들과 격차만 벌어지는 경우가 많습니다. 그렇기에 아이를 면밀히 관찰하고 도움이 필요하다는 것을 빠르게 인정하는 조기 개입이야말로 아이의 증상 완화를 위해 꼭 필요한 일이라 할 수 있습니다(Yoder, Bottema-Beutel, Woynaroski, Chandrasekhar, & Sandbank, 2013).

조기 개입은 더 심각한 발달 지연을 예방하고, 장애로 발전할 가능성을 줄여주며, 아이들의 전인적 발달을 촉진하는 데 가장 효과적이고 필요한 일입니다(Fuller & Kaiser, 2020). 이에 아이들의 건강한 현재와 미래를 위해 단호한 결심과 적극적인 행동력을 통하여 더 많은 기회를 열어줄 수 있는 안내자가 될 수 있습니다.

3) 장애 위험 발생의 예방

조기 개입 같은 예방적 조치는 아이들이 건강하고 균형 잡힌 삶을 영위할 수 있게 돕기 위한 필수적인 요소입니다. 적절한 지원과 자원을 신속히 제공했을 때 아이들은 자신이 가진 잠재력을 최대한 발휘하고 긍정적인 성장 궤도를 유지할 수 있습니다. 그리고 장기적으로는 사회의 긍정적이고 책임 있는 구성원으로 성장하는 데 중요한 기반이 됩니다(Wetherby & Woods, 2006). 따라서 조기 개입의 중요성을 인식하고 이를 적극적으로 실천하는 것이 매우 중요합니다.

4) 포괄적 지원 제공

조기에 발견된 위험군 영유아는 다양한 분야에서 포괄적인 지원을 받을 수 있는 기회를 얻게 됩니다. 그리하여 의료, 복지, 심리, 사회적, 교육적, 그리고 치료적 지원은 아이들과 그 가족이 현재 상황을 보다 잘 이해하고 효과적으로 대처할 수 있도록 돕습니다. 이러한 다각적인 지원 시스템이 제공될 경우, 아이들은 자기 잠재력을 최대한 발휘할 수 있는 기반을 마련하게 됩니다. 예를 들어, 전문 치료, 상담 서비스, 그리고 사회적 지원 프로그램은 아이들이 발달 요구를 충족하고 새로운 기술을 배울 수 있도록 도와줍니다(Turner-Brown, Hume, Boyd, & Kainz, 2016).

포괄적인 지원은 아이들이 미래에 더 건강하고 행복한 삶을 영위할 수 있도록 이끌어 주는 중요한 요소 중 하나입니다. 이러한 통합적인 접근은 아이들이 성공적으로 성장할 수 있는 기회를 제공할 뿐만 아니라, 가족 구성원 전체의 더 나은 삶을 만드는 데도 긍정적인 영향을 줄 수 있습니다(Solomon, Van Egeren, Mahoney, Huber, & Zimmerman, 2014).

3. 영유아 발달 과정에서 위험 요인

영유아 발달 과정에서 위험 요인들은 아이의 신체적·정서적·인지적·사회적 발달에 부정적인 영향을 미칠 수 있는 요소들로 다음과 같이 분류할 수 있습니다.

1) 개인적(유전적) 요인

- 유전적 질환 및 가족력
- 아이의 타고난 기질 및 성장 과정에서 형성된 고유한 성향과 경험
- 성장 과정에서 겪은 아이 본인의 경험이나 애착 수준
- 조산, 저체중 출생, 임신 중 산모의 건강 문제(예 영양 부족, 약물 사용 등)

일부 발달장애는 선천적일 수 있습니다(예 유전적 질환, 가족력). 이러한 고유한 성향과 경험은 그들의 발달 궤적을 결정짓는 데 중요한 역할을 합니다. 또한 아이의 타고난 기질의 영향도 있습니다. 어떤 아이는 더 민감하고 내성적인 기질로 새로운 환경에 적응하는 데 어려움을 겪을 수 있으며, 이전에 겪었

던 부정적인 경험이나 불안정한 애착 관계로 인해 현재의 발달과 행동에 영향을 미칠 수 있습니다. 이에 이와 같은 다양한 요인을 이해하고 지원하는 것이야말로 건강한 발달을 촉진하기 위해 필수적으로 확인해야 하는 부분이라 할 수 있습니다.

2) 가정환경 요인

- 부모의 양육 태도와 가족의 형태적 특성
- 가정의 사회경제적 환경의 안정성
- 부모의 정신건강 문제
- 가정폭력 같은 가족 문제

안정적이고 지지적인 가정환경에서 자란 아이는 신체적·정서적·사회적으로 발달 촉진에 부정적인 영향을 덜 받습니다. 안정적인 상호작용과 정서적 지원, 일관된 양육 태도 속에 안정감 있는 정서와 자신감을 가진 아이로 성장할 수 있기 때문입니다.

반면 불안정한 가정환경은 발달에 부정적인 영향을 미칠 수 있습니다. 가정의 사회경제적 불안정은 양육 환경에 영향을 미치며, 교육적 자원의 부족은 발달 기회를 제한할 수 있습니다. 정신적으로 스트레스가 높은 환경 또한 아이에게 정서적·행동적 도전에 대한 부담을 가중시키는 요인입니다.

3) 기관환경 요인

- 영유아 교육기관의 물리적 환경
- 제공되는 교육 과정과 프로그램의 적절성
- 기관 내에서 교사와 영유아 비율

안전하고 자극적인 환경은 아이들이 탐색하고 배움을 추구할 수 있는 기회를 제공하며, 그들의 전반적인 발달을 촉진하는 데 좋은 영향을 줍니다. 특히 기관 안팎의 모든 요소가 영향을 끼친다고 할 만큼 많은 부분과 아이의 발달이 밀접하게 연관되어 있는 만큼 그런 부분에서 지원과 관심이 부족하지 않도록 관심을 기울이는 것이 중요합니다.

4) 교사의 요인

- 교사의 감정 상태
- 교사의 의사소통 기술
- 교사로서의 전문성과 역량

유아기 아이들에게 미치는 교사의 영향력은 예상보다 훨씬 크게 작용합니다. 첫째, 교사가 긍정적이고 안정된 감정 상태를 유지할수록 아이들은 더 깊은 편안함과 안전함을 느끼며, 이는 효과적인 학습 환경을 마련하는 데 중요한 역할을 합니다. 둘째, 효과적인 의사소통 기술은 교사가 원활한 상호작용을 통해 아이들의 생각과 감정을 이해하며, 필요한 지원을 제공하는 데 필수적입니다. 셋째, 교사의 전문성은 다양한 발달 요구를 가진 아이들을 이해하고 적절하게 대응하는 데 필수적입니다.

이러한 요소들이 조화롭게 어우러질수록 아이들은 긍정적인 환경에서 성장할 수 있는 기회를 얻게 됩니다. 하지만 기관 한 곳에서 문제가 생기기 시작할 경우, 이러한 위험 요인들이 단독 혹은 복합적으로 작용하기 때문에 아이의 전체적인 발달에 영향을 미칠 수 있습니다. 따라서 조기에 이러한 위험 요인을 식별하고 필요한 지원을 제공함으로써, 아이들의 건강하고 올바른 발달을 위한 공간이 될 수 있도록 관심을 기울이는 게 중요합니다.

함께 생각해 볼 문제

1. 조기 개입이 아이들의 장기적인 발달에 어떤 긍정적인 영향을 줄 수 있을지 생각해 보세요.

2. 안정적이고 지지적인 가정환경이 아이의 신체적·정서적·사회적 발달에 어떻게 좋게 작용할 수 있는지, 반면에 불안정한 가정환경이 어떤 나쁜 영향을 줄 수 있는지 고민해 보세요.

Chapter

08

영유아 문제행동에 대한 새로운 접근 : 긍정적 행동 지원

1. 영유아 문제행동을 바라보는 새로운 관점 : 도전적 행동
2. 영유아 문제행동에 대한 긍정적 행동 지원(PBS)의 의미
3. 영유아의 도전적 행동을 이해하는 또 다른 방법 : 기능적 행동 평가
4. 영유아 행동의 긍정적 변화를 촉진하는 방법

chapter

08 영유아 문제행동에 대한 새로운 접근 : 긍정적 행동 지원

1. 영유아 문제행동을 바라보는 새로운 관점 : 도전적 행동

통계 결과에 의하면 한 해 유아교육기관에 입학하는 유아 중 약 10~20% 정도가 문제행동을 보이고 있다고 합니다. 한 학급에 1명 정도는 꼭 문제행동을 보인다는 것인데, 이와 같은 연구 결과는 단순한 통계 이상의 의미를 갖고 있습니다. 바로 문제행동을 발견했을 때 조기에 개입해 행동을 이해하고 해소하는 게 얼마나 중요한가에 대한 것입니다. 그리고 만약 조기에 빠르게 인지하고 개입하기가 목적이라면 우리는 아이의 문제행동을 바라보는 시각부터 바꿔야 할 필요가 있습니다. 아이니까 할 수 있는 실수라는 따뜻한 시선을 유지하되, 아이에게 더 엄격하게 안 된다고 가르쳐야 할 문제행동을 분명히 구분하여 바로 수정해 주어야 한다고 합니다. 그래야만 아이들은 '절대 해서는 안 되는 일'과 '가져서는 안 되는 생각'을 자신과 분리해 낼 수 있습니다.

그런 교육이 충분히 이뤄진다면 문제행동은 단순한 '문제'에 국한되지 않고, '도전적 행동'이라는 긍정적인 표현으로 바뀔 수 있습니다. 도전적 행동은 두 가지 측면을 갖고 있습니다. 한쪽은 아이들이 자기 능력을 발전시키고, 새로운 기술을 배우려는 욕구를 나타냅니다. 반면 다른 한쪽으로는 도전적 행동을 내면의 복잡한 감정을 드러내 표출하는 도구로 사용하는 아이들도 있습니다. 예를 들어, 어떤 아이는 친구와 갈등을 겪다가 공격적인 반응을 보이기도 하는데, 이는 자신의 감정을 조절해 타인과의 소통에서 활용하는 데 어려움을 겪는다는 의미입니다. 그럴 때 그 감정 자체는 인정하되 어떻게 하면 좀 더 자연스럽게 타인에게 감정을 전달할 수 있는지 방법을 가르쳐주는 게 교사의 역할이라 할 수 있습니다.

분명한 것은 아이의 도전적 행동을 긍정적으로 바라보고 방향성을 알려주는 것이 교사로서 아이의 행동을 가장 혁신적으로 변화시킬 수 있는 방법이라는 것입니다. 반면 교사가 문제행동을 그저 단순한 문제, 해결할 수 없는 구제 불능인 것처럼 부정적으로 바라본다면 아이는 부정적인 감정은 무조건 감춰야 하는 것, 잘못된 것으로 인식할 수 있습니다. 자신의 감정을 솔직하게 드러내고 인정받을 수 없다고 생각한 아이가 교사나 다른 어른에게 도움을 청할 가능성은 없을 것입니다. 고로 아이가 극도의 분노나 부정적인 감정을 표출할 때 훈육이 아닌 그 안에 숨겨진 불안감이나 스트레스를 먼저 파악하려 해야 합니다.

도전적 행동을 바라보는 시각을 변화시키는 것은 문제행동에 대한 접근 방식을 혁신적으로 변화시킬 수 있습니다(Duda, Dunlap, Fox, Lentini, & Clarke, 2004). 문제행동을 문제로 한정 짓는 대신 이를 성장을 위한 기회로 전환함으로써, 아이들이 자신을 이해하고 감정을 건강하게 표현할 수 있도록 지원할 수 있습니다. 도전적 행동은 결코 단순한 방해 요소가 아닌, 아이들이 더 나은 자신으로 성장하기 위한 필수적인 과정임을 인식해야 합니다(Cunningham, Hemmeter, & Kaiser, 2020). 그리고 동시에, 안전하고 지지적인 환경을 제공하여 아이들이 자신의 감정을 건강하게 표현할 수 있도록 도와줄 필요가 있습니다.

2. 영유아 문제행동에 대한 긍정적 행동 지원(PBS)의 의미

"그렇게 하면 안 돼! 이렇게 해야지!"

"그렇게 하는 것보다 이렇게 해보는 건 어떨까?"

아이의 문제행동을 수정하는 것에는 두 가지 방법이 있습니다. 전통적인 방식으로 옳은 것과 그른 것을 나눠 문제행동을 지도하는 것, 그리고 지금의 행동을 대체할 수 있는 더 좋은 방법을 알려주는 긍정적인 행동 지원(PBS)입니다.

전자의 경우 주로 행동 자체에 초점을 맞추고 그 행동을 고치고 억제하려는 지도법입니다. 도전적 행동을 단순히 문제로 간주하여 빨리 수정하기 위해 벌이나 보상을 사용하는 것입니다. "그런 행동을 하면 네가 좋아하는 걸 주지 않을 거야."라거나 "잘못을 했으니 벌을 받아야 해."라는 식으로 아이에게 잘못된 일이라는 걸 각인시키려는 것입니다. 이는 아이들의 행동이 왜 나타나는지 그 이면에 숨겨진 내적 필요나 감정을 충분히 이해하지 못한 채 외부적인 통제로 문제를 해결하고자 하기 때문입니다. 연구에 따르면, 이와 같은 방법은 장기적으로 아동의 정서적·사회적 발달에 부정적인 영향을 미칠 수 있습니다.

반면 후자는 아이에게 더 나은 선택지를 알려주고, 스스로 변화했을 때 더 나은 감정을 느끼게 해주는 방식입니다. 긍정적 행동 지원은 행동의 이면에 숨겨진 메시지를 이해하고자 노력합니다. 아이들의 행동을 단순히 '틀린' 것으로 보지 않고 그들만의 언어로 해석합니다. 이는 아이가 어떤 행동을 통해 자신의 욕구나 감정을 나타내려는 것인지 탐구하는 과정을 포함하고 있습니다(Hemmeter, Fox, Jack, & Broyles, 2007). 행동에 숨겨진 의미를 파악하여 아이들의 성장과 발달을 돕는 디딤돌로 삼기 위해서입니다. 벌이나 보상은 없지만 아이는 더 나은 방식을 보여주는 것을 보고 자연스럽게 '나도 저렇게 해야지.'라고 생각하게 됩니다.

이 두 방법은 아이의 반응만큼이나 명확한 철학적 차이와 관점을 갖고 있습니다. 물론 아이의 성향과 기질에 따라 어느 쪽 방법이 꼭 통한다는 것은 없습니다. 경우에 따라서는 전통적인 문제행동 수정 방식 같은 단호한 방법이 필요한 경우도 있을 것입니다. 다만, 우리가 '긍정적인 행동 지원(PBS)'을 더 권고하는 것은 다음 두 가지 이유입니다.

첫째, 아이가 왜 그런 행동을 했는지, 그 행동 이면에 숨겨진 내적 필요나 감정이 무엇이었는지를 충분히 이해할 수 있습니다. 종종 아이들은 특정한 이의 관심을 받고 싶거나 더 많이 놀고 싶을 때 자신의 감정을 행동으로 표현하는데, 분노나 좌절, 불안 같은 언어로 표현할 수 없는 감정은 특히 행동으로 드러낼 때가 많습니다. 아직 언어능력이 완전하게 발달하지 않은 아이라면 특히 행동으로 자기 의견이나 요청을 표현할 수밖에 없습니다. 그럴 때 긍정적 행동 지원(PBS)을 지향하는 교사는 아이의 행동을 자연스러운 감정의 분출로 보고 이해하려 합니다. 그리고 좀 더 건강한 표현 방법을 시도할 수 있도록 알려줍니다.

둘째, 아이 행동의 원인에 대한 이해가 기반이 된 상태에서 행동을 수정하는데 성공한다면 한 가지 행동이 아닌 그 아이가 보여주는 일련의 모든 문제행동까지도 함께 해결할 수 있으며, 보다 장기적으로 아이에게 긍정적인 영향을 줄 수 있습니다. 우리 모두의 경험을 떠올려보면 더 잘 이해할 수 있습니다. 당장 어른들에게 혼나지 않기 위해 일시적으로 행동하는 것과 진심으로 애정을 갖고 전해주는 메시지에 내가 스스로 따라 하는 것은 전혀 다릅니다. 아이 역시 분명한 자아를 가진 주체적인 존재이며 자기 생각에 따라 움직이길 원하기 때문에, 아이의 마음을 건강한 방법으로 표출하도록 지원하는 것이 중요합니다.

전문가들의 연구에 따르면, 자신의 감정을 표현할 수 있는 기회를 제공받는 아이들은 사회적·정서적 기술을 더 긴밀히 발전시키는 경향이 있다고 합니다.

그러니 도전적 행동을 효과적으로 다루고 싶다면 단편적인 접근이 아닌 통합적인 계획이 필요합니다(Corbin, Hugh, Ehrhart, et al., 2022). 문제행동의 근본 원인을 철저히 이해하고, 그에 맞는 다양한 중재 방법을 활용함으로써 문제를 보다 효과적으로 해결하도록 노력해야 합니다. 아이들의 자율성과 인권을 존중하고, 더 긍정적이고 포괄적인 접근법을 활용하는 게 좋습니다. 그리하여 아이들이 삶 속에서 늘 건강하고 행복한 정신과 감정을 유지할 수 있도록 종합 안내자가 되어야만 합니다.

아이들이 자라면서 자연스럽게 나타나는 도전적 행동은 그들의 정서적·행동적 자율성과 사회적 역량을 키우는 과정의 일환입니다. 교사와 부모는 이러한 순간들을 아이들에게 더 나은 가르침과 지원을 제공하는 기회로 삼아야 합니다. 과거의 강압적인 훈육 방식에서 벗어나, 이제는 아이들의 자율성과 인권을 존중하고, 더 긍정적이고 포괄적인 접근을 채택해야만 합니다. 궁극적으로 긍정적 행동 지원(PBS)은 단기적 해결책이 아니라, 아이들이 삶의 여러 단계에서 건강하고 행복하게 성장할 수 있도록 안내하는 종합적인 길잡이가 됩니다. 이러한 접근이 아이들에게 필요한 이유는 그들이 안전하고 지지받는 환경 속에서 스스로 성장하고, 긍정적인 사회 구성원으로 발전할 수 있도록 하기 위해서입니다(Simonsen, Eber, Black, Sugai, Lewandowski, Sims, & Myers, 2012).

긍정적 행동 지원(PBS)은 행동 수정에 국한되지 않고, 아이들이 자신의 감정을 건강하게 표현할 수 있는 방법을 배우게 하며, 긍정적인 상호작용을 통해 성장할 수 있도록 돕는 좋은 방법입니다. 이 접근 방식은 아이들에게 심리적 안정감과 자립심을 부여하여, 그들이 세상과 더욱 긍정적으로 상호작용할 수 있도록 지원합니다. 아이들이 자신의 감정을 효과적으로 표현하고 처리할 수 있다면 먼 훗날 사회의 일원이 되었을 때 맺게 될 수많은 사회적 관계에서 더 많은 인정과 칭찬을 받으며, 원하는 성과를 달성해 나가는 즐거운 삶을 살아갈 수 있게 될 것입니다(Reinke, Herman, & Stormont, 2013).

3. 영유아의 도전적 행동을 이해하는 또 다른 방법 : 기능적 행동 평가

사람은 누구나 환경의 영향을 많이 받습니다. 특히 주변 상황과 사람 같은 환경을 고려하지 않고는 아이의 심리와 행동을 이해하는 데 상당한 제약이 있습니다. 더군다나 문제행동을 수정하고 이끌려는 지도의 목적을 갖고 바라본다면 아이 본인뿐만 아니라 환경적 특성, 환경과의 관계를 보고 폭넓게 접근하는 방법은 좋은 방향이라 할 수 있습니다. 수많은 주변 환경의 요소 중에서 문제행동을 유발하는 데 영향을 주는 요인을 정확히, 심도 있게 파악하는 데 기능적 행동 평가가 활용됩니다(McLay, France, Blampied, & Hunter, 2017).

첫째, 아동을 둘러싼 외부 환경에서 혼란 요인을 찾아내 분석합니다.
둘째, 아이가 요구하는 특정한 행동 안에 숨겨진 욕구가 무엇인지 정확히 평가합니다.
셋째, 교사와 부모가 실질적인 변화를 끌어낼 좀 더 안전한 지지기반을 만들어갑니다.

기능적 행동 평가의 목적은 아동의 전반적인 삶의 질을 향상시키고 더 효과적인 지원 방법을 찾아내어 긍정적인 사회 경험을 많이 해볼 수 있도록 돕는 것입니다. 이는 특히 긍정적 행동 지원(PBS)의 중심 역할로서 특정 문제행동이 발생하는 환경의 맥락과 아동 간의 상호작용을 함께 고려하기 때문에 보다 폭넓은 이해를 제공할 수 있습니다. 평가의 목적은 '아이가 왜 특정 행동을 보이는가?'를 알아내는 것입니다.

예를 들어, 아이들에게 흔히 나타나는 문제행동 중에 친구들 간의 관계에 충분히 소속감을 느끼지 못할 때 소속감을 느끼려는 욕구를 표현하는 경우가 있습니다. 그때 단순히 드러난 문제행동을 처벌하거나 억제하는 게 아니라 발생 원인을 찾아보고 근본적으로 원인을 해결해 줘야 문제행동을 수정할 수 있습니다. 좀 더 유연한 소통 기술이나 감정조절 기술을 배우도록 지원함으로써 자연스럽게 친구 관계에 스며들고 소속감을 느낄 수 있도록 자신감을 키워주는 방법입니다. 그런 소통 기술에 관한 지도는 성장기 이후에도 긍정적인 사회적 상호작용 경험을 토대로 다양한 환경에 잘 적응할 수 있는 자신감과 정서적 안정감을 심어줄 수 있습니다.

또한 교사들은 환경을 변화시키고, 행동을 유도하는 사건들을 조정하여 아이가 새로운 기술을 습득할 수 있도록 지원할 수 있습니다(Camacho, Anderson, & Moore, 2014). 예를 들어, 특정 반응이 나타나는 환경적 요인을 분석하여 그 요인을 줄이거나 제거함으로써 아동의 행동을 긍정적인 방향으로 끌어내는 것입니다. 이는 문제행동을 보이는 당사자뿐만 아니라 추후 비슷한 문제가 친구들 간의 관계 및 학교 내에서 벌어지지 않도록 미연에 예방할 수 있다는 점에서 더 큰 의미가 있습니다. 교사가 방관자가 아니라 아이들의 원활한 교우관계와 학교 환경 조성에 적극적으로 지원하며 기회를 제공할 수 있기 때문입니다. 궁극적으로 기능적 행동 평가를 통한 접근법은 아동의 긍정적인 성장을 위한 장기적인 계획을 수립하고, 아이들이 더욱 안전하고 건강하게 성장할 수 있는 길을 열어주는 데 초점을 맞추고 있다고 할 수 있습니다.

기능적 행동 평가의 관점에서 교사는 아이들 개개인은 물론 아이들 간의 관계에 숨은 메시지를 이해하고 더 나은 환경을 조성해 주는 주체이자 미래를 위한 준비를 함께해 주는 중요한 동반자라 할 수 있습니다. 그리고 평가도구는 그런 교사의 지원을 돕는 중요한 동반자라 할 수 있습니다. 교사와 부모는 함께 협력하며 아동에게 가장 적합한 대체 행동 기술을 가르치고, 올바른 가치관을 형성해 가며 자신의 감정을 표현하는 법을 알려주어야 합니다. 그런 면에서 기능적 행동 평가는 단순한 문제해결 도구를 넘어서 아이에게 필요한 것과 가져야 할 감정을 모두 마련해 줄 수 있는 종합적인 전략 도구라고도 할 수 있습니다.

이러한 기능적 행동 평가의 목표는 행동의 기능파악입니다. 이를 위해 문제행동을 중재하는 첫 단계는 해결해야 할 문제행동을 선정하는 것입니다. 정확히 어떤 행동에 집중해 이를 해결할지 정한 후 그 행동의 기능을 분석하는 게 우선되어야 합니다. 그 이후 '동기 평가 척도(MAS : Motivational Assessment Scale)'와 같은 도구를 활용한 기능 분석을 통해 심도 있는 분석을 진행합니다. 이때 도구는 아동의 행동 기능을 파악하는 데 유용한 정보를 제공하며, 문제가 되는 특정 행동이 어떻게, 왜 나타나는지를 명확히 이해할 수 있게 도와줄 것입니다.

문제행동 기능 체크리스트

기능적 행동 평가 도구로 문제행동 기능 체크리스트가 도움이 됩니다. 아이가 감기에 걸리면 여러 증상이 동시에 나타나는 경우가 많습니다. 열이 나고, 콧물이 나고, 목이 붓는 게 한꺼번에 나타납니다. 하지만 그 모든 증상을 한꺼번에 사라지게 할 수는 없습니다. 보통 가장 위험한 열을 먼저 내리고, 그다음에 염증으로 번질 우려가 높은 목의 붓기를 잡는 식으로 순차적으로 증상이 사라집니다.

그렇다면 문제행동은 어떨까요? 아이들의 문제행동은 여러 가지가 복합적으로 다양한 형태로 나타날 때가 있습니다. 하지만 그런 행동을 한꺼번에 해결하려고 해서는 안 됩니다. 세심하게 살펴보고 명확한 한 가지 행동을 정한 후 그 문제로부터 실마리를 잡아가야 합니다. 문제행동을 하나 정했다면 이제 '동기'를 찾으면 됩니다. '왜 이런 문제행동이 나타났을까?'는 '그런 행동을 해야만 하는 동기'가 분명히 있기 때문입니다. 그럴 때 '문제행동 기능 체크리스트'를 작성하면 중재가 필요한 문제행동의 원인을 이해하는 데 유용하게 활용할 수 있습니다.

[문제행동 기능 체크리스트 사용법]

1단계 : 문제행동 명확히 기술하기

체크리스트를 사용하기 전에 중재하고자 하는 문제행동을 명확히 기술합니다. 이를 통해 어떤 행동에 대한 정보가 필요한지를 분명히 알 수 있습니다.

2단계 : 20개의 항목 평가하기

체크리스트에는 총 20개의 항목이 포함되어 있습니다. 각 항목은 문제행동의 동기와 관련된 다양한 요소를 다루고 있기 때문에 체크해 보면서 문제행동이 나타나는 이유를 깊이 이해할 수 있습니다.

3단계 : 데이터 분석하기

체크리스트를 통해 수집된 데이터는 아동의 행동 기능을 이해하는 데 필요한 기초 자료로 활용됩니다. 아동의 현재 상태와 필요한 지원을 명확히 파악할 수 있다면 이후 중재 계획을 세우는 데도 중요한 역할을 할 수 있습니다.

4단계 : 문제행동의 기능 이해 & 동기 파악

- 자극 추구 : 아동이 외부 자극을 원하여 문제행동을 나타내는 경우
- 접근 요청 : 주의나 관심을 받고자 하는 욕구에서 발생하는 행동
- 회피 또는 탈피 : 특정 상황이나 요구를 피하고자 하는 동기의 경우
- 자기조절 : 스트레스나 불안감을 조절하기 위한 행동으로 나타날 수 있음

문제행동 기능 체크리스트

다음은 문제행동에 관한 설명입니다. 아동의 문제행동에 해당하는 것에 표시해 주세요.

- ☐ 과제를 지시하면 나타남
- ☐ 과제를 취소하면 문제행동을 멈춤
- ☐ 문제행동 자체에 몰입함
- ☐ 같은 행동이 반복적으로 나타남
- ☐ 보호자가 같은 장소에 없으면 나타남
- ☐ 보호자가 같이 활동하지 않으면 나타남
- ☐ 선호하는 것을 할 수 없을 때 나타남
- ☐ 보호자가 관심을 주지 않으면 나타남
- ☐ 새로운 과제를 시키면 나타남
- ☐ 선호하는 것을 갖기 위해 나타남
- ☐ 보호자가 함께할 수 없다는 것을 알았을 때 나타남
- ☐ 선호하는 것을 주면 문제행동을 멈춤
- ☐ 보호자가 다른 사람과 이야기 하면 나타남
- ☐ 선호하는 것을 할 수 없다는 것을 알았을 때 나타남
- ☐ 어려운 과제를 시키면 나타남
- ☐ 즐기는 행동으로 나타남
- ☐ 특정 감각과 관련되어 나타남
- ☐ 혼자 있을 때 나타남
- ☐ 흥미 없는 과제를 시키면 나타남
- ☐ 선호하는 것을 빼앗겼을 때 나타남

출처 : 국립서울병원 학술연구용역사업. 문제행동별 치료사례집, p. 30.

각 행동의 기능을 파악함으로써, 아동이 겪고 있는 어려움에 대해 보다 체계적이고 목적에 맞는 지원을 제공할 수 있습니다. 예를 들어, 특정 행동이 주의를 끌기 위한 것이라면, 아동이 긍정적인 방식으로 관심을 받을 수 있는 다른 방법을 제시하고 유도하는 전략을 개발할 수 있습니다.

문제행동 기능 체크리스트는 아동의 행동 분석에 있어 강력한 도구로 활용되고 있습니다. 이 체크리스트는 아동의 긍정적인 성장을 위한 기초 자료를 제공하여, 교사와 보호자가 아동이 보다 건강하고 긍정적인 방식으로 자신을 표현할 수 있도록 돕는 든든한 지원자가 될 것입니다. 이러한 지원은 아동이 자신의 감정을 안전하게 표현하고, 효과적인 사회적 상호작용을 통해 자신감을 키워 나갈 수 있도록 하는 데 필수적입니다. 우리의 목표는 아동이 자기 행동을 이해하고, 그 행동이 가지는 의미를 깨달음으로써 스스로의 잠재력을 최대한 발휘할 수 있도록 돕는 것입니다. 그런 점을 고려해 볼 때 문제행동 기능 체크리스트는 아동에 대한 이해를 돕는 가장 좋은 동반자가 될 수 있을 것입니다.

문제행동 기능 분류표

감각 추구 행동	과제 회피 행동
• 혼자 있을 때 나타남 • 같은 행동이 반복적으로 나타남 • 문제행동을 즐기는 것으로 나타남 • 문제행동 자체에 몰입함 • 특정 감각과 관련되어 나타남	• 어려운 과제를 시키면 나타남 • 새로운 과제를 시키면 나타남 • 과제를 지시하면 나타남 • 과제를 취소하면 문제행동을 멈춤 • 흥미 없는 과제를 시키면 나타남
관심 추구 행동	**보상 추구 행동**
• 보호자가 다른 사람과 이야기 하면 나타남 • 보호자가 같이 활동하지 않으면 나타남 • 보호자가 관심을 주지 않으면 나타남 • 보호자가 같은 장소에 없으면 나타남 • 보호자가 함께할 수 없다는 것을 알았을 때 나타남	• 선호하는 것을 갖기 위해 나타남 • 선호하는 것을 빼앗겼을 때 나타남 • 선호하는 것을 주면 문제행동을 멈춤 • 선호하는 것을 할 수 없을 때 나타남 • 선호하는 것을 할 수 없다는 것을 알았을 때 나타남

출처 : 국립서울병원 학술연구용역사업. 문제행동별 치료사례집, p. 30.

문제행동 기능 분류표

문제행동 기능 평가를 위한 또 다른 도구로는 문제행동 기능 분류표가 있습니다. 이 분류표는 아동의 문제행동을 이해하는 데 매우 유용한 도구입니다. 이상의 체크리스트에 체크된 항목은 아동의 행동이 발생하는 주된 동기를 파악하는 데 도움을 주며, 다음의 네 가지 주요 기능으로 나눌 수 있습니다.

[문제행동 기능 분류표의 네 가지 기능]

기 능	설 명
감각 추구 행동	- 정의 : 특정한 감각적 경험이나 자극을 추구하던 도중 발생 (예 소리나 시각적 자극에 민감한 아동이 방해 행동을 하는 경우) - 지도 : 아동에게 적절한 감각적 경험을 제공하며 긍정적인 방식으로 자극을 추구하도록 지도
과제 회피 행동	- 정의 : 특정 과제나 활동에서 벗어나기 위한 행동 (예 주의가 필요한 상황에서 불안감이나 스트레스를 느끼고 피하는 행동을 하는 경우) - 지도 : 행동에 대한 이해를 토대로 지금 아동이 겪는 어려움을 해소하는 데 도움이 될 지원이나 대체 과제 제시
관심 추구 행동	- 정의 : 타인의 관심이나 주목을 얻기 위해 문제행동을 하는 경우 - 지도 : 관심을 끌 수 있는 긍정적인 방식을 알려주거나 친구와 자연스럽게 상호작용할 수 있는 기회를 제공
보상 추구 행동	- 정의 : 특정 보상을 얻기 위해 하는 행동 (예 장난감, 음식 같은 물리적 보상, 즐거운 활동 시간을 원할 때) - 지도 : 보상을 위해 부적절한 행동을 할 경우 대체 행동을 안내해 긍정적인 보상 수령 방법을 제시

교사는 체크리스트를 활용해 아동에게 해당하는 영역을 하나씩 확인해 보고 해당 행동의 기능이 무엇일지 깊이 분석해 보게 됩니다. 예를 들어, 아이가 추구하는 기능이 '관심 추구'라면 앞으로 관심을 끌어낼 수 있는 긍정적인 다양한 방법을 함께 모색해 나갈 수 있습니다. 그런 노력을 통해 아동의 행동이

왜 나타나는지 더 잘 이해할 수 있게 될 것이며, 필요한 자원을 제공할 때도 훨씬 수월해질 것입니다. 이러한 기능 분류표를 활용했을 때 장점은 다음과 같습니다.

첫째, 교사와 보호자는 아동의 행동에 대한 보다 체계적인 이해를 얻을 수 있습니다.

둘째, 각 행동의 기능을 좀 더 면밀하게 파악할 수 있습니다.

셋째, 아동의 개별적인 필요를 충족시키고, 그들이 긍정적으로 성장할 수 있는 환경을 조성할 수 있습니다.

넷째, 아동이 자신을 건강하게 표현할 수 있도록 도울 수 있기 때문에 정서적·사회적 발달 촉진에도 큰 도움을 받을 수 있습니다.

정리해 보자면 기능적 행동 평가는 결국 아동의 배경과 선행 사건을 분석하여 중재의 기반을 만들고 더 나은 대체 기술을 교육하기 위한 것입니다. 그리고 교사는 평가 결과를 기초 자료로 사용하여 아동의 행동을 더 긍정적인 방향으로 이끌고 문제행동을 예방할 수 있습니다. 문제행동이 수정되고 긍정적인 소통이 가능해지면 아동의 사회적 상호작용은 훨씬 나은 방향으로 변화되기 시작할 것입니다. 새로운 일에 자신 있게 도전할 수 있고 친구들과 원활하게 상호작용이 이뤄진다면 훨씬 좋은 방향으로 성장하게 될 것입니다.

기능적 행동 평가의 활용은 교사에게는 어떤 변화를 가져오게 될까요? 교사에게는 아동의 행동을 이해할 수 있는 범주가 넓어진다는 이점이 있습니다. 그 이해를 토대로 더 많은 아이들에게 보다 나은 환경을 조성할 아이디어를 구상할 수도 있습니다. 더 다양한 문제행동을 예측하고 효과적으로 개입할 계획을 세우는 데도 활용할 수 있습니다. 아이의 입장에서 더 편안한 환경과 안정감을 느낄만한 요소를 기존의 환경에 추가하는 것도 좋은 방법 중 하나입니다. 혹은 불시에 발생하는 예기치 못한 상황이나 아이들 간의 충돌, 갈등에 더 유연하고 빠르게 대처할 수 있는 능력을 갖추게 될 것입니다.

예를 들어, 아동이 학습 환경에서 쉽게 주의가 산만해진다면 활동 자체를 더 창의적인 활동으로 바꿀 수도 있고, 활동 공간에 변화를 주어 새로운 자극을 줄 수도 있습니다. 결론적으로 어떤 식이든 기능적 행동 평가는 아동에게 긍정적인 성장의 기회를 제공함으로써, 그들이 건강한 사회 구성원으로 성장할 수 있도록 돕는 역할을 하게 된다는 점이 핵심이라 할 수 있습니다. 그럼 좀 더 구체적으로 아동의 긍정적 변화를 촉진할 수 있는 방법으로는 어떤 것이 있는지 정리해 보겠습니다.

4. 영유아 행동의 긍정적 변화를 촉진하는 방법

1단계 : 예측이 가능한 상황 만들기

예측이 가능한 상황을 만드는 것은 변화를 두려워하며 문제행동을 보이는 아동에게 매우 유용한 접근 방식입니다. 많은 아이들이 익숙하지 않은 상황에서 불안을 느끼며, 그로 인한 다양한 문제행동이 나타날 수 있습니다. 예를 들어, 새로운 교실 환경에서 처음으로 수업을 듣는 아동은 주변의 변화에 너무 큰 불안감과 이질감을 느끼다가 심할 경우 집단 활동에 전혀 동화되지 못하고 방황하거나 스트레스가 가중되어 공격적인 행동으로 드러날 수도 있습니다. 그래서 아이의 입장에서 최대한 편안하고 안정된 환경이라는 느낌을 줄 수 있도록 상황을 조성하는 것은 매우 중요합니다. 그런 상황을 만드는 방법은 교사마다 다르겠지만 몇 가지 대표적인 방법을 언급해 볼 수 있습니다.

[예측 가능한 상황 조성을 위한 방법]

방 법	예 시
일정한 루틴 확립하기	아침/ 오후를 나누고 '매일 정해진 시간에 꼭 하는 일' 같은 활동 루틴을 정해서 아이가 언제 무엇을 해야 하는지 예상할 수 있도록 합니다.
명확한 규칙 및 기대 설정하기	아이에게 수업 중 지켜야 할 규칙과 행동 기대치를 명확히 전달합니다.
변화에 대한 사전 정보 제공하기	특정한 날에만 일어나는 특별한 일이 있거나 중요한 변화가 있다면 미리 아이에게 정보를 제공하고 설명해 줌으로써 아이가 갑자기 벌어진 일에 놀라거나, 불안해하지 않고 오히려 긍정적인 기대감을 가질 수 있도록 합니다.
비주얼 도구 활용하기	당일 스케줄 차트나 행동 시각화 도구를 활용하여 아이가 활동 순서와 이슈를 미리 이해할 수 있는 시간을 줍니다.

이와 같은 방법을 통해 아동은 앞으로 벌어질 상황을 예측할 수 있습니다. 미리 알고 있기에 어느 정도 기대감을 가질 수 있고, 막상 그 일이 벌어졌을 때 당황하지 않기에 문제행동의 발생 빈도도 줄어들 수밖에 없습니다. 결국 예측이 가능한 상황을 조성해 주는 것만으로도 아이에게 더 큰 자신감을 심어줄 수 있으며, 긍정적인 사회적 상호작용을 촉진하는 일도 더 쉽게 해줄 수 있게 되는 것입니다.

2단계 : 물리적 환경 바꾸기

대부분의 아이들은 가정 외 공간에 처음 들어갔을 때 불편함을 느끼고 예민할 경우 문제행동의 큰 원인이 되기도 합니다. 특히 과제 회피 행동이나 감각 추구 행동 경향이 강한 아이들이라면 더더욱 물리적 환경을 조정하는 것은 생각보다 큰 영향을 끼칠 수 있습니다. 그런 행동의 공통점은 과도한 스트레스 혹은 불안정한 상황에 처했을 때 잘 나타나기 때문입니다. 만약 아이가 물리적 환경의 변화로 인해 불안감을 느끼고 문제행동을 보인다면, 우리는 아이가 더 편안하고 안정감을 느낄 수 있는 환경으로 바꿔주었을 때 보다 빨리 행동이 수정되고 소통이 원활해지는 것을 볼 수 있을 것입니다. 단, 아동의 물리적 환경을 점검하고 조정하기 위해서는 몇 가지 항목을 지켜야 합니다.

[물리적 환경 조정의 예시]

방 법	예 시
휴식 공간 만들기	아이들이 좋아하는 푹신한 쿠션, 작은 담요, 부드러운 인형 등 최대한 아이의 시선에서 좋아할 만한 물건이나 아늑함을 느낄 수 있도록 공간을 만들어주는 것이 정서적 안정감을 높이고 스트레스를 감소시키는 데 효과적일 수 있습니다.
명확한 행동 구역 구분하기	• 구역별 색깔 테이프로 공간 구분하기 : 놀이구역, 독서구역, 작업구역 등 활동 종류에 따라 각기 다른 색깔의 테이프로 바닥에 구역을 표시하는 방법이 있습니다. 이는 아이들이 각 구역별로 어떤 활동을 하는 공간인지 쉽게 알 수 있게 해줍니다. 그 구역에 들어갔을 때 어떤 일이 벌어질지, 어떻게 행동해야 하는지 예측할 수 있게 해줌으로써 자신감을 얻고 불안감을 감소시켜 줍니다. • 모형 및 사진 활용하기 : 각 구역별로 어떤 활동이 이뤄지는지 모형이나 사진을 곁들인 설명을 더 해줌으로써 아이들이 시각적으로 공간의 용도를 이해하고 편안하게 활동할 수 있도록 해줍니다.
주의 분산 요소 줄이기	• 정돈된 식사 및 학습 공간 만들기 : 먼저 식사 공간과 학습 공간을 구분하고, 필요한 물건들만 남겨 두어 전체적으로 공간이 산만해지지 않도록 합니다. 연구에 따르면, 정리된 학습 환경은 아동의 집중력을 증진하는 데 도움을 준다고 합니다. • 기본적인 학습 도구 정리함 만들기 : 학습 공간에 기본적인 도구(예 색연필, 종이, 블록 등)를 정리할 수 있는 상자를 만들고 사용 후 정리하는 규칙을 정합니다. 이렇게 하면 아이들은 필요한 물건을 쉽게 찾을 수 있고, 학습에 집중할 수 있는 분위기를 만들어줍니다.
소음 관리하기	다소 시끄럽고 활동적인 놀이가 이루어지는 공간에는 소음 완화를 위한 매트나 부드러운 커튼을 설치하여 소음을 줄여줍니다. 아동들이 소음이 적고 차분한 환경에서 안정감을 느끼도록 돕습니다. 이러한 환경은 아동의 스트레스와 불안을 감소시키는 효과를 기대할 수 있습니다.
심리적 안정감 제공하기	아이들이 좋아하는 캐릭터나 긍정적인 메시지가 담긴 포스터를 공간의 여러 곳에 붙입니다. 이를 통해 아이들은 자연스럽게 긍정적인 에너지를 느끼며 안정감을 얻을 수 있습니다. 심리적 안정감을 주는 요소는 아동의 정서적 발달에 중요한 역할을 합니다.

문제행동 수정과 긍정적인 행동을 유도하기 위해서는 먼저 자유롭게 활동하며 편안하면서 즐거운 기분으로 생활할 수 있게 해주는 것이 우선 충족되어야 합니다. 그리고 누구나 자신이 좋아하는 공간, 편안함을 느끼는 장소, 함께 있을 때 기분이 좋아지는 곳에서는 긍정적인 마음을 갖기 쉽습니다. 그러므로 물리적 환경을 조정하는 것은 단지 외부적인 요건을 바꾸는 것의 의미를 넘어서 우리가 원하는 아이의 정서 함양과 문제행동 수정이라는 목적을 달성하는 데 아주 좋은 지원 대안을 마련하는 일이라고 할 수 있습니다.

3단계 : 활동제시 방법 변경하기

과제 회피 행동이나 문제행동을 개선하고 싶다면 활동제시 방법을 바꾸는 것이 매우 효과적인 전략이 될 수 있습니다. 많은 아이들이 특정 활동을 요구받을 때 불안감을 느끼거나 압박감에 과제를 회피하려고 하는데, 이때 자연스럽게 참여를 유도하기 위해 활동의 방법이나 양, 난이도, 사용하는 재료 등을 바꿔주는 것입니다. 아주 사소한 변화만으로도 아이들은 과제나 활동에 호기심을 갖고 몰입할 수 있기 때문에 최대한 다양한 방법을 고민하고 적용해 볼 준비를 하는 것이 좋습니다.

[활동제시 방법 변경 예시]

방 법	변경 예시
쉬운 과제부터 시작하기	아이들이 처음 그리기를 시작할 때를 떠올려보면 시작은 선, 그다음은 원, 각이 진 네모와 세모 순서로 그렸습니다. 누구나 자신이 가장 쉽게 할 수 있어 자신감을 느낄 수 있는 일이 가장 흥미롭고 하고 싶어지는 법입니다. 그러니 처음엔 가장 쉬운 일에서 성취감을 쌓는 경험을 느끼게 해주는 게 좋습니다.

선택의 기회 제공하기	아침에 활동을 시작할 때, 여러 가지 활동(예 블록 조립, 색칠하기, 퍼즐 맞추기 등) 중에서 아동이 스스로 선택할 수 있도록 합니다. 자율성을 부여함으로써 아동은 자신의 선택에 기반한 활동에 더 주도적으로 참여하게 됩니다. '자기결정이론(SDT)'에서도 아동은 자신이 선택한 활동에 대해 더 높은 동기와 집중력을 보인다는 점을 명시했습니다(Ryan & Deci, 2000).
의미 있는 활동 제공하기	단지 인지능력 향상이나 신체발달을 위한 능력이 아닌 아이에게 특별한 의미를 가질만한 내용으로 활동을 계획하는 것은 좋은 방법 중 하나입니다. 예를 들어, 아이가 자기 가족에 대해 이야기하면서 가족사진을 소개하는 활동이 있습니다. 이는 표현하기 용이한 개인적으로 의미 있는 경험을 끌어내 몰입도를 높이고 긍정적인 정서 형성을 도모하는 활동입니다.
짧은 활동 시간 설정하기	집중 시간이 짧은 아동을 위해 활동 시간을 10~15분 정도로 설정합니다. 예를 들어, 간단한 미술활동을 10분간 한 뒤, 5분 정도 짧은 휴식 시간을 줍니다. 이렇게 하면 아동은 지루함을 느끼지 않으면서도 집중할 수 있는 환경을 조성할 수 있습니다.
다양한 재료 사용하기	아이가 흥미를 느낄 수 있도록 다양한 새로운 자료를 준비합니다. 예를 들어, 색종이, 스티커, 자연 소재(예 나뭇잎, 돌 등) 등을 제공하여 창의적인 작품을 만들도록 유도합니다. 다양한 재료의 활용은 아동의 상상력을 자극하고, 활동 참여를 높이는 데 기여합니다(Drew & Rankin, 2016).
컴퓨터 이용하기	디지털 도구를 활용하여 아동이 관심을 가질 수 있는 프로그램을 도입합니다. 태블릿이나 컴퓨터를 사용하여 그림 그리기 앱이나 교육용 게임을 제공함으로써, 아동의 흥미와 기술 친밀감을 높여줍니다.
좋아하는 것 활용하기	아동이 좋아하는 만화 캐릭터나 주제를 활용하여 과제를 제안합니다. "너희가 가장 좋아하는 동물을 그려보세요!"라고 제안하면, 아동의 흥미를 유도하고 자발적인 참여를 촉진할 수 있습니다.
좋아하는 활동과 덜 좋아하는 활동 번갈아 하기	아동이 가장 좋아하는 활동(예 블록 쌓기)과 덜 좋아하는 활동(예 색칠하기)을 번갈아 진행합니다. 예를 들어, 10분 동안 블록으로 놀고, 그 후 5분간 색칠하기를 진행하여 지루함을 덜어줍니다. 이 방법은 아동이 긴 시간을 보내지 않고도 다양한 활동에 참여할 수 있게 돕습니다.

함께 생각해 볼 문제

1. 아이들의 도전적 행동을 단순한 문제로 생각하지 않고, 성장과 발달의 기회로 보는 것이 왜 중요할까요?

2. 전통적인 문제행동 수정을 위한 방법과 긍정적 행동 지원(PBS) 방법의 차이점을 비교해 보세요.

3. 문제행동의 기능을 이해하는 것이 왜 중요한지, 그리고 행동의 기능을 파악함으로써 아동의 행동을 긍정적으로 변화시키기 위한 전략은 어떻게 세울 수 있을지 생각해 보세요.

Chapter

09

영유아 행동의 신경생물학적 이해 : 뇌와 행동 간의 관계

1. 영유아의 뇌 발달과 문제행동 간 상호작용
2. 영유아 발달과 감각통합 : 문제행동의 신경발달적 이해

chapter

09 영유아 행동의 신경생물학적 이해 : 뇌와 행동 간의 관계

흔히 아동의 문제행동을 바라보는 어른들은 심리·정서적 영역에서만 바라보려는 경향이 있습니다. '마음만 먹으면' 혹은 '정서적으로 안정만 되면' 문제를 해결할 수 있다고 생각하는 것입니다. 하지만 문제행동을 '뇌의 발달 과정'이라는 신경생리학 측면에서 접근해야 하는 경우가 있습니다(Cross, Fani, Powers, & Bradley, 2017).

1. 영유아의 뇌 발달과 문제행동 간 상호작용

'의식적 행동은 물론 무의식적이라고 생각하는 행동까지도 어떤 문제가 발생했다면 이는 단지 심리적인 문제가 아니라 뇌로부터 내려오는 명령과 인체의 수행 과정 안에서 답을 찾아야 합니다.'

뇌는 아주 정교하고 복잡해서 아직도 비밀을 밝혀내지 못한 영역이 있는 신비로운 기관 중 하나입니다. 의학적으로 인간의 신체를 이루는 모든 기관은 뇌에서 내리는 명령을 수행하도록 이루어져 있습니다. 고로 애초에 뇌가 발달하는 과정에서 문제가 생겨나 문제행동으로 신호를 주고 있는 것일 수 있다는 뜻입니다. 신경계에서 문제행동을 일으키는 충동을 조절하고 사회성을 발달시키는 역할은 전두엽이 담당하고 있습니다.

이때 눈여겨봐야 할 물질은 전두엽을 발달시키는 '도파민'이나 '세로토닌' 같은 신경전달물질입니다. 이 두 물질은 평소 아동의 감정조절과 행동 통제에 매우 중요한 역할을 담당합니다. 구체적으로는 도파민은 동기부여와 보상 시스템에 관여하여 아동이 새로운 것을 배우고 사회적 상호작용을 촉진하는 데 필요합니다. 반대로 세로토닌은 기분 조절에 관여하여 불안과 스트레스를 감소시키는 역할을 합니다. 아동의 신체발달과 에너지 흐름을 원활하게 도와주기 때문에 그만큼 정확한 전달과 조율을 통해 건강한 두뇌 발달이 이뤄지는 데 매우 중요한 역할을 하고 있다고 볼 수 있습니다.

중요도가 높다는 것은 그만큼 부족할 경우 부작용도 높아진다는 뜻입니다. 실제로 세로토닌의 수치가 감소하면 우울증이나 불안 같은 정서적 문제 유발 가능성이 높아지며, 도파민이 불균형해지면 집중력 저하 같은 인지적 문제가 발현되는 경우가 늘어나게 됩니다. 한 가지 일에 긴 시간 집중하는 것을 어려워하고 친구들과의 관계에서 감정이 급격하게 변하거나 우울감에 빠지는 아이가 교우관계와 학교생활에 적응하지 못하는 것은 당연한 일이라 할 수 있습니다. 실제로 많은 학자들은 이 두 가지 물질의 분비를 지켜본 후 전두엽 발달이 더딘 아이들이 행동을 조절하는 데 어려움을 겪고, 주변 사람들과 원활한 관계를 맺는 데 어려움을 느낀다는 연구 결과를 내놓았습니다(Blair & Raver, 2012). 고로 이런 의학적 연구 결과를 토대로 우리가 해야 할 일은 적절한 평가와 개별화된 접근을 통해 아이들이 겪는 뇌신경학적 문제를 빨리 파악하고 대응하는 것입니다. 이는 단순한 문제행동 수정과는 다른 차원의 일입니다.

첫째, 아이들이 안정적으로 긍정적인 발달 경로를 따라갈 수 있도록 충분한 기회를 제공하는 데 주력해야 합니다.

둘째, 그 기회는 아이의 특성에 맞게 맞춤형 지원으로 제시될 때 가장 높은 효과를 기대할 수 있습니다.

셋째, 부모나 양육자, 치료사와의 적극적인 협력을 통해 효과를 극대화할 수 있도록 해야 합니다.

이를 통해 이미 드러난 문제행동 수정은 물론 미처 발견하지 못한 아이의 잠재력을 끌어낼 수 있는 기회가 될 수 있습니다. 아이는 정서적으로 안정된 환경에서 자신을 표현하고 다양한 경험을 통해 배울 때 비로소 자신에게 필요한 토대를 마련할 수 있습니다. 이 모든 점을 고려해 볼 때 우리는 아이가 자유롭게 경험할 수 있는 환경을 조성해 주면서 장기적으로 그들의 사회적 기능과 학습 능력이 향상될 수 있도록 도와야 할 것입니다.

2. 영유아 발달과 감각통합 : 문제행동의 신경발달적 이해

이제 막 태어난 아기는 엄마 배 속에 있을 때보다 훨씬 강한 빛과 차가움에 노출되며 난생처음 오감으로 세상을 느낍니다. 처음엔 감각으로 느껴지는 세상이 그리 따뜻하고 행복한 곳만은 아닐 것입니다. 하지만 점점 시간이 지나고 주변 환경에 익숙해지며 감각이 적응하면서 신기함과 즐거움을 느껴갈 수 있습니다. 감각통합은 바로 그렇게 태어난 후 우리가 모두 겪은 일을 말합니다. 신경계에서 다양한 감각 자극을 하나로 모아 몸과 주변 환경에 조화롭게 반응할 수 있도록 돕는 과정이 모두 감각통합이라 할 수 있습니다.

빛, 소리, 촉감 등 아이들은 세상을 보고, 느끼고, 만지며 다양한 감각 자극을 통합하고 해석하는 법을 배워갑니다. 감각통합이 원만히 이뤄져야만 아기가 성장하고 더 많은 행동을 할 수 있게 되며, 다음 단계의 정보를 처리할 수 있게 되면서 발달할 수 있습니다. 감각통합의 과정은 천천히 하지만 확실히 아이들이 그들만의 리듬으로 세상을 맞이하고, 걸어 나갈 힘을 선사하는 여정입니다. 이 과정에서 어려움을 겪게 되는 감각통합 장애는 마치 작은 손길을 통해 세상을 느끼고 발견하는 아이들에게 감각의 미로처럼 펼쳐지는 도전입니다. 하지만 이때 뇌가 감각 자극을 올바로 받아들이지 못한다면 예상치 못한 도전을 맞닥뜨릴 수 있습니다(Rodríguez-Armendariz, Vela-Romero, & Galiana, 2024). 바로 감각통합 장애가 일어나는 것입니다.

감각통합 장애는 감각 조절, 감각 기반 운동, 감각 구별 장애 등 다양하게 나타나 아동의 탐구 행동에 영향을 끼칩니다. 주변에서 받은 감각 정보를 완전히 해석하지 못하거나, 지나치게 반응할 경우 학습과 사회적 관계에 크고 작은 문제를 일으킬 수 있습니다. 이 장애를 지닌 아동은 소리, 빛, 촉감 같은 자극에 지나치게 민감하게 반응하거나, 방 안의 빛조차 느끼지 못하는 것처럼 무심할 수 있습니다(Engel-Yeger, 2010).

그렇다면 감각 처리에 혼란이 일어난 아동은 어떻게 될까요? 보통의 경우 아이들은 혼란스러워하며 거대한 벽 앞에 선 사람처럼 답답해합니다. 당연히 평화롭고 행복한 일상을 보내는 날은 현격히 줄어들 수밖에 없습니다. 너무 많은 일상 속의 감각 때문에 불안, 혼란에 갇히기도 하고, 세상과 멀어지는 듯한 고립 속에 빠지기도 합니다. 그래서 아주 작은 소리 하나에도 사회적 상호작용이나 학습에 문제를 일으킬 수 있습니다. 이런 위험성을 고려해 보면 감각통합 장애 같은 뇌신경학적 요인을 이해하고 적절히 대처하는 것은 분명 더 많은 아이들의 정서적·사회적 발달의 토대가 된다고 볼 수 있습니다.

미국의 작업치료사이자 교육 심리학자인 '안나 진 에얼스(Anna Jean Ayres)' 박사의 이론에 의하면 아이가 세상의 다양한 감각 정보를 받아들여 조화롭게 처리하는 데 어려움을 겪는 경우 이는 뇌의 특정 기능에서부터 기인한다고 설명합니다(Ayers, 1989). 좀 더 쉽게 설명하자면, 발달 지연을 가진 아이들은 뇌에서 신체 각 기관으로 감각 정보를 전달하는 경로에 문제가 생긴 것일 수 있습니다. 시각으로 느껴지는 색과 형태, 귀로 들리는 소리, 피부를 통해 느껴지는 촉감 같은 다양한 감각 정보가 효과적으로 통합되지 않으면 아이는 혼란을 느낄 가능성이 높고 당연히 일상생활에서도 적응 능력이 현저히 떨어질 수밖에 없습니다.

이때 우리는 감각통합치료의 도움을 받을 수 있습니다. 치료를 통해 아이가 다양한 감각을 좀 더 잘 느끼고, 자연스럽게 통합하는 법을 배워 일상생활에 적응할 수 있도록 유도하는 것입니다. 감각통합치료는 단순히 감각 경험을 나열하는 것을 넘어 아동의 뇌 기능을 극대화하고 감각 정보를 효과적으로 처리할 수 있도록 지원해 가는 과정입니다. 이는 마치 퍼즐이 제 자리를 찾아가듯 아이가 느낀 감각 정보 퍼즐 조각을 제 자리에 끼워 넣을 수 있도록 도와주는 것과 같습니다.

이런 감각통합치료를 통해 아이들은 세상의 복잡한 자극을 보다 명확하게 이해하고, 감정이나 행동에서 오는 반응을 조절할 수 있는 능력을 향상시킬 수 있게 됩니다. 이러한 접근은 아이들이 더 편안하고 자신감 있게 세상을 경험할 수 있도록 지원하며, 궁극적으로는 더 나은 사회적 상호작용과 학습 능력을 발전시켜 줄 수 있습니다. 아동의 감각 처리 능력을 향상시키기 위해서는 감각통합치료가 매우 효과적이며, 치료가 실시됨에 따라 아이들은 자기 경험을 더 잘 이해하고, 필요한 대처 방법을 배우게 됩니다.

신경전달 경로의 이상

우리의 뇌는 세상의 다양한 감각 정보를 받아들이고 처리하는 놀랍고도 복잡한 네트워크로 이루어져 있습니다. 이 감각들은 눈으로 보는 것, 귀로 듣는 것, 손으로 만지는 것, 코로 향기를 맡는 것, 입에서 맛보는 것뿐만 아니라 몸의 균형과 운동 감각까지 포함합니다. 모든 감각 정보는 '뉴런'이라는 작은 신경세포를 통해 특별한 경로를 따라 뇌의 특정 부위로 전달됩니다. 예를 들어, 누군가의 손길을 느낄 때, 그 촉각 정보는 피부의 센서에서 시작해 말초 신경을 거쳐 척수와 뇌 속의 감각피질로 이어집니다. 하지만 발달 지연을 겪고 있는 아이들은 이 신경전달 경로에 구조적이거나 기능적인 문제가 있는 경우가 있습니다(Pfeiffer, Daly Nicholls, & Gullo, 2015). 이러한 문제는 보통 다음과 같은 여러 가지 이유로 발생합니다.

〈신경전달 경로의 이상으로 인한 발달 지연〉

이 유	결 과
유전적 요인	유전적 변형이 신경세포의 성장, 기능에 영향을 주어 감각 처리에 어려움을 초래할 수 있습니다.
환경적 요인	태내 조건이나 출생 후 성장 환경(예 영양 부족, 중독 물질 노출, 조기 아동기 스트레스 등)이 뇌 발달에 영향을 끼쳐 신경 연결망의 발달을 방해할 수 있습니다.
신경생리학적 문제	감각 정보를 처리하는 부위 같은 뇌의 특정 영역에 비정상적인 구조적 변화를 겪을 경우, 신경세포 간의 의사소통이 저하되어 감각 정보의 처리 방식에 방해를 받을 수 있습니다.
사고 및 외상	아동기에 외상성 뇌 손상으로 인해 감각 정보가 뇌에 도달하는 경로가 손상될 경우 감각 정보를 제대로 인식하고 반응하는 데 어려움을 겪을 수 있습니다.
감각 과민성 또는 둔감성	신경전달 경로의 비정상적인 반응으로 인해 특정 감각에 과민하게 반응하거나(예 소리에 대한 극심한 불안감) 감각 자극에 둔감하게 반응할 수 있습니다(예 촉감을 느끼지 못함).

위와 같은 이유로 발달 지연을 겪는 아이들에게는 적절한 지원과 치료가 필요합니다. 그리고 감각통합치료는 아이들이 세상을 더 잘 이해하고 적응할 수 있도록 돕는 좋은 방법이 될 수 있습니다. 치료를 통해 감각 정보를 더 효과적으로 처리할 수 있게 되고 좀 더 긍정적인 일상 경험을 쌓을 수 있는 기회를 얻을 수 있기 때문입니다.

감각 정보의 전달 및 통합의 방해

뇌의 세포들이 서로 소통할 수 있도록 돕는 게 '신경전달물질'이라면, 이는 뇌가 경험과 학습을 통해 변화하고 적응할 수 있는 능력인 '신경 가소성'과 밀접한 연관이 있습니다. 신경 가소성은 아이들이 성장하고 배우는 모든 과정에 가장 밀접한 요소라 할 수 있습니다. 만일 신경전달 경로에 문제가 생긴다면 어떻게 될까요? 감각 정보가 뇌에 전달되어 자리 잡아야 할 장소에 도달하지 못하거나 도중에 정보가 엉키고 왜곡될 수도 있습니다. 그렇게 된다면 아이는 전혀 예상치 못한 경로로 정보를 해석하고 세상을 이해하기 시작합니다(Parham, Ecker, Kuhaneck, Henry, & Glennon, 2021).

예를 들어, 촉각으로 접한 정보가 제대로 전달되지 않아 부드러운 촉감을 불쾌하게 느끼거나 강한 자극을 주어도 반응하지 못할 수도 있습니다. 또는 균형과 움직임을 담당하는 전정감각 경로에 이상이 생겨 아이가 균형을 유지하기 힘들어하거나 움직임 자체에 불안감을 느끼게 될 수도 있습니다. 남들과는 다른 방식으로 세상을 받아들인다는 것은 아이에게 충분히 혼란을 야기시키는 원인이 됩니다.

발달 지연을 겪는 아이들의 경우 이 신경전달물질의 균형이 맞지 않거나 기능에 문제가 생겼을 가능성이 더 높습니다. 불균형 상태가 되면 아이의 뇌는 경험과 학습을 통해 변화하는 능력인 신경 가소성이 제한적으로 발휘될 가능성이 높아집니다. 결국 학습 능력과 전반적인 발달 속도와 질에 부정적인 영향을 주게 되고, 장기적으로는 사회에서 타인, 환경과의 상호작용에 필요한 능력을 갖추지 못한 부족 상태가 이어지게 되는 것입니다.

또 다른 한편으로는 신경전달물질의 불균형이 뇌의 연결성과 유연성을 방해하여 아이의 감정조절, 행동조절, 기억 형성과 학습 등에 어려움을 겪게 만들기도 합니다. 예를 들어, 도파민과 세로토닌 같은 중요한 신경전달물질의 균형이 맞지 않으면, 아이들은 기분 변화, 주의력 부족, 과잉행동 및 사회적 상호작용에서의 문제가 일어날 수 있습니다. 이 경우 아동은 자주 불안하거나 위축된 감정을 느끼기 쉽고, 이는 또 다른 문제행동으로 이어질 수 있습니다(Kilroy, Aziz-Zadeh, & Cermak, 2019).

그렇다면 이 문제를 어떻게 해결해야 할까요? 해결 방법은 신경전달물질의 역할과 그 균형을 잘 이해하고 관리하는 것에 있습니다. 이를 통해 아동이 내면의 문제를 극복하고, 환경에 보다 효과적으로 적응할 수 있도록 지원해야 합니다. 그중에서도 전문적인 치료와 지원을 통해 신경전달물질의 균형을 회복하고, 신경 가소성을 촉진하는 프로그램은 아동이 보다 긍정적으로 성장하는 데 큰 도움이 될 수 있습니다.

중추신경계(CNS) 발달장애

중추신경계는 뇌와 척수로 이루어져 있으며, 이는 우리 몸의 감각 정보를 처리하고 움직임을 조절하는 데 매우 중요한 역할을 합니다. 그뿐만 아니라 학습, 기억, 감정조절, 운동 제어 등 많은 복잡한 기능을 담당하고 있어, 중추신경계의 건강한 발달이 아동의 전반적인 성장에 결정적이라 말할 수 있습니다. 그만큼 이 중추신경계 발달장애는 발달 지연의 중요한 원인 중 하나로, 아이들이 감각 정보를 이해하고 조화롭게 사용하는 데 여러 가지 어려움을 겪게 합니다.

이러한 발달장애는 뇌와 척수가 성장하는 과정에서 발생하는 문제를 의미합니다. 신경세포의 형성, 연결, 시냅스 활동, 그리고 신경회로의 형성 과정에서 생길 수 있는 이런 이상들은 특히 발달이 중요한 초기 아동기의 여러 기능 발달에 심각한 영향을 끼칠 수 있습니다. 예를 들어, 신경세포가 제대로 형성되지 않거나 연결되지 않는다면 아동은 감각 정보를 신속하고 정확하게 처리할 수 없게 되어 다양한 기능의 저하로 이어질 수 있습니다.

발달 지연이 있는 아이들은 감각 정보를 제대로 이해하지 못하고, 운동 능력, 인지 기능, 사회적 상호작용, 그리고 행동에까지 부정적인 영향을 미칠 수 있습니다. 예를 들어, 감각 정보가 왜곡되면 아이들은 주변 환경을 적절하게 인식하고 반응하는 데 어려움을 느끼기 시작해 일상생활에서의 부적응으로까지 이어질 수 있습니다. 이러한 아이들의 독특한 특성을 이해하고 적절한 도움을 제공하는 것은 그들이 세상에 잘 적응하고 행복하게 성장할 수 있도록 돕는 데 매우 중요합니다. 특히 교육자와 부모가 아동의 필요를 인식하고 그에 맞는 지원을 제공하는 것이 필요합니다.

감각통합치료와 개별화된 교육 프로그램, 그리고 심리적 지원은 이런 여정에서 큰 도움이 될 수 있습니다. 감각통합치료는 아동이 다양한 감각을 통합하여 보다 효과적으로 환경에 적응하도록 돕는 방안으로, 이를 통해 아동은 감각 정보를 더욱 잘 처리하고 활용할 수 있습니다. 또한 개별화된 교육 프로그램은 아동의 특성과 필요에 기반하여 설계되고, 심리적 지원은 아동이 자신감을 가지고 긍정적인 경험을 쌓을 수 있도록 도와줍니다.

함께 생각해 볼 문제

1. 아동의 문제행동을 단순히 심리적·정서적 문제로만 보지 않고, 뇌의 발달 과정과 신경생리학적 측면에서도 접근하는 것이 왜 중요할까요?
2. 신경전달물질인 도파민과 세로토닌이 아동의 감정조절과 행동 통제에 어떤 역할을 하는지, 그리고 이들의 균형이 깨졌을 때 문제행동에 어떤 영향을 줄 수 있는지 생각해 보세요.

Chapter

10

영유아 문제행동과 감각통합 장애

1. 영유아 발달에서 감각통합의 중요성
2. 영유아 문제행동 감소를 위한 감각통합치료의 목표
3. 영유아 문제행동의 원인이 되는 감각통합 장애의 종류
4. 영유아 문제행동 감소를 위한 감각통합치료의 실행 방법
5. 영유아 문제행동 원인 분석을 위한 감각 반응 평가
6. 감각통합치료 사례 : 강한 압박 자극에 대한 선호 유아

chapter

10 영유아 문제행동과 감각통합 장애

1. 영유아 발달에서 감각통합의 중요성

감각통합은 신경계가 다양한 감각 정보를 모아 환경에 적절하게 반응할 수 있도록 돕는 중요한 과정을 의미합니다. 이 과정을 거치며 인간은 더욱 풍부한 감각을 경험할 수 있고 신체의 움직임을 더 자유롭게 조절하는 방법을 체득해 나갈 수 있습니다. 특히 어린아이들의 경우 감각 자극을 이해하는 과정에서 감각통합을 통해 세상을 인식해 나가며 안전한 것과 위험한 것을 구분할 수 있는 분별력을 키우고 몸을 움직이는 법을 배워갈 수 있습니다. 고로 감각통합은 발달, 행동, 정보처리까지 모든 부문에서 중요한 역할을 한다고 볼 수 있습니다.

이렇게 중요한 감각통합에 장애가 있다면 어떨까요? 장애가 생기면 뇌는 느껴지는 감각 자극을 제대로 해석하거나 처리하지 못할 수 있습니다. 이러한 장애는 감각 조절 장애, 감각기반 운동 장애, 감각 구별 장애 등으로 나타날 수 있는데, 어떤 아이가 특정 감각에 대해 과민하게 반응하거나 반대로 둔감하게 반응한다면 이에 해당합니다. 이는 단지 소리에 대한 반응 정도 차이를 넘어 정서와 사회성에도 큰 영향을 끼치게 됩니다. 예를 들어, 소리에 대한 과민성이 있는 아이는 작은 소리에도 극도로 불안해하거나 대인관계에서 스트레스를 느낄 수 있으며, 반대로 촉각에 대한 둔감성이 있는 아이는 부드러운 감촉에 대한 반응이 줄어들거나 심지어 상처를 입더라도 그것을 알아차리지 못할 수 있습니다.

우리가 감각통합 장애를 단순한 감각 처리의 문제로 보지 않는 이유도 바로 그런 학습이나 사회적 상호작용에서의 심각한 어려움으로 이어질 수 있다는 가능성 때문입니다. 아이가 주변 환경에서 오는 감각 정보를 잘 처리하지 못하거나 지나치게 반응하게 되면, 교실에서의 학습 집중도 떨어지고 친구와의 관계에서도 원활하게 소통하지 못하는 경우가 많습니다. 비슷한 행동반경 내에서 같은 공감대를 유지한다는 것은 유아기~청소년기처럼 유대감과 공감대를 중요하게 여기는 시기에는 매우 중요한 일입니다. 그만큼 감정조절과 행동조절이 어려운 아이는 또래 집단에서 겉돌거나 문제 취급을 받을 확률이 높아질 수도 있습니다.

따라서 감각통합 장애를 잘 이해하고 관리하는 일의 중요성을 잊지 않아야 합니다. 아이가 감각 자극에 적절하게 반응하고 안정적인 정서를 만들어갈 수 있도록 시기에 맞춰 적절한 치료와 대안을 제공하는 일은 무엇보다 중요한 일입니다. 그리고 감각통합치료는 이러한 아동이 다양한 감각 정보를 통합하여 좀 더 건강한 방식으로 세상과 상호작용할 수 있도록 돕는 중요한 접근 방식이라 할 수 있습니다.

2. 영유아 문제행동 감소를 위한 감각통합치료의 목표

'계획적이고 조직화된 감각 자극을 제공하여 적응 행동을 끌어내는 것'

감각통합치료의 목표는 간결합니다. 결국 치료를 통해 아이가 스스로 변화를 위해 도전하겠다는 내적 동기를 가질 수 있도록 용기를 심어주는 일이라 할 수 있습니다. 이는 아이가 앞으로 겪어나가야 할 모든 변화를 잘 겪어내고 더 나은 삶을 누릴 수 있게 하는 길이라는 점에서 매우 중요한 일이라 할 수 있습니다.

원칙 1 반복성

이론적으로는 아동의 뇌에 다양한 감각을 입력해 통합을 도와줌으로써 다른 반응에도 적절하게 반응할 수 있도록 반복적으로 훈련하고 지원해 주는 것입니다. 그렇게 적응 행동을 할 수 있게 되었을 때 비로소 아이는 세계를 확장해 다양한 자극에 반응하고 관계를 맺기 위한 상호작용에 꾸준히 임할 수 있게 됩니다. 예를 들어, 촉각적 자극에 예민하게 반응하는 아이에게는 다양한 질감의 문제를 다루게 하거나, 진동을 이용한 자극을 통해 타인과의 접촉에 대한 두려움을 줄여나가는 방법을 사용할 수 있습니다.

원칙 2 조기 발견

분명한 것은, 감각 처리 장애는 조기에 발견하고 적절한 지원을 제공할수록 더 큰 효과를 볼 수 있다는 것입니다. 아이는 어릴수록 새로운 자극에 대한 두려움이 적고, 용기 있게 시도할 가능성이 높습니다. 아직 명확한 자기만의 사고 처리 방식이 확립되지 않은 시기야말로 변화를 시도하기에 적절한 시점이라는 뜻입니다. 이에 최대한 감각 처리 장애를 조기에 발견하고 적절한 지원을 제공하여 방향을 올바르게 바라볼 수 있도록 도와야 합니다.

원칙 3 지속적인 협력과 관찰

이 치료는 어느 한 사람과의 일시적인 노력으로는 이뤄지지 않습니다. 부모는 물론 교사, 치료사 등 아이 주변의 모든 사람들이 관심을 기울이고 지속적으로 관찰하며 영향을 주고받을 때 가장 큰 효과를 볼 수 있습니다. 그들이 아이의 감각적 필요와 반응을 살피고 그에 맞는 적절한 자극을 적시에 제공하면서 감각통합을 원활하게 끌어내는 게 가장 좋은 방법입니다.

3. 영유아 문제행동의 원인이 되는 감각통합 장애의 종류

첫째, 감각 조절 장애(Sensory Modulation Disorder)

감각 조절 장애는 아이가 다양한 감각 자극을 접했을 때 적절한 대응을 할 수 있는가 하는 것입니다. 간혹 어떤 아이들은 무반응에 가까운 낮은 반응도를 보이거나, 반대로 너무 지나치게 반응합니다(Ringold, McGuire, Jayashankar, & Kilro, 2022). 이런 감각 조절 장애는 주의 집중, 활동 제어, 감정조절, 각성 수준 조절이라는 네 가지 핵심 영역에 깊은 영향을 미칩니다.

〈감각 조절 장애의 영향력〉

영 역	문제 발생과 영향
주의 집중 (Attention)	• 주의력 유지에 어려움을 느끼고 쉽게 산만해지거나 특정 자극에 집중하기 힘들어하는 경우 • 교실에서 수업 중 교사의 목소리에 집중하지 못하거나 소음에 심한 불안감을 느낀 후 집중력이 분산 • 친구들과의 상호작용이나 학습 능력 저하로 인한 학업 지속성 상실
활동 제어 (Action)	• 감정적으로 위축되어 활동 자체를 모두 거부하는 경우 • 자극에 너무 둔감해 신체적 반응이 잘 일어나지 않는 경우 • 반대로 자극에 너무 과민해 움직임을 제한하는 경우
감정조절 (Affection)	• 감정을 표현하고 조절하는 방식에 문제가 발생함 • 과민/ 무감각한 반응 사이에서 적절한 단계로 조절이 어려움 (예 작은 실망에 과도하게 반응하거나 다른 사람의 감정에 너무 무감각하게 반응하는 경우) • 사회적 관계에 부정적 영향을 미치거나 아동의 정서적 안정성을 저해할 가능성이 높음
각성 수준 조절 (Arousal)	• 감각 자극에 적절히 반응하지 못하다가 균형을 잃어버린 경우 • 하나의 자극에 과민 반응을 보이다가 신경이 극도로 예민해져서 상황에 적절하게 반응하지 못하게 되는 경우 • 반대로 감각 자극에 둔감해 위험 상황 자체를 인식하지 못해 사고로 이어질 가능성이 높음

둘째, 감각기반 운동 장애(Sensory-Based Motor Disorder)

감각기반 운동 장애는 신체를 움직이거나 반응할 때 감각 정보를 제대로 활용하지 못하는 상태를 의미합니다. 그로 인해 아이는 운동을 조절하는 데 어려움을 겪을 수 있으며, 일상생활에 여러 가지 제약까지도 가져올 수 있습니다. 아래는 대표적인 감각기반 운동 장애의 주요 특징입니다(Hussein, Abel-Aty, & Elmeniawey, 2023).

〈감각기반 운동 장애의 주요 특징〉

유 형	특 성
감각 방어 (Tactile Defensiveness)	• 촉각에 민감 반응을 보임 (예 타인의 손길, 특정 옷 질감에 대한 거부, 머리 감기 거부 등) • 충돌을 야기시켜 원만한 사회적 활동을 어렵게 만들 수 있음
구강 방어 (Oral Defensiveness)	• 입안에서 느껴지는 특정 질감의 음식을 거부하거나 감각적인 자극을 느끼기 위해 물건을 씹거나 빠는 행동을 보임 • 식사 시간, 사회적 활동에서 불편함을 초래할 수 있음
고유수용성 감각 방어 (Proprioceptive Defensiveness)	• 관절에 가해지는 압축, 중압감에 민감하게 반응해 무거운 물건을 들거나 당기거나 미는 등의 행동을 극도로 기피 • 신체적 활동에 제약이 생기면서 운동 능력이 저하될 수 있음
청각 방어 (Auditory Defensiveness)	• 진공청소기, 화재 경보 같은 크고 특이한 소리에 민감하게 반응하며 스트레스를 받음 • 타인과의 대화나 집단생활에서 어려움을 겪을 수 있음
시각 방어 (Visual Defensiveness)	• 강한 불빛이나 시각적 자극이 느껴지면 시선을 피함 • 작은 자극에도 쉽게 집중력을 잃어버리고 산만해짐 • 학교 수업이나 다양한 사회적 활동 참여에 어려움 유발
중력 불안 (Gravitational Insecurity)	• 고소공포증처럼 땅이 발에 닿지 않는 느낌이 들거나 높은 곳에 대한 극도의 두려움을 느끼며 머리를 드는 것조차 어려워하는 경우 • 신체 활동, 놀이에 제약이 생기고 제한을 두게 될 수 있음
움직임에 대한 회피 반응 (Movement Avoidance)	• 놀이시간 중 과도하게 몸을 움직이는 것만으로도 어지러움이나 메스꺼움을 토로하며 움직임을 회피하려는 경우 • 신체 활동, 놀이에 제약이 생기고 제한을 두게 될 수 있음

감각 등록 문제 (Sensory Registration Problems)	• 주변 자극에 적절한 반응을 보이지 않는 경우 (예 손가락으로 쓴 글자를 인식하지 못하거나 소리를 잘 알아차리지 못하는 경우 등) • 학교 등 학습 환경에서 적응하기 어려워질 수 있음

셋째, 감각 실행 장애(Dyspraxia)

감각 실행 장애는 아이들이 발달하는 과정에서 특히 신체를 움직이는 운동과 관련 있는 계획을 실행에 옮기는 데 어려움이 나타나는 경우를 말합니다(Bodison, 2015). 이는 단지 동적인 활동량이 부족하다는 것을 넘어서 학교 수업 과정이나 교우관계, 일상적인 사회 활동에까지 영향을 미칠 수 있는 중요한 장애 요소입니다. 이런 성향을 가진 아이는 자신이 원하는 대로 움직이지 못하는 데 대한 스트레스나 압박을 받을 가능성이 높습니다. 급기야 자존감이 하락하거나 사회적 관계를 원만하게 맺어 나가지 못하는 데 대한 부정적인 영향 또한 생각보다 많이 받는 편입니다. 이와 같은 감각 실행 장애의 주요 형태는 다음과 같습니다.

〈감각 실행 장애의 주요 형태〉

형 태	내 용
체성 실행 장애 (Tactile Dyspraxia)	• 촉각 정보를 처리하는 데 어려움을 겪는 아이 • 자기 몸의 위치, 움직임을 정확히 인식하지 못하기 때문에 일상적인 활동 수행 능력이 떨어짐 • 공던지기 같은 간단한 협동 놀이도 불가능해진다면 친구들과의 놀이에서 소외감 초래할 가능성 높음
양측 통합과 순서 실행 장애 (Bilateral Integration and Sequencing Dyspraxia)	• 전정감각과 고유수용성 감각 처리가 어려운 아이 • 신체 양쪽이 조화롭게, 순서대로 움직이는 데 문제가 생기고 물체의 정확한 위치를 시각 정보로 파악하기 어려워하는 등 놀이 수행 능력이 저하됨

그렇다면 이런 어려움을 겪는 아이들에게 필요한 것은 무엇일까요? 최우선적으로 필요한 것은 특별한 이해와 지지입니다. 반면 주변 어른들이 아이의 감각 실행 장애를 이해하고, 그들의 필요를 지지해 줄수록 아이는 좋은 방향으로 변화하며 성장해 나갈 수 있습니다. 예를 들어, 부모나 교사가 특정 운동을 수행하는 방법을 시각적으로 시연해 주거나, 적절한 연습 기회를 제공한다면 아이가 자신감 있게 움직임을 계획하고 실행하는 데 도움이 됩니다.

넷째, 감각 구별 장애(Sensory Discrimination Disorder)

감각 구별 장애는 아이들이 감각 정보를 정확하게 구별하고 이해하는 데 어려움을 겪는 상태를 지칭합니다. 주로 감각 자극의 세부적 부분을 인식하지 못하고 차이를 구별해 내지 못하는 상황이 발생하는데, 여러 가지 다른 형태, 색깔, 재질의 물건을 구분해야 할 때 잘 해내지 못해 친구들과 차이를 실감하게 되고, 그 부분이 상호 관계에 영향을 주는 경우가 있습니다. 이 감각 구별 장애는 여러 가지 방식으로 나타날 수 있습니다.

상황 1. 시각적으로 비슷한 물체를 구분하는 데 어려움을 느끼는 경우
상황 2. 청각적으로 소리의 차이를 인식하지 못해 소음 환경에서 집중하지 못하는 경우

4. 영유아 문제행동 감소를 위한 감각통합치료의 실행 방법

위와 같은 여러 장애로 인해 아이들은 성장해야 할 시기에 충분한 학습의 기회를 받지 못한 채 남겨질 수 있습니다. 거의 모든 장애가 결과적으로 아이들의 학습 능력에 부정적인 영향을 끼치고, 친구와의 상호작용에서 오해를 불러일으킬 수 있으며, 사회적 고립감을 느끼게 만들 수 있기 때문입니다. 그렇다면

이 문제는 어떻게 해결해야 할까요?

일반적인 감각통합치료는 놀이 기반 활동으로 이뤄져 있습니다. 교사와 치료사는 각 아동의 특성과 필요에 맞춰 개별화된 접근법을 세우고 활동을 적용합니다. 그리고 효과가 나타날 때까지 반복적으로 적용해 나가게 됩니다. 물론 치료법을 적용하기 전에 우선 감각통합을 지원하기 위해서 효과적인 접근과 치료법을 가장 먼저 고려하는 것이 좋습니다. 이미 많은 연구를 통해 감각통합치료(Sensory Integration Therapy) 기법을 설계해 왔으며, 이 치료법들은 감각 자극을 통해 신경계가 적절히 반응하도록 돕고 아이의 감각통합 능력을 향상시키는데 초점을 맞추고 있기 때문에 많은 도움을 받을 수 있습니다. 치료법들을 충분히 검토한 다음 아이의 특성에 맞춰 적용해 나가는 것이 좋은 방향일 것입니다.

5. 영유아 문제행동 원인 분석을 위한 감각 반응 평가

감각 반응 평가는 아동의 행동에서 나타나는 감각 추구 행동을 분석하는 중요한 과정입니다. 특히 발달장애 아동들은 환경의 다양한 감각 자극에 대해 과민하게 반응하거나, 반대로 둔감하게 반응하는 경우가 많습니다. 그래서 아동의 감각적 요구를 이해하고 문제행동의 원인을 파악하려는 시도가 반드시 필요합니다. 혹 감각 그 자체를 추구하려 하거나 회피하려는 심리의 표현은 아닌지 평가를 통해 본질적으로 분석해 나가는 것입니다.

예를 들어, 특정 자극에 과민하게 반응하는 아이가 있다고 가정합시다. 그 아동이 과민하게 반응하는 이유는 무엇일까요? 소음이나 시각 자극 자체에 불안감이 너무 크기 때문이라면 계속 자극에 노출시킬 때 감정조절의 어려움이나 스트레스를 상승시킬 수 있습니다. 반대로 감각 자극에 반응하지 않거나 둔감한 아이 역시 자기 보호를 위한 최소한의 반응이 결여된 상태이므로 앞으로 위험한 상황에 노출될 수 있다는 경각심을 가져야 합니다. 이처럼 자극에 대한 반응 평가는 아동의 감각적 요구를 이해하고 필요한 중재를 효과적으로 설계하기 위한 중요한 과정이라 할 수 있습니다. 그렇다면 어떤 식으로 감각 반응 평가를 실시하게 될까요?

〈감각 반응 평가 실시 방법〉

방법	내용
기본 자료 검토	• 감각 자극에 대한 반응 평가표를 준비합니다. • 평가표에는 감각(시각, 청각, 촉각, 후각, 미각 등)에 대한 민감/ 둔감 반응 항목을 정리합니다. • 평가표에 따라 실제 아동의 행동을 분석해 항목을 체크합니다.
평가 결과 요약	• 감각 자극 반응 평가 결과 요약표를 작성합니다. • 이 단계에서 아동이 여러 감각에 각기 다른 반응을 보일 수 있음을 유의합니다(예 촉감에 민감하지만 소리에 둔감한 아이).
문제행동 이해	• 요약표 자료를 기반으로 아동의 문제행동을 이해합니다. • 각 감각별 반응을 분석해 문제행동이 감각적 요인에서 유래한 것인지 판단합니다. • 소리에 민감한 아이에게는 소음이 심한 환경을 피할 수 있도록 해주고, 촉각에 둔감한 아이에게는 다양한 질감 물체를 이용한 촉각 경험 학습 과정을 제안합니다.
중재 계획 수립	• 평가 결과를 바탕으로 개별화된 중재 계획을 수립합니다. • 문제행동을 줄이고 감각적 요구를 충족시킬 방법을 모색합니다.
지속적인 관찰 및 조정	• 중재 실행 후 아동의 반응을 지속적으로 관찰합니다. • 필요시 중재 계획을 조정하며 다각도로 효과성을 평가하고 향후 계획을 검토·변경합니다.

이 평가 과정에서는 감각 반응의 강도, 빈도, 특정 감각 자극에 대한 아동의 반응 등 다양한 측면을 고려해야 합니다. 이때 부모와 교사, 치료사 등의 관찰

기록 및 아동의 일상적인 행동 양식을 참고하여 전반적인 감각 프로필을 작성하는 것이 중요합니다. 가능한 상세한 정보를 충분히 확보해야만 그것을 바탕으로 아동의 개별적인 감각적 욕구를 충족시키기 위한 중재 방법을 설정할 수 있기 때문입니다. 예를 들어, 감각통합치료가 필요하다는 판단이 내려질 경우, 치료사는 맞춤형 활동을 계획하여 아동이 감각 자극을 안전하게 경험할 수 있도록 지원합니다. 또한 감각 추구 행동이나 회피 행동을 조절할 수 있는 전략이 포함된 개별화된 계획을 수립하여 아동이 필요로 하는 감각적 지원을 제공할 수 있습니다.

6. 감각통합치료 사례 : 강한 압박 자극에 대한 선호 유아

감각통합 이론에 따르면, 아동은 외부 환경에서 들어오는 다양한 감각 정보를 처리하고 조절하는 능력이 필요합니다. 일반적으로 아동은 여러 자극을 경험하면서도 적절한 수준의 자극을 추구하고, 불필요한 자극을 회피하는 경향이 있습니다. 하지만 일부 아동은 보다 강한 자극을 필요로 합니다. 특히 아이가 좁은 공간에서 끼어 앉아 있는 행동은 단순히 문제행동으로 볼 것이 아니라, 그 안에 숨겨진 감각적 필요와 선호를 이해해야 합니다. 이러한 아동을 보살피는 교사는 강한 자극을 효과적으로 충족시켜 줄 수 있는 다양한 대체 공간이나 놀이 방법을 제공해야 하며, 안전을 고려하여 아이들이 즐겁고 건강한 방식으로 감각을 탐험할 수 있도록 지원해야 합니다.

강한 압박 자극을 선호하는 아이들은 그들의 신경계가 다르게 작동하는 특별한 특성을 가지고 있습니다. 이 아이들은 일반적인 감각 자극, 예를 들어 넓은 공간에서의 놀이거나 부드러운 터치에서 만족감을 느끼기보다는, 오히려 강하고 밀착된 압박 자극에서 진정한 쾌감을 경험하게 됩니다.

- **신경계의 민감성 :** 이러한 아이들은 감각에 대해 지나치게 민감하게 반응할 수 있습니다. 쉽게 말해, 그들은 더 강한 자극을 필요로 하며, 그 기준이 높기 때문에 일상적인 자극으로는 쾌감을 얻기 어렵습니다. 이로 인해 그들은 일반적으로 불쾌감을 해소하고 행복감을 찾기 위해 강한 자극을 추구하게 됩니다.
- **압박 자극의 쾌감 :** 좁은 공간에 몸을 꽉 끼우는 느낌은 이 아이들에게 강한 압박감을 제공하며, 이는 그들의 신경계에 편안함을 주는 역할을 합니다. 이러한 강한 감각은 자연스럽게 일종의 자기강화 작용을 일으켜, 아이는 계속해서 그런 자극을 찾게 됩니다.

이처럼 강한 압박 자극을 선호하는 아이의 행동은 그들이 세상을 느끼고 이해하는 특별한 방식입니다. 우리는 이들의 감각적 필요를 존중하고 이해해 주어야 하며, 그들이 안전하고 편안하게 그 경험을 탐험할 수 있도록 도와주는 것이 중요합니다. 어린이들이 자신의 감각 세계를 자유롭게 탐험할 수 있도록 그들의 감각적 욕구를 읽어주고, 따뜻하게 지지해 주는 것이 필요합니다.

아동이 촉각 자극을 추구하는 이유는 그들의 발달 단계와 개인적인 신경학적 차이에서 비롯됩니다.

- **촉각 자극의 필요성 :** 이 아이는 일반적인 놀이와 활동에서 느끼는 자극이 충분히 만족스럽지 않게 느껴질 수 있습니다. 만약 제공되는 자극이 약하게 느껴진다면, 아이는 강한 촉각 자극을 찾게 되며 그것에 자연스럽게 반응하게 됩니다. 그래서 점토 놀이, 블록 놀이, 물총 놀이와 같은 활동이 그 아이에게 꼭 필요한 경험이 되는 것입니다. 이러한 활동은 그들에게 다채로운 감각을 제공하며, 더욱 재미있는 탐험의 기회를 줍니다.
- **경험과 탐험 :** 아동은 다양한 감각 자극을 통해 세상을 배우고 이해해 나갑니다. 촉각적 욕구가 강한 아이들은 주변 환경을 적극적으로 탐험하며 새로운 자극을 경험하

고 싶어 합니다. 이런 탐험을 통해 그들은 자신만의 세상을 만들어가며, 그 과정에서 특정 공간이나 자극을 선택하게 됩니다. 아이들이 촉각 자극을 추구하는 행동은 그들이 세상을 기쁘게 탐색하는 방법입니다. 우리는 그들의 호기심과 욕구를 이해하고 존중하며, 다양한 감각적 경험을 제공해 줄 수 있어야 합니다. 이로 인해 아이들은 더욱 자유롭고 즐겁게 성장할 수 있습니다.

함께 생각해 볼 문제

1. 감각통합 장애는 아동의 학습과 사회적 관계에 어떤 영향을 줄 수 있을까요?

2. 감각통합치료 사례를 조사해 봅시다. 그리고 감각통합치료가 아동에게 어떤 긍정적인 영향을 줄 수 있을지 생각해 보세요.

Part 2

영유아 문제행동 지도 실제적용 및 분석 :

유아교육 현장 사례

Chapter

11

정서조절 문제행동의 지도 및 상담 사례

사례

1. 화가 나면 소리를 지르거나 다른 사람들을 때려요.
2. 유치원 일과 중 욕을 사용해요.
3. 선생님께 지속적으로 반말을 사용해요.
4. 승부욕이 많아서 무엇이든지 이기고 싶어 해요.
5. 원하는 것이 있으면 집요하게 요구해요.
6. 유치원에서 만든 작품을 모두 집으로 가져가려 해요.
7. 불편한 일이 있어도 말을 하지 않아요.
8. 엄마와의 분리가 어려워요.

사례 1 화가 나면 소리를 지르거나 다른 사람들을 때려요.

7세 민준이는 자유 놀이시간에 자신이 원하는 놀잇감을 다른 친구가 사용하고 있을 때, 종종 "이거 내 거야!"라며 큰 소리로 외치거나 친구를 밀치는 행동을 보입니다. 또한 놀이에 몰두하고 있을 때 교사가 "이제 놀이시간이 끝나가니 정리하자."라고 말하면 발을 굴리며 바닥에 누워 소리를 지르기도 합니다. 민준이는 화가 날 때마다 이러한 방식으로 자신의 감정을 표현하는데, 어떻게 지도하면 좋을까요?

행동의 원인은 무엇일까요?

화를 내거나 또래를 때리는 행동에는 다양한 원인이 있어요. 따라서 그 원인을 파악한 뒤 대처하는 방법을 찾는 것이 무엇보다 중요합니다.

A 선행사건		B 행동		C 결과
자신이 원하는 장난감을 가지고 놀 때	▶	친구를 때린다.	▶	자신이 원하는 장난감을 획득한다.

- 문제행동의 기능은 **원하는 물건 획득** 입니다.
- 친구를 때리는 행동을 취한 뒤, 자신이 원하는 장난감을 획득함으로써 때리는 행동으로 원하는 물건을 획득하게 됩니다.

이렇게 도와주세요

교실뿐만 아니라 주변 놀이터나 마트에서도 감정을 조절하기 어려워하는 유아들을 쉽게 접할 수 있습니다. 특히 게임 활동에 졌을 때나 혹은 원하던 것을 얻지 못할 때, 원하던 놀이를 중단해야 할 때, 하기 싫은 과제를 부여받았을 때 화를 내는 경우가 많이 나타납니다. 이럴 때 어떻게 해야 할까요?

- 행동을 나타내는 원인에 따라 지도하는 방법이 달라져요.

원하던 놀이를 중단해야 할 때 크게 분노하는 경우

모래시계

비주얼 타이머 애플리케이션

모래시계나 타이머 등을 통해 유아에게 놀이 끝마치는 시간을 미리 알려준다면 유아가 상황을 예측하고 다음 해야 할 행동을 생각할 수 있을 거예요.

하기 싫은 과제를 부여받았을 때 친구를 때리는 경우	시각적 스케줄이나 〈지금 → 나중에〉 그림판을 통해 유아가 좋아하는 활동을 싫어하는 과제 뒤에 부여하여 활동이 강화될 수 있도록 해 주세요. 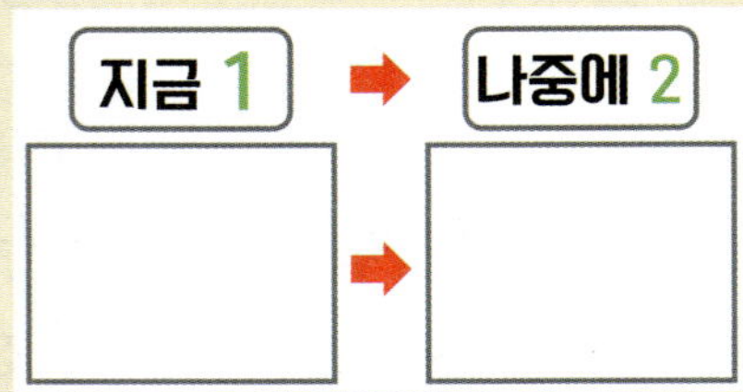

자신의 감정을 표현하고 조절할 수 있는 환경을 조성해 주세요.

우리에게는 다양한 감정들이 존재합니다. 기쁘거나 행복한 감정뿐만 아니라, 슬프거나 화가 난 감정도 자연스러운 것입니다. 이러한 감정들을 일상생활 속에서 적절한 방법으로 표현할 수 있도록 지도하는 것이 중요합니다. 유아와 상호작용할 때 감정을 표현할 수 있는 환경을 마련하고, 교사와 친구, 부모님과 함께 감정을 인식하고 표현할 기회를 제공해 주세요. 이를 통해 유아가 스스로 감정을 자유롭게 표현하고 조절할 수 있는 경험을 쌓을 수 있도록 돕습니다.

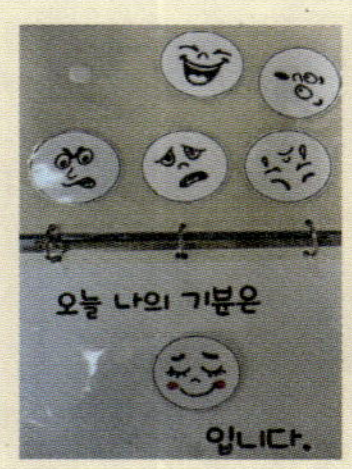

언어적으로 표현하기 어려워하는 유아의 경우 울음이나 화를 통해 자신의 감정을 드러내는 경우가 많아요. 다양한 감정 표현 자료(예 감정 카드, 표정 막대 등)를 활용하여 자신의 감정을 자유롭게 표현할 수 있도록 해주세요.

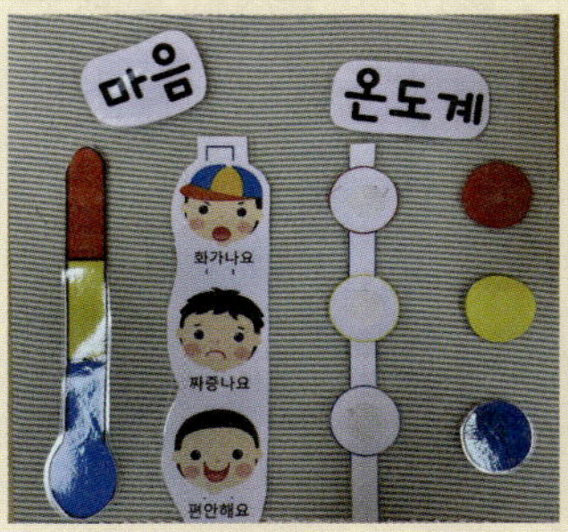

마음 온도계

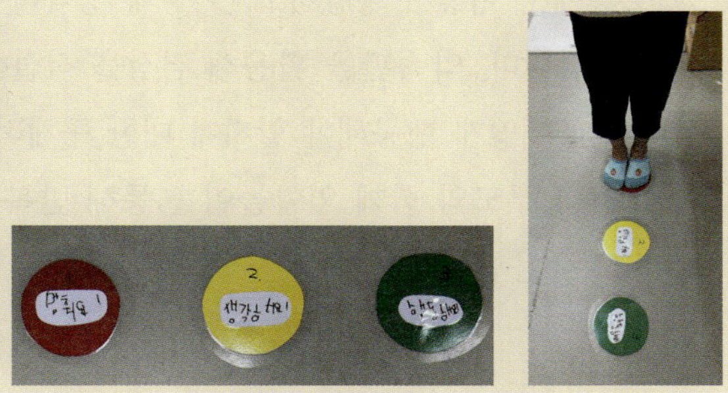

행동 신호등

나의 감정을 온도로 표현해요.	화가 났을 때는 잠시 '멈춰요' 빨간불에 서요. 그 뒤 화난 마음이 가라앉으면 '생각해요' 노란불에 서서 내가 어떻게 행동하면 좋을지 생각해요. 마지막으로 '행동해요' 초록불로 가서 다음 활동을 준비해요.

차분히 감정을 조절할 수 있는 시간과 공간을 제공해 주세요.

유아가 울음이나 발구르기, 물건 던지기 등의 행동으로 화난 마음을 표현하기 전에, 감정을 가라앉힐 수 있는 시간을 제공해 주세요. 차분히 감정을 조절할 수 있는 공간을 마련하는 것도 도움이 됩니다. 유아가 감정을 가라앉힌 후에는 다시 놀이나 활동에 참여할 수 있도록 지원해 주세요. 교실이나 가정에 감정조절을 위한 조용한 공간을 만들어 아이들이 언제든지 이용할 수 있게 하세요.

사회적 상황 이야기, 약속판 및 역할놀이를 활용해 보세요.

화가 났을 때 감정을 어떻게 표현해야 할지 몰라서 분노를 드러내는 유아들이 있습니다. 이러한 경우에는 사회적 상황 이야기(사회적 상황을 해석하고 이해하는 데 도움을 줄 수 있는 개별화된 짧은 이야기)를 활용하여 유아에게 주어진 상황에서 어떻게 행동하고, 어떻게 생각하며 느껴야 하는지를 알려주는 것이 좋습니다. 약속판을 활용해 감정을 적절히 표현하는 방법과 화가 나는 상황에서 어떻게 행동해야 할지에 대한 구체적인 정보를 제공해 보세요. 또한 교사나 부모와 함께 역할놀이를 통해 반복적으로 연습할 기회를 제공하는 것도 유용합니다.

사회적 상황 이야기

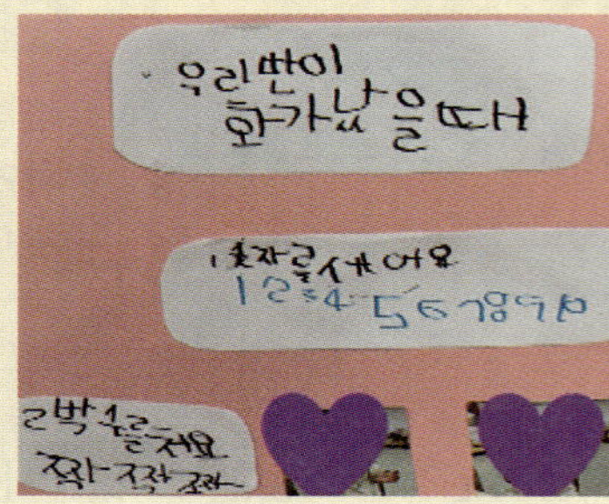

〈약속판〉 화가 났을 때

감정 손인형을 활용한 역할놀이

문제행동의 기능이 '관심 끌기'라면…

교사나 친구들의 관심을 끌기 위해 소리를 지르는 행동이 나타날 수 있습니다. 이러한 경우 소리를 지를 때 교사나 친구들이 일관되게 무관심하게 대하고, 적절한 의사소통을 할 때는 칭찬과 관심을 크게 표현해야 합니다. 또한 유아가 지속적인 관심을 필요로 할 경우, 교사는 반복적으로 관심을 표현해 줄 수 있습니다. 이를 '비유관 강화'라고 합니다. 비유관 강화는 유아의 행동과 무관하게 미리 설정된 간격에 따라 강화를 제공하는 것으로, 예를 들어 유아의 놀이시간 동안 소리 지르는 행동과 관계없이 미리 정해진 시간 간격에 따라 교사가 관심을 주는 방법입니다.

사례 2 유치원 일과 중 욕을 사용해요.

다섯 살 난 우린이는 최근 들어 나이에 맞지 않는 말이나 욕설을 자주 합니다. 친구들과 놀 때 종종 욕설을 섞어 사용합니다. 우린이의 담임선생님은 처음에는 우린이가 장난으로 하는 것이라고 생각했지만, 시간이 지날수록 정도가 심해지자 걱정이 되기 시작했습니다. 나이에 맞지 않게 욕을 하는 유아. 어떻게 지도하면 좋을까요?

행동의 원인은 무엇일까요?

욕설을 하는 유아의 경우, 유아가 욕설을 하고 난 후 주변 사람들의 반응을 확인해야 합니다. 주변 사람들이 하는 관심과 반응들이 유아의 행동을 강화시켜 빈번하게 욕설을 하게 되는 경우가 생기기 때문입니다.

배경사건	A 선행사건	B 행동	C 결과
욕설을 하는 경우를 자주 접함	자유 놀이시간	욕설을 한다.	교사나 친구들이 관심을 가진다.

- 문제행동의 기능은 **관심 끌기** 입니다.
- 놀이 중 욕설을 하면 교사나 친구들의 관심을 끌 수 있었습니다.

이렇게 도와주세요

- 유아를 둘러싼 사람들의 대화를 먼저 확인해 주세요.

욕설을 사용하는 경우, 유아를 둘러싼 주변 사람들의 대화가 매우 중요합니다. 부모님, 형제자매, 또래들이 무심코 사용한 비속어를 유아가 유심히 듣고 있을 수 있음을 항상 염두에 두어야 합니다. 유아는 화가 날 때 '이런 언어를 사용해도 괜찮다'고 생각할 수도 있기 때문입니다. 따라서 유아 주변의 사람들이 욕을 사용하는 경우가 없는지 관찰하여, 욕설을 모방하는 행동을 최소화할 수 있어야 합니다. 타인에게 욕설을 하는 행위는 사회적으로 용납될 수 없는 행동이며, 시급히 수정해야 할 문제임을 가정에서도 인식하고, 가정과 함께 이를 고쳐나가도록 노력해야 합니다.

- 유아가 접하는 영상물을 확인해 주세요.

텔레비전이나 태블릿 PC에서 욕설이 제한 없이 나오는 경우가 많습니다. 유아가 영상 매체 환경에 무분별하게 노출되지 않도록 주의가 필요합니다.

문제행동의 기능이 '관심 끌기'라면…

유아가 욕설을 통해 주변 사람들의 관심을 끌려는 행동을 보인다면, 적절한 방법으로 의사 표현을 할 때에만 주의를 기울여야 합니다. 반면 욕설과 같은 거친 언어를 사용할 때는 무시하며 일관되게 대처해야 합니다. 교사, 부모 및 또래 친구들 모두가 이러한 접근에 동참하여 일관성 있는 반응을 보이는 것이 중요합니다.

사례 3 선생님께 지속적으로 반말을 사용해요.

6세 수민이가 유치원에 도착했습니다. “선생님, 안녕?”이라고 인사했을 때, 선생님은 “수민아, 어른들에게는 ‘안녕하세요’라고 이야기해야 해.”라고 알려주었습니다. 하지만 수민이는 “선생님, 나 이거 하려고. 나 정리했다!”라고 말합니다. 선생님은 “수민아, 선생님이 어른들께는 존댓말을 써야 한다고 이야기했지?”라고 다시 말합니다. 그러자 수민이는 “싫어!”라고 대답합니다. 어떻게 지도하면 좋을까요?

행동의 원인은 무엇일까요?

이 문제행동의 기능은 ‘관심 끌기’입니다. 유치원에서 유아가 반말을 사용하면 그 아이에게 주목하게 되고, 이는 아이에게 관심을 받는 안전한 방법으로 인식될 수 있습니다. 이러한 행동의 패턴은 아이가 더 많은 관심을 끌기 위해 반복할 가능성이 높습니다.

A 선행사건	B 행동	C 결과
유치원 활동 시	반말을 사용한다.	교사가 관심을 가진다.

- 문제행동의 기능은 **관심 끌기** 입니다.
- 유치원에서 유아가 반말을 사용할 시에 교사가 관심을 가져줍니다.

이렇게 도와주세요

- 명확하고 일관된 규칙을 설정해 보세요.

  유아와 선생님 사이에 지켜야 할 예의와 규칙을 명확하게 설정하고, 이를 지키도록 지도합니다(예 유치원에 있는 모든 선생님들께는 존댓말 사용하기).

- 존중과 예의와 관련된 활동을 일과 중 삽입하여 보세요.

  유아에게 상대방을 존중하고 예의 바르게 대하는 것이 중요하다는 점을 교육합니다. 이를 위해 존댓말과 관련된 그림 카드 및 동화책을 구비하여 교육환경을 구성하는 것도 효과적입니다. 예를 들어, 그림책을 유아와 상호작용하며 함께 읽으면서 존댓말을 강조해 읽어주고, 유치원 일과 중 관련 활동을 삽입하여 유아가 어른들께 존댓말을 사용해야 하는 이유를 알려주세요.

존댓말을 쓰는 모습을 자주 보여주세요.

부모님이나 어른들이 선생님께 예의 바르게 대하는 모습을 보여줌으로써 유아에게 좋은 모델링을 제공합니다. 교사와 부모는 유아가 삶의 태도를 배우는 데 있어 가장 중요한 교육 자료입니다. 어린 유아들은 존댓말을 자주 접하지 못해 반말을 사용하는 경우가 많습니다. 그러므로 유아 곁에서 가장 가까이 있는 가족과 교사가 지속적으로 존댓말을 사용하는 모습을 보여주는 것이 중요합니다.

문제행동의 기능이 '관심 끌기'라면…

유아가 관심을 끌기 위해 반말을 사용하는 경우에는, 존댓말을 쓸 때에만 반응해 주세요. 반말을 사용할 경우에는 "선생님께는 존댓말을 사용하는 거예요."라고 짧고 명확하게 안내한 후, 그 외에는 무반응으로 일관합니다. 유아가 존댓말을 사용하면 "그렇지, 선생님께는 존댓말을 쓰는 거야. 잘했어, 수민아!"라고 칭찬하며 긍정적으로 강화해 주세요.

사례 4 승부욕이 많아서 무엇이든지 이기고 싶어 해요.

재빈이는 모든 활동에서 반드시 이겨야 한다는 강한 승부욕을 가지고 있습니다. 친구들과 놀이를 할 때 "내가 먼저 해야 해." 또는 "내가 반드시 이겨야 해."라는 생각 때문에 갈등이 발생하기도 합니다. 특히 체육시간에 게임을 할 때, 재빈이가 속한 팀이 지면 게임을 엎어버리거나 자신에게 유리한 규칙을 제안하고, 처음부터 다시 시작하자고 주장하기도 합니다. 재빈이는 지는 상황을 받아들이지 못하며 "나는 쓸모없는 사람이야!"라고 말하며 울기 시작하고, 이후의 모든 활동에 참여하려고 하지 않습니다. 어떻게 도와주어야 할까요?

행동의 원인은 무엇일까요?

강한 승부욕이 나쁘다고 할 수는 없습니다. 적당한 승부욕은 유아에게 활동의 동기부여가 되고, 스스로 성장하는 결과를 가져올 수 있기 때문입니다. 그러나 유아의 승부욕이 지나치게 강해지면 다른 또래에게 부정적인 영향을 미치거나 유아가 과도한 스트레스를 받을 수 있어 문제가 될 수 있습니다. 유아가 게임에서 이겼을 때 교사나 또래로부터 받은 칭찬이 많은 경우, 유아는 칭찬을 받고 싶어 더욱 게임에서 이기고 싶어 합니다.

A 선행사건	B 행동	C 결과
체육활동 시간	게임에서 이긴다.	교사나 또래가 칭찬을 해준다.

- 문제행동의 기능은 **원하는 것 획득(교사나 또래의 칭찬)** 입니다.
- 체육활동 시간에 게임에서 이기면, 이겼다는 결과에 대한 교사와 친구들의 칭찬에 유아는 만족감을 얻어 또 이기고 싶어 합니다.

이렇게 도와주세요

승부욕이 강한 유아는 경쟁에서 이기고 싶어 하는 욕구가 강하며, 이는 성장 과정에서 자연스러운 일이지만 과도한 승부욕은 오히려 스트레스를 유발할 수 있습니다. 그러니 다음과 같은 방법으로 지도해 보는 것이 좋습니다.

- '과정'에 대한 칭찬의 경험을 충분히 시켜주세요.

결과에 대한 칭찬이 유아의 행동을 강화하게 되면, 이기고 싶어 하는 욕구가 과도해질 수 있습니다. 이 경우 유아는 또래와 함께하는 기쁨을 느끼기보다는 또래를 무조건 이기고 싶어 하는 경쟁자로 인식할 수 있습니다. 따라서 게임에서 이기는 것 이상의 가치를 강조하고, 그 과정을 즐길 수 있도록 가르쳐주세요. 함께 팀을 이루어 협력하는 경험과 친구와의 즐거운 상호작용을 느낄 수 있도록 돕는 것이 중요합니다. 또한 이기든 지든 상관없이 과정에 대한 충분한 칭찬을 해주세요. 예를 들어, "우와, 재빈이 이겼구나!"라고 하는 대신에 "우와, 재빈이가 양보하니 예빈이가 기뻐하는 모습을 선생님은 봤어." 또는 "재빈아, 너는 공을 정말 잘 굴리더라."와 같이 참여 과정을 구체적으로 칭찬해 주세요."

함께 목표를 달성하는 게임의 유형을 계획하고 실행해 보세요.

이기고 지는 방식의 게임이 아니라, 함께 노력하여 목표를 달성하는 협동 게임을 준비해 보세요. 꼭 이겨야만 하는 게임만 있는 것이 아니라, 함께 힘을 합쳐 노력하는 게임이 있다는 사실을 유아가 이해할 수 있도록 하세요. 협동 게임을 충분히 계획하고 실천하여, 유아들이 공동의 목표를 향해 함께 일하는 경험을 제공해 주세요.

문제행동의 기능이 '관심 끌기'라면…

승부에서 지는 상황을 회피하려는 유아는 평소에 불안함을 많이 느끼는 경향이 있을 수 있습니다. 이 불안함의 원인을 파악하는 것이 중요합니다. 불안감을 많이 느끼는 유아의 경우, 부모의 양육 태도가 큰 영향을 미칠 수 있습니다. 예를 들어, 유아의 형제자매만 칭찬하거나 부모의 완벽주의 성향으로 인해 부모가 정한 기준에 맞춰 유아를 많이 다그치는 경우가 있습니다. 이러한 상황에서는 성공의 경험을 최대한 제공하여 유아의 자존감을 향상시킬 필요가 있습니다. 과제를 제시할 때 처음에는 난이도를 낮춰 유아가 충분히 성공을 경험할 수 있도록 합니다.

사례 5 원하는 것이 있으면 집요하게 요구해요.

사랑이는 자신이 원하는 것이 있으면 쉽게 포기하지 않고 집요하게 요구하는 경향이 있습니다. 예를 들어, 자신이 좋아하는 장난감을 가지고 있는 친구에게 계속해서 달라고 조르며 따라다닙니다. 반면 자신이 가지고 있는 장난감을 다른 친구가 빌려달라고 하면 쉽게 내주지 않습니다. 또 원하는 것이 있을 때는 교사에게 끊임없이 요구하며, 요구가 받아들여질 때까지 울고 소리를 지르며 바닥에 드러눕기도 합니다. 이러한 상황을 어떻게 해결할 수 있을까요?

행동의 원인은 무엇일까요?

유아가 떼를 쓰며 집요하게 요구했을 때 부모나 교사가 그 요구를 모두 들어주었다면, 유아는 그러한 행동으로 원하는 것을 쉽게 얻을 수 있다는 경험을 하게 됩니다. 이로 인해 유아는 행동의 강도나 빈도가 더욱 높아질 수 있습니다. 따라서 유아는 필요한 것을 얻기 위해 계속해서 떼를 쓰며 집요하게 요구하는 경향을 보이게 됩니다.

A 선행사건	B 행동	C 결과
자신이 원하는 놀잇감을 또래가 가지고 놀고 있다.	유아는 떼를 쓰며 원하는 놀잇감을 요구한다.	자신이 원하는 놀잇감을 얻게 된다.

- 문제행동의 기능은 **선호물 얻기(원하는 놀잇감)** 입니다.
- 자신이 원하는 놀잇감을 또래가 가지고 있을 경우 떼를 쓰며 요구를 하면 자신이 원하는 놀잇감을 얻게 되었습니다.

이렇게 도와주세요

- 일관성 있는 교육태도가 필요합니다.

  같은 상황에서 일관성이 없거나 약속을 잘 지키지 않을 경우, 유아의 고집이나 떼쓰기가 더욱 심해질 수 있습니다. 일관성이 깨지면 유아는 자신의 요구가 어느 정도 들어질지를 모르게 되어 요구의 강도가 점점 세지게 됩니다. 또한 약속을 지키지 않을 것이라는 불안감이 커지면, 유아는 더 집요하게 매달리는 경향을 보일 수 있습니다.

- 요구할 수 있는 범위에 대해 알려주세요.

  부모나 교사는 미리 요구할 수 있는 범위에 대해 유아와 함께 이야기하고 규칙을 정하는 것이 중요합니다. 이렇게 하면 유아는 자신의 행동에 대해 예측할 수 있게 되어 정서적인 안정감을 느낄 수 있습니다. 만약 유아가 미리 정한 범위를 넘어서 지속적으로 요구하는 경우, 다시 한번 정해진 규칙을 차근차근 설명해 주고, 사전에 설정한 범위 내에서 요구할 수 있도록 안내해야 합니다.

‘토큰 경제’를 활용해 보세요.

강화는 칭찬 스티커와 같은 방법으로 자주 사용됩니다. 먼저 목표를 설정한 후 사용할 토큰(예 스마일 스티커, 칩 등)을 정합니다. 유아가 미리 정한 개수의 토큰을 모았을 때, 원하는 보상을 받을 수 있도록 약속합니다.

토큰 칩

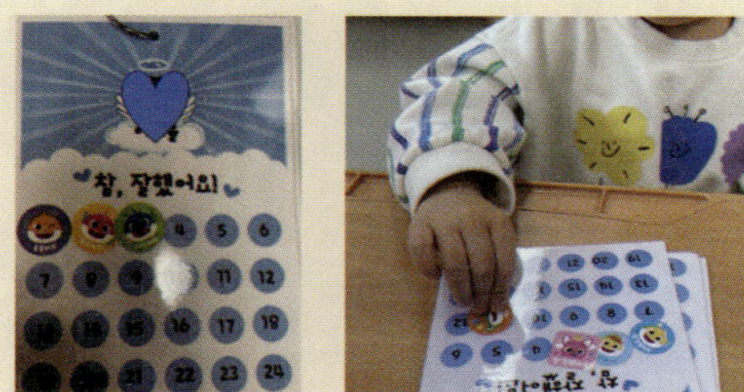

칭찬 스티커 판

문제행동의 기능이 ‘관심 끌기’라면…

부모나 교사가 유아가 떼를 쓸 때만 관심을 보이는지 살펴볼 필요가 있습니다. 유아들은 지속적으로 부모나 교사의 관심을 받고 싶어 합니다. 만약 유아가 잘 놀거나 조용히 요구할 때는 관심을 받지 못하다가 떼를 쓸 때만 관심을 받는다면, 유아는 떼를 쓰는 방식으로 요구를 하게 될 수 있습니다. 따라서 유아가 관심을 끌기 위해 떼를 쓰기보다는 적절한 의사소통 방법으로 표현할 때에만 관심을 보여줌으로써, 바람직한 행동이 강화되도록 유도합니다.

사례 6 유치원에서 만든 작품을 모두 집으로 가져가려 해요.

준범이는 미술 놀이를 아주 좋아합니다. 놀이시간에 다양한 미술 재료를 사용하여 작품을 만드는 데 몰입하곤 합니다. 그러면 주변 친구들이 준범이의 작품을 보기 위해 모여들고는 합니다. 친구들이 "준범이, 정말 잘 만들었다!"라고 칭찬하면, 준범이는 미소를 지으며 자부심을 느낍니다. 준범이는 "선생님, 저 이거 오늘도 집에 가져갈 거예요. 엄마께 보여드리고 싶어요."라고 말합니다. 매일 유치원에서 만든 작품들을 집으로 가져가고 싶어 하는 준범이를 어떻게 도와줄 수 있을까요?

행동의 원인은 무엇일까요?

유아의 표정을 유심히 관찰하면 유아의 감정을 읽을 수 있습니다. 작품을 만들고 난 다음 민준이의 표정은 늘 미소를 지으며 친구들의 칭찬에 뿌듯해 합니다.

A 선행사건	B 행동	C 결과
자유 놀이시간	여러 가지 미술 재료를 사용하여 만들기를 완성하였다.	만든 작품을 보고 친구들이 칭찬한다.

- 문제행동의 기능은 **원하는 것 얻기(칭찬)** 입니다.
- 친구들이 유아가 만든 작품을 칭찬하자 뿌듯한 유아는 만든 작품을 집으로 들고 가서 부모님께도 칭찬을 받고자 합니다.

이렇게 도와주세요

- 대화를 통해 유아 마음을 존중한 뒤 유아와 함께 규칙을 정해보세요.

유아가 왜 모든 물건을 집으로 가져가려고 하는지 그 이유를 들어보고, 우선 유아의 생각을 존중해 주세요. 교사가 "그 작품은 집으로 가져가는 게 아니야."라고 말하기보다는 유아의 생각에 충분히 공감한 후 규칙에 대해 함께 이야기 나누는 것이 중요합니다. 작품의 보관 시간이나 집에 작품을 가지고 갈 수 있는 날짜 등을 유아와 함께 정해보세요. 예를 들어, '일주일에 1개의 작품을 집으로 가져가기'와 같은 구체적인 규칙을 설정할 수 있습니다.

- 만든 작품의 보관 장소를 마련해 봅니다.

유치원에 보관 장소를 마련하여 유아들이 만든 물건을 보관할 수 있도록 합니다. 주기적으로 물건을 정리하고, 유아들이 다시 사용할 수 있도록 합니다.

만들기를 하는 '과정'의 성취감을 충분히 느낄 수 있도록 해주세요.

만든 물건을 집으로 가져가지 않더라도, 유치원에서의 활동을 통해 유아가 성취감을 느낄 수 있도록 지도해야 합니다. 만든 작품뿐만 아니라 유아가 활동하는 과정 자체도 충분히 칭찬해 줘야 합니다. 예를 들어, "민준아, 재활용품을 활용해서 이런 것을 만들었구나. 이런 창의적인 생각을 한 민준이는 정말 대단해!"와 같이 긍정적으로 피드백을 줌으로써 유아의 자존감과 동기를 높일 수 있도록 해주세요.

사진이나 영상을 통해 부모님과 소통할 수 있는 기회를 제공해 주세요.

꼭 물건을 들고 가지 않아도, 사진이나 영상을 통해서 부모님과 함께 유치원에서 만든 물건을 감상하고, 이야기를 나누는 시간을 가집니다.

문제행동의 기능이 '배경사건(불안)'이라면…

유아의 문제행동은 종종 심리적인 원인, 특히 불안으로 인해 나타납니다. 예를 들어, 유아가 만든 모든 작품을 가정으로 가져가려는 행동은 불안에서 기인할 수 있습니다. 유아가 '혹시 집에 갔다가 돌아왔는데 누가 내 작품을 망가뜨리면 어떡하지?' 또는 '내가 만든 작품이 다 사라지는 건 아닐까?'와 같은 불안을 느낀다면, 교사는 유아의 불안을 최소화시켜야 합니다. 이를 위해 만든 작품은 언제든지 다시 만들 수 있으며, 사진이나 영상으로 작품을 기록해 평생 볼 수 있다는 점을 꾸준히 알려주세요.

사례 7 불편한 일이 있어도 말을 하지 않아요.

6세 지우는 유치원에서 불편한 일이 있어도 선생님이나 친구들에게 잘 말하지 않습니다. 친구가 장난감을 빼앗아도, 선생님이 자신의 이름을 부르지 않아도 그저 참고 넘어갑니다. 감정을 표현하는 데 어려움을 겪고 있는 지우를 어떻게 지도하면 좋을까요?

행동의 원인은 무엇일까요?

행동은 유아의 경험으로 형성되기도 합니다. 유아가 사전에 어떤 경험들을 했는지 교사는 유아와 친밀한 라포를 형성한 뒤, 상호작용을 통해 상황을 파악하는 역량을 길러야 합니다. 유치원에서 친구에게 불편한 상황을 이야기했음에도 불구하고, 친구들이 지속적으로 그 상황을 무시하게 된다면 유아의 마음 한편에는 '말을 해도 내 말을 들어주지 않구나.'라는 생각이 가득 차 더 이상 말을 하지 않는 경우가 생기게 됩니다.

A 선행사건	B 행동	C 결과
자유 놀이시간	친구에게 불편한 상황을 이야기한다.	친구가 말을 들어주지 않는다.

- 문제행동의 기능은 **회피(무시된 경험으로 인해 상황 회피)** 입니다.
- 친구에게 불편하다고 표현했음에도 불구하고, 친구가 들어주지 않았던 경험으로 인하여 그 상황을 회피하기 위해 불편한 상황에서도 말을 하지 않습니다.

이렇게 도와주세요

- 유아의 행동을 이해하려고 노력하며 비난하거나 강요하지 않아요.

말하기를 부끄러워하는 유아들이 있습니다. 이들은 불편한 일이 있어도 말을 하지 않는 경우가 많은데, 이는 유아의 성격, 발달 단계, 환경 등 다양한 요인으로 인해 발생할 수 있습니다. 말을 하지 않는 것을 단순히 문제로 보기보다는 유아를 이해하고 적절한 도움을 주는 것이 중요합니다. 말을 하지 않는 이유를 파악하고 유아의 특성을 이해하려고 노력해야 합니다. 이 과정에서 비난하거나 강요하지 않고, 유아의 행동을 관찰하여 원인을 찾아 도움을 줄 수 있어야 합니다. 유아를 비난하거나 강요하지 않고, 그들의 입장에서 생각하는 것이 중요합니다.

- 다양한 감정을 표현하는 방법을 알려줍니다.

자신의 감정을 표현하는 것은 매우 중요하다는 점을 유아에게 알려주고, 감정을 표현하는 방법을 가르쳐주세요. 특히 말로 표현하기 어려운 유아들은 소극적인 성향을 보이는 경우가 많습니다. 우리의 의사소통 방법은 매우 다양하므로, 꼭 말로만 의사를 표현해야 한다는 편견을 버리는 것이 필요합니다. 다양한 의사소통 방법을 살펴본 후, 유아에게 여러 가지 표현 방법의 기회를 제공해 주세요. 예를 들어, 그림 그리기, 몸짓이나 표정 사용, 또는 역할놀이 등을 통해 유아가 자신의 감정을 자유롭게 표현할 수 있도록 도와줄 수 있습니다.

마음 우편함

자신의 불편한 감정을 말로 표현하기 어려운 유아의 경우 글이나 그림으로 표현할 수 있는 기회를 제공해 주세요.
혹은 직접적으로 말하기 어려워하는 유아들에게 혼자 사용할 수 있는 공간인 '고민상담소'를 구성하여 녹음을 통해 속마음을 표현할 수 있도록 기회를 제공해 주세요.

유아와 자연스러운 분위기 속에서 대화를 유도합니다.

일상생활에서 있었던 일이나 감정에 대해 이야기를 나누는 것이 좋습니다. 유아가 부담스러워하지 않는 범위하에 자연스러운 상황 속에서 대화를 이끌어보세요.

"모든 감정을 표현해도 괜찮아." 자신감을 심어줍니다.

감정도 경험입니다. 다양한 감정을 인식할 줄 알아야 자유롭게 표현할 줄도 압니다. 그림책 등을 통해 다양한 감정을 접할 수 있도록 합니다. 자신의 의견을 표현하는 것에 대해 자신감을 심어주고, 실수를 하더라도 괜찮다는 것을 알려줍니다.

〈감정 관련 그림책〉

기분을 말해 봐!	말해 봐 말해 봐 너의 기분을	뽀뽀는 무슨 색일까?	감정 호텔
• 저자 : 앤서니 브라운 • 출판 : 웅진주니어	• 저자 : 와카루 • 출판사 : 주니어 RHK	• 저자 : 로시오 보니야 • 출판사 : 옐로스톤	• 저자 : 리디아 브란코비치 • 출판사 : 책읽는 곰

문제행동이 유치원에서만 발생한다면…

가정생활에서도 불편한 상황에서 말을 하지 않는지, 아니면 유치원에서만 말을 하지 않는지를 확인하는 것이 중요합니다. 만약 유치원에서만 말하지 않는다면, 특정 사람이나 상황에서의 불안이 원인일 수 있습니다. 이 경우 유아에게 말을 강요하거나 지속해서 말하도록 요구하지 말고, 편안한 분위기를 조성하여 유아가 열린 마음으로 말을 할 수 있도록 돕는 것이 우선입니다. 이러한 상황이 유치원에서 1개월 이상 지속된다면, 유치원 교육과 더불어 치료기관과 연계하여 상담을 받아보는 것이 도움이 될 수 있습니다.

* 유아 선택적 함구증 : 신체적으로 발화에 문제가 없지만 특정 장소나 사회적 상황에서 말을 하지 않는 경우

[DSM-V 선택적 함구증 진단 기준]

a. 다른 상황에서는 말할 수 있지만, 특정 사회적 상황(㉕ 학교 등)에서는 일관되게 말을 하지 않음.
b. 이러한 장애가 학습이나 직업상의 성취 또는 사회적 소통을 방해함.
c. 이 증상이 최소 1개월 이상 지속됨.
d. 장애가 의사소통 장애로 더 잘 설명되지 않으며, 자폐범주성 장애, 조현병 또는 다른 정신병적 장애의 경과 중에만 나타나지 않음.

사례 8 엄마와의 분리가 어려워요.

하린이는 엄마와 함께 유치원 문 앞에 서 있으며 불안한 표정을 짓고 있습니다. 엄마가 유치원 문을 열고 들어가자 하린이는 엄마의 옷자락을 놓지 않고 꼭 붙잡으며, 유치원 문 밖으로 나가려 합니다. 엄마가 하린이를 달래며 교실로 데려가려고 하지만, 하린이는 울음을 터뜨리며 엄마를 놓아주지 않습니다. 선생님이 하린이를 달래려 해도 하린이는 교사에게 거부감을 보입니다. "엄마 가지 마!"라고 소리치며 엄마에게 매달립니다. 다른 유아들이 교실로 들어가는 모습을 보고 하린이는 더욱 불안해하며 엄마를 놓아주지 않습니다. 매일 반복되는 등원길의 이러한 어려움을 어떻게 해결할 수 있을까요?

행동의 원인은 무엇일까요?

가장 편안한 공간인 가정에서 떨어져 유치원을 다니면서 엄마와의 분리로 불안을 느끼는 것은 유아에게서 흔히 나타나는 자연스러운 현상입니다. 유아가 분리불안을 느끼는 것은 일시적인 상황일 수 있지만, 이 불안이 지속될 경우 아이의 성장과 발달에 부정적인 영향을 미칠 수 있습니다. 따라서 가정과 협력하여 유아의 행동 원인을 파악하고 적절한 지원을 제공하는 것이 중요합니다.

배경사건	A 선행사건	B 행동	C 결과
엄마와 떨어졌던 좋지 않은 기억	등원 시간	엄마와 떨어지기 싫어한다.	반복되는 등원의 어려움

- 문제행동의 기능은 **배경사건(엄마와 떨어졌던 좋지 않은 기억)** 입니다.
- 그전에 엄마와 떨어졌던 좋지 않았던 기억 때문에 등원 시 엄마와의 분리가 더욱 어렵게 느껴집니다.

이렇게 도와주세요

- 유치원이 즐겁고 행복한 공간임을 인식시켜 주세요.

유치원에서 즐거운 경험이 많다는 점을 유아에게 알려주고, 유치원에 가는 것을 기대하도록 유도하는 것이 중요합니다. 따라서 교사는 분리불안을 겪는 유아를 충분히 관찰하여 그들의 관심사와 흥미를 파악하고, 유치원 내에서 재미를 느낄 수 있는 환경을 조성해야 합니다. 분리불안을 겪는 유아에게는 그들이 충분히 행복을 느낄 수 있는 놀이 유형을 정하여 다양한 놀이 경험을 제공해야 합니다. 즐길 수 있는 놀이 및 활동 목록을 작성하고,

유아가 즐겁다고 느낄 수 있는 활동들을 먼저 계획합니다. 또한 유아가 편안한 마음으로 적응할 수 있도록 시간적인 여유를 두어 참여할 수 있도록 유도해야 합니다. 예를 들어, 먼저 모두가 참여하는 활동을 지켜보게 하거나, 좋아하는 활동만 참여하도록 하는 방식으로 점차적으로 유치원 활동에 익숙해질 수 있도록 도와줍니다.

점진적으로 엄마와의 분리가 필요합니다.

엄마와 상의하여 처음에는 유치원에 간헐적으로 보내거나, 엄마와 함께 유치원에서 시간을 보내는 등 심리적 안정감을 줄 수 있는 상황을 마련하는 것이 중요합니다. 유치원에서의 시간을 처음에는 짧게 설정하고, 점차적으로 늘려가는 방법이 좋습니다. 이렇게 함으로써 유아가 유치원 환경에 점진적으로 적응할 수 있도록 도움을 줄 수 있습니다.

가정과 유사한 환경을 만들어 보아요.

가정과 소통을 통해 유치원 환경을 구성해 보세요. 예를 들어, 유아가 집에서 가장 좋아하는 놀잇감들을 유치원에 가져올 수 있도록 하고, 이를 활용하여 놀이 영역의 한 곳을 구성할 수 있습니다. 또한 가족사진을 활용하여 유치원 내에서도 가족과 함께하는 기분을 느낄 수 있도록 편안한 환경을 조성하는 것이 중요합니다. 이러한 방법들은 유아가 유치원에 보다 쉽게 적응하도록 돕고, 심리적 안정감을 느끼게 할 수 있습니다.

엄마와의 대화를 통해 영원한 헤어짐이 아닌 것을 인지시켜 줍니다.

분리불안을 겪는 유아의 경우, 엄마와 영영 헤어질 것이라고 생각하는 유아들이 있습니다. 엄마가 항상 아이를 지켜보고 있고, 언제든지 돌아올 수 있다는 것을 알려주며 유아의 불안감을 낮출 수 있도록 합니다.

문제행동의 기능이 '회피'라면…

유아의 행동이 회피에서 기인한 것이라면, 우선 유아가 싫어하는 자극이 놀잇감에 있는지 또는 또래 관계에 있는지를 확인하는 것이 중요합니다. 회피의 원인이 놀잇감에 있다면, 관련된 자극이 있는 놀잇감을 최소화합니다. 만약 원인이 또래 관계에 있다면, 특정 유아와의 관계를 세심하게 살피고, 점차적으로 또래 관계를 확장할 수 있도록 도와줍니다. 유아의 감정을 존중하며 짝놀이부터 시작해서 모둠 놀이, 대집단 놀이로 점진적으로 환경을 확대시켜 친구들과 함께하는 기쁨을 느낄 수 있도록 해주세요. 이렇게 또래와 함께 놀이하는 즐거움을 발견하도록 점진적으로 도와줍니다.

Chapter

12

사회성 발달 관련 문제행동 지도 및 상담 사례

사례

1. 자꾸 고자질을 해요.
2. 친구의 놀잇감을 힘으로 뺏으려고 해요.
3. 부끄러움이 많아서 친구 사귀기가 힘들어요.
4. "나 혼자만 놀 거야!" 혼자서만 놀이하려 해요.
5. 친구를 독차지하려고 해요.
6. 친구의 이야기를 듣지 않고 마음대로 하려고 해요.
7. 과한 몸짓으로 친구들을 불편하게 해요.
8. 거절을 못해요.
9. 거짓말이나 이간질로 친구관계에 어려움이 있어요.
10. 자기 잘못을 인정하지 않아요.

사례 1 자꾸 고자질을 해요.

놀이시간에 친구와 갈등이 생기면 교사에게 달려와 친구의 행동에 대한 불만을 호소하는 경우가 자주 발생합니다. 5세 정민이는 친구와 함께 디폼 블록으로 캐릭터를 만들고 있었습니다. 놀이에 몰두하던 중 친구가 자신이 챙겨둔 색깔 블록을 가져가자 교사에게 짜증 섞인 목소리로 "그걸 가져가면 만들 수 없어요."라고 고자질을 합니다. 또한 대집단 활동 시간에 다른 친구가 발표 중일 때, 갑자기 일어나서 "이 친구가 저를 싫다고 했어요."라고 말합니다. 친구의 말에 지나치게 반응하고 사소한 갈등 상황에서도 고자질하는 행동이 우려됩니다. 이러한 상황을 어떻게 개선할 수 있을까요?

행동의 원인은 무엇일까요?

친구와의 갈등을 회피하고 싶어 하거나 스스로 해결하기 힘들어하는 경우가 있습니다. 이는 유아가 친구와 소통하는 방식이 아직 미숙하기 때문에 발생합니다. 이러한 상황에서는 친구에게 말할 때 필요한 언어적 소통 방법을 따라 해볼 수 있도록 지원하는 것이 중요합니다. 이렇게 함으로써 유아는 보다 유연하게 친구관계를 형성할 수 있게 되고, 고자질하는 습관도 자연스럽게 줄어들 것입니다.

A 선행사건	B 행동	C 결과
친구와의 갈등	고자질을 한다.	감정이 수용되고 그에 따른 언어적 소통 방법 습득

- 문제행동의 기능은 **사회적 강화(관심)** 입니다.
- 유치원에서 생활하는 중 친구와의 갈등 상황에서 고자질을 함으로써 관심을 끌고자 했습니다.

이렇게 도와주세요

- 유아의 감정을 읽어주세요.

  고자질하는 상황에서 교사가 과잉반응을 보이거나 지시적인 태도를 취하기보다는 유아의 마음을 살피고 감정을 표현할 수 있는 시간을 마련해 주어야 합니다. 이때 갈등이 있는 양쪽 유아의 입장을 모두 이해하는 것이 중요합니다. 한쪽의 입장만 편향되게 인정하거나 감정에만 치중하여 문제를 해결하려고 한다면, 불편한 감정이 계속해서 표출될 수 있습니다. 따라서 감정에 대해서도 가르쳐야 합니다. 유아가 감정을 잘 이해하고 표현할 수 있도록 돕는다면, 정서적 안정감을 더욱 잘 갖출 수 있을 것입니다.

자존감을 가질 수 있도록 인정해 주세요.

유아의 감정이 수용되고 스스로의 감정을 이해하는 태도가 길러지면, 자연스럽게 자신감이 높아집니다. 반복되는 인정 욕구는 자존감을 향상시키는 데 기여할 수 있습니다. 자신을 사랑할 줄 아는 유아는 다른 사람의 감정도 긍정적으로 받아들이고 내재화하게 됩니다. 이처럼 유아가 스스로 자존감을 높일 수 있도록 도와주는 것이 중요합니다.

가정에서의 양육 방식에 대해 상담해 주세요.

부모의 윤리적 판단 기준이 지나치게 엄격하고 지속적으로 강압적인 통제를 경험한 유아는 생각이 유연하지 못하게 됩니다. 또한 자신의 감정을 충분히 수용받지 못하는 경우가 많아, 감정을 표현하는 데 서투르고 정서적인 불안감에 이르게 될 수 있습니다. 이러한 정서적 불안 상태에서는 고자질의 습관이 더욱 두드러지게 나타납니다. 따라서 유아가 정서적으로 안정되고 유연하게 관계를 맺고 사고할 수 있도록 지원하는 환경을 조성하는 것이 중요하며, 이는 교사로서의 중요한 과제입니다.

문제행동의 기능이 '회피'라면…

만약 유아가 언어적인 소통이 아닌 선별적인 친구 사귀기나 친구에게 다가가는 것에 불안함을 느끼는 경우, 이러한 불안이 '회피'라는 반응으로 나타날 수 있습니다. 유아가 친구관계에서 불안감을 낮추기 위해 자신의 감정을 이해하고 표현할 수 있도록 도와주세요. 과도한 반응이나 지시적인 태도보다는 유아가 상황을 솔직히 이해할 수 있도록 돕고, 유아의 긍정적인 면을 인정하여 고자질하지 않아도 사랑받고 있다는 확신을 지속적으로 심어주면 좋습니다. 이렇게 자존감을 높여간다면, 회피 습관은 자연스럽게 감소할 것입니다.

출처 : 이덕주(2022). 몸과 마음으로 말하는 유아에게 이렇게 답해요. 대구광역시유아교육진흥원.

사례 2 친구의 놀잇감을 힘으로 뺏으려고 해요.

자유 놀이시간에 유아들을 관찰하던 중 역할놀이에서 인형을 두고 다툼이 벌어지는 모습을 발견했습니다. 한 유아는 억울함에 울음을 터트리고 있었고, 다른 유아는 흥분하여 인형을 세게 때리고 있었습니다. 인형을 가진 유아는 종종 친구와 이런 상황을 반복하고 있습니다. 처음에는 인형이 부족해서 갈등이 생기는 것 같아 똑같은 인형을 더 제공해 보기도 하고 여러 종류의 인형을 충원했지만, 갈등 상황은 여전히 개선되지 않아 걱정입니다. 어떻게 하면 이 문제를 해결할 수 있을지 고민이 됩니다.

행동의 원인은 무엇일까요?

가장 기본적인 원인은 친구의 물건에 대한 관심으로, 이를 가지고 놀고 싶어 하는 행동입니다. 자아중심적인 성향이 강한 유아들에게 이러한 행동이 흔히 나타나며, 옳고 그름에 대한 판단을 아직 제대로 하지 못하는 경우에도 발생할 수 있습니다. 또한 친구의 놀이보다 자신의 놀이가 더 중요하다고 여기거나 놀이 요청에 대한 습관이 형성되지 않은 상황에서도 이와 같은 행동은 드러날 수 있습니다. 게다가 친구와 함께 놀고 싶은데 그 방법을 잘 알지 못하는 것도 원인이 될 수 있습니다.

A 선행사건	B 행동	C 결과
자유 놀이시간	친구의 물건을 뺏는다.	친구와의 갈등을 겪게 된다.

- 문제행동의 기능은 **물건활동강화(요구)** 입니다.
- 자유 놀이시간에 다른 유아의 놀잇감을 빼앗음으로 친구와의 갈등이 발생하게 되었습니다.

이렇게 도와주세요

- 유아의 감정을 읽어주세요.

갈등 상황에서 교사는 한 유아가 다른 유아의 물건을 빼앗은 경우, 그 유아에게 단호하게 대처하는 것이 사실입니다. 누가 봐도 문제를 일으킨 유아가 누구인지 판단할 수 있지만, 간과해서는 안 되는 점은 두 유아의 이야기를 모두 들어봐야 한다는 것입니다. 원인이 한 유아가 힘으로 놀잇감을 뺏은 경우라도, 두 유아의 감정이 어떤지, 어떤 상황에서 문제가 발생했는지를 정확히 이해하고 사건을 해결해야 합니다. 문제 발생의 원인을 확실히 파악하기 위해서라도 두 유아의 감정을 꼭 경청해 주세요.

적절하게 표현할 수 있도록 도와주세요.

유아가 자신의 생각을 적절하게 표현하지 못하거나 다른 사람의 감정을 이해하지 못하는 경우, 직접적으로 알려주는 것이 중요합니다. 예를 들어, "○○는 놀잇감을 가지고 놀고 싶었구나? 많이 하고 싶었겠네!"라고 시작할 수 있습니다. 이어서 "하지만 친구의 것을 빼앗으면 친구의 감정은 어떻게 될까? 친구에게 물어볼까?"라고 질문하며 상황을 설명합니다. "아무리 가지고 싶어도 친구의 장난감을 빼앗는 것은 옳지 않아."라고 강조하고, "이렇게 이야기해 보는 건 어떨까?"라고 제안합니다. 예를 들어, "□□야, 이 인형을 다 가지고 놀고 나면 나한테도 줄래? 나도 가지고 놀고 싶어."라고 직접 말할 수 있는 기회를 제공합니다. 이렇게 대화를 나누며 다음에 유사한 일이 일어났을 때 알려준 방법으로 해결할 수 있도록 안내합니다.

물리적인 환경을 지원해 주세요.

동일한 교구를 자유 놀이 공간에 되도록 충분히 제공합니다.

가정에서의 양육 방식에 대해 상담해 주세요.

가정에서 인정을 받지 못하거나 형제자매로 인해 충분한 지원을 받지 못하는 경우, 기관 내에서도 이러한 사례가 나타날 수 있습니다. 반면에 외동인 경우, 교구를 나눠서 놀아본 경험이 부족할 때도 갈등이 발생할 수 있습니다. 따라서 가정과 상담을 통해 유아가 소외되지 않도록 관심을 기울이고, 나눔의 경험을 할 수 있도록 돕는 것이 중요합니다. 이를 통해 유아는 협력과 공유의 가치를 배우고, 건강한 사회적 관계를 형성할 수 있게 됩니다.

문제행동의 기능이 '관심'이라면…

동일한 놀잇감을 제공하거나 비슷한 놀잇감을 추가적으로 지원했음에도 불구하고 유아의 행동이 개선되지 않는다면, 이는 관심을 끌기 위한 행동일 수 있습니다. 이 경우 교사의 지원뿐만 아니라 유아의 정서를 이해하고 그들의 이야기를 들어주며 상담하는 것이 중요합니다. 작은 일에도 인정과 격려를 통해 유아가 관심을 받고 있다고 느끼도록 하면, 자연스럽게 물건을 빼앗는 행동이 줄어들 것입니다.

사례 3 부끄러움이 많아서 친구 사귀기가 힘들어요.

5세 여아입니다. 예전에는 이런 행동을 보이지 않았지만, 학기 초부터 부끄러움이 많이 드러나기 시작했습니다. 다른 유아에게 말을 걸기는커녕 먼저 다가가지도 못하며, 편안하고 친했던 친구들과만 놀거나 소통하려고 합니다. 발표 시간에도 자신의 의사를 잘 표현하던 아이가 이제는 발표를 하지 않으려 하고, 발표해야 할 때도 "몰라요." 또는 "제일 마지막에 하고 싶어요."라고 말하며 얼버무립니다. 이런 부끄러움이 더 커질까 걱정이 됩니다.

행동의 원인은 무엇일까요?

기쁨, 슬픔, 두려움, 놀람, 분노, 혐오와 같은 1차 정서와 달리, 부러움, 부끄러움, 죄책감과 같은 2차 정서는 자기 자신을 인식하는 시기에 나타납니다. 유아는 자신과 다른 대상 또는 나와 외부 세계를 구분하지 못한다면 '나'라는 정체성을 형성할 수 없으므로 2차 정서를 느낄 수 없습니다. 즉, '누구' 또는 'who'라는 개념을 인식하게 되면서 2차 정서가 시작됩니다.

이 사례는 유아가 다른 사람들을 인식하고, 그들과의 관계에서 겪게 될 2차 정서 중 '부끄러움'에 대한 것입니다. 새로운 환경에 대한 노출 경험이 적거나, 부모의 양육 태도가 일관되지 않을 경우, 이러한 문제행동의 원인이 될 수 있습니다. 부끄러움이 일시적인 감정이라면 문제가 되지 않지만, 지속적이고 아동기 및 청년기로 성장할수록 심해질 경우 성격에 부정적인 영향을 미치고, 오랜 부적응 기간을 거치면서 자존감이 낮아질 수 있습니다.

A 선행사건	B 행동	C 결과
자유 놀이시간	친구에게 말하기 부끄러워한다.	원하지 않는 자리에서 놀이한다.

- 문제행동의 기능은 **사회적 부적강화(도피)** 입니다.
- 자유 놀이시간에 자리를 바꾸고 싶지만 부끄러운 마음에 친구에게 자리를 옮겨달라고 부탁하지 못합니다.

이렇게 도와주세요

- 유아의 성향이면 있는 그대로 인정해 주세요.

사람마다 성향이 다르듯, 유아들도 부모로부터 물려받는 유전적인 성향과 기질이 다양합니다. 새로운 환경에 빠르게 적응하는 유아도 있지만, 적응 기간이 길거나 부적응에 이르는 유아도 있을 수 있습니다. 또한 다른 사람과 즉시 친해지는 경우도 있지만, 그와 반대의 경우도 많이 관찰됩니다. 다른 사람 앞에서 공개적으로 "우리 ○○는 부끄럼이 많아요."라고 말하는 것은 마치 큰 단점이나 잘못된 것으로 인식될 수 있으며, 이로 인해 부끄러움의 감정이 고착될 위험이 있습니다. 따라서 유아의 감정을 있는 그대로 인정하고, 그들에게 용기를 주는 대화를 나누는 것이 중요합니다.

실현 가능한 목표를 제시하고 준비될 때까지 기다려 줍니다.

무리한 요구보다는 작은 목표를 세우고 그것을 실천해 볼 수 있도록 하는 것이 좋습니다. 예를 들어, 인사하기, 간단한 질문에 대답하기 등 단계적으로 접근하며 조금씩 목표를 늘려가세요. 유아가 부끄러운 감정을 표출할 때는 천천히 시간을 두고 기다려주는 것이 중요합니다. 유아가 스스로 시도할 때 긍정적인 격려로 그 행동을 인정하고 다시 도전할 수 있도록 독려해 주세요.

때론 자신 있게 말할 수 있을 때까지 가르칩니다.

유아가 해내는 작은 성공의 경험이 쌓이면 자신감이 생깁니다. 부끄러움을 극복하는 방법 중 하나는 자신감을 기르는 것입니다. 그림책을 활용하거나 실제 친구와의 만남에서 교사가 모델링이 되어 유아가 따라 해볼 수 있도록 지도해 보세요. 예를 들어, 역할극을 통해 친구를 만날 때 "안녕!" 또는 "안녕하세요!"라고 인사를 하도록 하거나, "우리 같이 해볼까?"라고 제안합니다. "오늘 ○○는 노란색 옷을 입었네. 미니언즈 인형도 노란색이야. 같은 색의 옷을 입은 친구는 또 누가 있을까? 맞아, □□가 있네."와 같이 질문을 던져 유아가 좋아하거나 관심을 가지는 주제로 대화를 이어갈 수 있도록 합니다. 이러한 활동을 지속적으로 반복하여 연습할수록 유아의 부끄러움이 점차 줄어들 것입니다. 유아가 용기를 낼 때마다 적극적으로 격려해 주세요.

가정에서의 양육 방식에 대해 상담해 주세요.

행동의 원인에서 설명했듯이, 새로운 환경에 대한 노출 경험이 적을 경우, 색다른 환경에 접했을 때 부끄러움뿐만 아니라 두려움이라는 감정이 생길 수 있습니다. 이로 인해 유아는 점점 자신감이 떨어지고 스스로 용기를 내기 어려워집니다. 또한 부모가 평소에 소리를 지르거나 강압적인 태도를 보이거나 과잉보호를 할 경우, 유아의 정서가 불안정해지며 부끄러움이나 두려움을 더욱 느끼게 됩니다. 따라서 일관성 있는 정서적 안정감을 제공할 수 있도록 가정과 상담하여 함께 노력하는 것이 중요합니다.

문제행동의 기능이 '회피'라면…

피하고 싶은 자극이 있는 경우에는 '도피'라는 개념으로 설명할 수 있지만, 자극이 존재하지 않더라도 부끄러운 감정 때문에 미리 피하는 경우는 '회피'로 볼 수 있으며, 이는 또 다른 문제로 발전할 수 있습니다. 문제행동보다 부끄러운 감정으로 인해 '회피'라는 방어기제가 형성되지 않도록 유아의 감정과 생각을 존중하고, 꾸준한 관심과 지원을 통해 자신감을 키워주세요.

사례 4 "나 혼자만 놀 거야!" 혼자서만 놀이하려 해요.

친구들이 함께 블록을 가지고 놀고 있는 가운데, 한 친구가 혼자 따로 블록 놀이를 하는 모습이 관찰되었습니다. 처음에는 몰입하여 놀고 있는 것처럼 보여 그대로 두었지만, 이러한 모습이 계속해서 반복되었습니다. 그래서 "○○야, 친구들과 함께 블록 놀이를 하면 더 재미있을 거야! 친구들이 쌓은 블록에 ○○도 같이 쌓아볼까?"라고 제안했지만, 아이는 "아니야, 나 혼자만 놀 거야!"라고 대답했습니다. 이 반응에 걱정이 되기도 하고, 또 혼자 노는 이유가 궁금합니다. 함께 노는 것이 더 재미있을 수 있는데, 왜 혼자서만 놀려고 하는 걸까요?

행동의 원인은 무엇일까요?

유아가 가지고 있는 성향을 먼저 생각하지 않을 수 없습니다. 소심하고 예민하며 내성적인 성향의 유아들에게 발현되는 특징이라고 말할 수 있어요. 하지만 내성적인 성향을 가진 유아라고 모두 이 사례와 같지 않습니다. 특정한 사건을 통해 부정적인 정서, 불안정한 심리와 같은 정서적인 문제가 해결되지 않은 경우에도 함께 어울리지 못하는 행동이 드러납니다. 또한 관계를 하던 중 친구로부터 심하게 거부당한 경험이 있다거나 또래와 놀이하기 힘든 양육 환경에 처한 유아일 경우에 매번 하던 혼자놀이가 익숙하기 때문이기도 합니다. 기관의 상황에서 별일이 없다면 가정에서의 양육 태도도 확인해 볼 필요가 있습니다. 과잉보호나 극심하게 의존적인 양육 환경에서도 드러날 수 있습니다.

A 선행사건	B 행동	C 결과
자유 놀이시간	혼자서만 블록놀이를 한다.	함께 놀이하자는 독려에도 혼자놀이를 한다.

- 문제행동의 기능은 **자동적 부적강화(회피)** 입니다.
- 자유 놀이시간에 동일한 놀잇감으로 놀이를 시작하였으나 함께 놀이하지 못하고 늘 혼자놀이를 합니다.

이렇게 도와주세요

- 유아가 스스로 표현할 수 있는 기회를 많이 주세요.

유아가 자신의 감정을 표현할 수 있도록 소통해 주세요. 감정을 표현하는 과정에서 유아가 좋아하는 놀이 유형을 파악하게 되고, 놀이와 활동 중에 어떤 생각을 많이 하며 어떤 감정을 느끼는지 상대방이 이해할 수 있는 기회를 가질 수 있습니다. 이렇게 감정을 나누고 소통하는 것은 유아의 사회적·정서적 발달에 긍정적인 영향을 미칩니다.

혼자놀이 하는 아이들이 다른 아이에게 '같이 놀자' 하고 제안하도록 도와주세요!

이러한 과정에서 스킨십이나 하이파이브와 같은 작은 신호를 통해 서로의 동질감을 느낄 수 있으며, 함께한다는 감정이 자라나게 됩니다. 혼자서 놀이할 때는 경험하지 못했던 작은 변화를 느끼게 하여 점차 놀이시간을 확장해 나가면, 유아는 함께하는 놀이가 즐겁다는 생각을 품게 되고, 친구들의 놀이에 점차 스며들게 될 것입니다.

가정에서의 양육 방식에 대해 상담해 주세요.

과잉보호나 과의존과 같은 편협한 양육 태도가 가정에서 이루어질 경우, 유아는 다른 친구들과 어울리는 데 어려움을 겪는 경험을 많이 하게 됩니다. 또한 극단적인 훈육 방식이 애착 형성에 문제를 일으키거나 불안정한 정서로 인해 다른 친구들의 놀이에 흥미를 느낄 마음의 여유가 없을 수도 있습니다. 따라서 가정과 상담을 통해 또래와 놀 수 있는 환경을 적극적으로 권장하고, 공간이 허락되지 않을 경우에는 키즈카페나 근처 놀이터에서 함께 놀 수 있는 경험을 할 수 있도록 지도해 주세요.

문제행동의 기능이 '관심'이라면…

만약 유아의 행동이 성향이나 친구와의 문제에서 비롯된 것이 아니라 단순히 관심을 끌려는 목적이라면, 이를 다른 시각에서 면밀히 살펴볼 필요가 있습니다. 유아가 관심을 받고 싶어 하는 대상이 누구인지, 그 이유는 무엇인지를 명확히 이해하는 것이 중요합니다. 이러한 대상과 이유가 밝혀지면, 즉시 유아가 그 대상과 소통할 수 있도록 권장해야 합니다. 예를 들어, 유아가 여러 친구와 놀기보다 특정 한 친구에게만 관심을 받고 싶어 할 수도 있고, 특정 놀잇감을 선호할 수도 있습니다. 적절한 소통을 통해 유아가 원하는 관심을 받을 수 있도록 지원하면, 신뢰감이 쌓이면서 점차 다른 사람에게도 관심을 가질 수 있는 기회가 될 것입니다.

사례 5 친구를 독차지하려고 해요.

5세 교실에서 아이들이 친구들과 놀잇감을 공유하며 협력하여 놀이를 즐기고 있습니다. 그러나 한 유아가 기분이 좋지 않은 표정으로 다른 유아들을 그냥 바라보고 있었습니다. 궁금해서 다가가 "○○야, 왜 혼자 있니? 다른 친구들과 놀지 않고?"라고 물었습니다. 그러자 아이는 "저 친구가 나와 놀다가 갑자기 다른 친구에게 가버려서 속상해요."라고 자기감정을 이야기했습니다. "그랬구나! 그러면 다른 친구들에게도 다가가서 같이 놀자고 해보는 건 어때?"라고 제안했지만, "저 친구하고만 놀고 싶어요. 다른 친구와는 놀기 싫어요."라고 말하며 혼자놀이를 선택했습니다. 다음 날, 자유 놀이시간에 그 유아는 함께 놀고 싶었던 친구만 따라다니며 "우리 같이 놀자! 다른 친구는 안 돼."라며, 그 친구가 다른 친구들과 놀지 못하도록 하려고 했습니다. 한 친구를 독점하려는 이러한 행동이 걱정됩니다.

행동의 원인은 무엇일까요?

소유욕이 강한 유아나 불안정한 정서를 가진 유아에게는 이러한 특성이 자주 나타납니다. 이러한 유아는 강한 애착과 집착을 보일 수 있으며, 배타적인 관계를 선호하는 경향이 있습니다. 자기 보호가 방어기제로 드러날 경우, 한 유아에게 지나치게 의존하며 그 존재만으로도 안정감을 느끼게 됩니다. 또한 다른 사람과의 갈등 해결에 어려움을 겪은 경험이 많은 유아일 수도 있습니다.

A 선행사건	B 행동	C 결과
자유 놀이시간	놀이하고 싶은 한 유아하고만 놀이한다.	다른 유아들과 어울리지 못하며 또한 놀이 대상인 유아도 다른 유아와 놀이할 기회가 없다.

- 문제행동의 기능은 **사회적 강화(관심)** 입니다.
- 자유 놀이시간에 함께 놀고 싶은 유아가 다른 유아와 놀이함으로써 갈등이 일어났습니다.

이렇게 도와주세요

- 유아의 감정을 읽어주세요.

이러한 유아는 감정이 무시되거나 거절당할 경우 감정을 표현하는 것을 회피할 수 있으므로, 수시로 유아의 감정을 알아보고 그 이유를 물어봐 주세요. 특정 놀이의 대상인 한 유아에 대한 정서적 필요가 있을 수 있습니다.

또한 이러한 유아들은 자신의 감정을 아는 데 미숙할 수 있습니다. 감정을 표현하는 데 어려움을 겪을 때는 동화나 감정 동요를 활용하여 다양한 감정을 가르치는 것이 도움이 될 수 있습니다. 이러한 접근을 통해 유아가 자신의 감정을 표현하는 데 더욱 용기를 가질 수 있도록 지원해 주세요.

유아와 놀이할 대상을 찾아주세요.

성장하고 있는 유아는 인지적으로나 사회적으로 아직 미숙한 단계에 있습니다. 특히 의존성이 강하거나 배타적인 유아는 다른 친구에게 먼저 다가가는 데 주저하게 됩니다. 이로 인해 안정성을 추구하기 위해 교사나 특정 유아에게 집착하는 경향을 보일 수 있습니다. 이런 경우에는 짝꿍이나 같은 모둠을 만들어 비슷한 성향을 가진 친구와 놀이할 수 있는 기회를 제공해 주세요. 갈등 요소를 최소화하기 위해 처음에는 놀이시간을 짧게 설정하고, 점차적으로 시간을 늘려가는 것이 좋습니다.

가정에서의 양육 방식에 대해 상담해 주세요.

유아의 성향과 기질은 타고나는 반면, 양육 환경에서도 많은 영향을 받을 수 있습니다. 또한 가정에서는 자녀에 대해 객관적으로 판단하기 어려울 수 있으므로, 기관에서 친구관계에 대한 관심이 더욱 클 수밖에 없습니다. 따라서 놀이 대상을 다양화할 수 있는 방법에 대해 부모님과 상담할 때는, 지속적인 상담을 통해 부모의 편협한 사회화에 대한 인식을 개선하고 잘못된 양육 방식을 수정할 수 있도록 긍정적인 사례를 들어주는 것이 중요합니다.

문제행동의 기능이 '회피'라면…

유아가 평소보다 불안감을 높게 느끼는 활동에서 특정 행동을 보인다면, 이는 회피를 목적으로 한 행동일 수 있습니다. 따라서 교사는 유아에게 안정감을 줄 수 있는 활동과 환경을 마련하여 불안을 완화시킬 필요가 있습니다. 유아가 긍정적인 자아를 실현할 수 있도록 정답이 없는 화제를 제시하여 성취감을 느끼게 하고, 지속적인 칭찬과 격려를 통해 자존감을 높일 수 있도록 지원하는 것이 중요합니다.

사례 6 친구의 이야기를 듣지 않고 마음대로 하려고 해요.

모둠의 팀명을 정하기 위해 협의하는 시간이었습니다. 다른 모둠들과 달리 한 모둠에서 소리가 커지는 갈등이 발생하는 것 같아 다가가 보았습니다. "선생님, ○○가 자기가 하고 싶은 것만 해요."라는 이야기를 듣고, "그래? 그럼 팀명을 ○○가 원하는 것으로 하면 안 될까?"라고 되물었습니다. 그러자 친구들은 "우리는 모두 '애플수박팀'으로 하고 싶고, 표지에 그림을 그리려고 하는데, ○○만 자꾸 자기가 하고 싶은 것을 그려요."라며 억울한 심정을 표현했습니다. "○○야, 다른 친구들 의견처럼 '애플수박팀'으로 하면 안 될까?"라고 다시 물었지만, ○○는 "아니요. 저는 '꽃게팀'이 좋아요. 저는 그걸로 할래요."라고 했습니다. 매번 다른 친구들의 말을 들으려 하지 않고 자기 마음대로 하려는 모습이 걱정됩니다.

행동의 원인은 무엇일까요?

자기중심적인 사고가 강한 유아일 가능성이 있습니다. 이 경우 자신의 감정에 치우쳐 상황을 넓게 바라보는 능력이 떨어지며, 친구의 마음을 이해하기 어려워 자신의 생각만 고집하는 태도를 보일 수 있습니다. 또한 거절당한 경험이나 트라우마가 있는 유아, 물리적 시간이 길어진 활동에 어려움을 느끼거나 몰입도가 짧은 유아도 이러한 행동을 보일 수 있습니다. 더불어 다른 사람과의 관계에서 어려움을 겪는 경우, 주의력 결핍, 과잉행동 및 충동성의 증상이 나타나는 ADHD일 수도 있습니다. 이러한 경우에는 전문가의 상담이 필요합니다.

A 선행사건	B 행동	C 결과
모둠활동 시간	자신의 의견만 내세운다.	갈등이 발생하고 친구와 섞이지 않는다.

- 문제행동의 기능은 **사회적 부적강화(자기조절)** 입니다.
- 모둠활동 시간에 친구의 이야기를 듣지 않고 자기조절 능력이 떨어져서 갈등이 발생하고 있습니다.

이렇게 도와주세요

- 유아의 이야기를 들어주세요.

몰입하는 정도와 시간이 짧거나 친구와의 소통에 어려움을 겪는 유아의 경우, 눈을 마주치며 유아의 이야기에 반응하는 시간을 지속적으로 가져보세요. 또한 교사의 감정에 대한 이야기를 통해 다른 사람의 감정에 관심을 가지도록 도와주고, 감정도 때로는 언어로 가르치는 것이 중요합니다. 이러한 방법을 통해 시간을 정해두고 반복함으로써 유아는 친구와 소통하는 방식을 경험하게 될 것입니다.

유아가 좋아하는 놀이를 함께해 보세요.

잦은 거절의 경험이나 억눌린 힘으로 인한 반항심으로 트라우마가 있는 유아의 경우, 놀이를 통해 다른 사람과 상호작용하는 방법을 배울 수 있도록 도와주세요. 유아가 좋아하는 놀잇감을 활용하여 이야기를 나누며 긍정적인 자극을 제공하고, 격려와 인정받는 경험을 많이 할 수 있도록 다양한 게임과 퀴즈를 통해 자신감을 높일 수 있는 기회를 마련해 주세요. 이러한 긍정적인 자극이 자존감을 높여주면, 유아는 좀 더 유연하게 상황에 대처할 수 있는 태도를 기를 수 있습니다.

가정에서의 양육 방식에 대해 상담해 주세요.

부모가 지시적이거나 지나치게 엄격한 양육 방식, 또는 반대로 지속적으로 자녀에게 관심을 두지 않고 유아의 이야기에 건성으로 반응하는 양육 태도를 가진 가정에서는 이러한 행동의 원인이 나타날 가능성이 높습니다. 태어날 때부터 보고 자란 부모의 습관과 양육 방식은 유아의 기질과 성향에 모델링이 되기 때문에, 가정에서의 양육 경험이 매우 중요합니다. 따라서 가정과 연계하여 이와 같은 양육 경험의 중요성에 대해 상담해 주고, 부모가 더 긍정적인 양육 방식을 채택할 수 있도록 지원해야 합니다.

문제행동이 'ADHD'라면…

만약 유아가 'ADHD'로 의심된다면, 우선 전문가의 상담을 통해 유아의 현재 상황을 정확히 파악하는 것이 중요합니다. 부모에게는 자녀가 다른 유아와 다르게 보이는 상황을 인정하고 받아들이는 것이 쉬운 일이 아닙니다. 진단의 필요성을 부모가 이해하도록 돕기 위해서 교사는 꾸준한 관찰과 기록을 바탕으로 상담을 진행하며, 이를 통해 부모와 신뢰 관계를 형성하는 것이 필수적입니다. 진단을 요청할 때는 직설적인 화법을 피하고, 사실을 명확하게 전달하여 부모가 스스로 진단의 필요성을 느낄 수 있도록 지혜로운 접근이 필요합니다.

사례 7 과한 몸짓으로 친구들을 불편하게 해요.

자유 놀이시간에 큐볼루션 자석놀이를 하고 있는 세 명의 유아를 관찰했습니다. 구슬길을 만들며 넓게 확장하는 유아도 있었고, 높이 쌓아 구슬이 떨어지는 속도에 관심을 보이는 유아도 있었습니다. 그런데 그 중 한 유아가 다른 유아들의 블록을 고의적으로 밀며 장난스럽고 공격적인 태도를 보였습니다. "내가 만든 걸 부수면 어떻게 해! 속상하잖아."라는 친구의 항의에도 불구하고, 장난을 멈추지 않았습니다. 이후 다른 친구들이 강하게 항의하자 잠시 소극적으로 대처했지만, 다시 다른 유아에게 발로 공격적인 행동을 했습니다. 또한 친구들이 좋아하는 장난감을 먼저 차지하여 다른 친구들이 놀이를 하지 못하도록 하거나, 의도적으로 친구의 자리에 앉아 불편하게 하는 행동도 자주 보입니다. 이러한 행동을 하는 이유가 무엇인지, 이러다가 친구들이 힘들어해서 놀이를 그만두지 않을지 걱정됩니다. 왜 이런 행동을 하는 걸까요?

행동의 원인은 무엇일까요?

사회성이 부족하여 친구를 사귀는 방법을 모르거나 불안한 감정에서 욕구를 충족하지 못한 경우 이러한 행동이 드러납니다. 또는 관심받으려는 행동을 부적절하게 공격적인 행동으로 표출하기도 합니다. 또래보다 언어적 표현의 미숙함으로 적절하게 언어로 표현하지 못할 경우도 원인이 될 수 있습니다.

A 선행사건	B 행동	C 결과
자유 놀이시간	친구의 놀잇감을 무너뜨린다. 친구에게 공격적으로 대한다.	친구가 놀아주지 않는다.

- 문제행동의 기능은 **사회적 강화(관심)** 입니다.
- 자유 놀이시간에 친구의 놀이를 방해하거나 공격적인 태도를 보여 갈등이 발생하고 있습니다.

이렇게 도와주세요

- 유아 스스로 인식하게 해주세요.

유아가 다른 사람의 감정을 이해하지 못하는 경우 이러한 행동이 발생할 수 있습니다. 이를 해결하기 위해 동화책이나 역할극을 통해 다른 유아의 감정을 이해하고 스스로 받아들일 수 있도록 지속적으로 이야기해 주세요. 또한 불안정한 애착 형성으로 인해 잘못된 태도와 습관이 체득된 경우에는 긍정적인 관계를 형성하기 위해 많은 노력이 필요합니다. 그러므로 유아의 행동을 관찰하여 그들이 무엇을 이야기하려는지를 발견하고, 사전에 불필요한 갈등 상황이 발생하지 않도록 지원해야 합니다.

다른 유아와 협력하여 놀이하는 경험을 가지게 해주세요.

무엇보다도 유아가 긍정적인 상호작용을 경험할 수 있도록 작은 일에도 칭찬을 아끼지 않아야 합니다. 다른 유아와 자주 협력할 기회를 제공하고, 소통과 공감의 태도를 보였을 때 강화함으로써 긍정적인 행동이 지속되도록 지원해 주세요. 또한 유아가 인정받으려는 작은 신호에도 반응하기 위해 관심을 기울여 주세요. 유아가 관심을 받고 있다고 느낄 때, 문제행동이 점차 줄어들 것입니다.

가정에서의 양육 방식에 대해 상담해 주세요.

영유아기부터 가정에서 자신의 행동이 수용받지 못하거나 부정적인 행동을 할 때만 관심을 받는 경우, 그리고 언어 표현이 미숙할 때 이러한 태도가 나타날 수 있습니다. 가정에서 강하게 훈육하기보다는 유아가 관심을 받고 있다고 느끼도록 상담해 주세요. 언어 표현이 또래보다 미숙한 경우 유아는 공격적인 행동으로 소통하려고 할 수 있습니다. 이러한 경우 표현 언어와 수용 언어의 현 상태에 대한 정확한 진단이 필요하므로, 전문가의 상담을 받을 수 있도록 안내해 주세요.

문제행동이 'ADHD'라면…

주의력 결핍과 과잉행동 증상이 모두 ADHD라고 단정할 수는 없지만, 기관에서 여러 방법으로 노력을 기울였음에도 변화가 없는 경우에는 다른 접근 방법이 필요합니다. 이를 위해 부모와의 상담 전에 아이의 행동을 관찰하고 기록하여 정확한 정보를 제공하려고 노력해야 합니다. 부모가 자녀의 행동을 객관적으로 이해할 수 있도록 기관에서는 전문적인 자료를 찾아 충분히 설명하며 상담을 진행합니다. 이렇게 하면 부모가 불필요한 오해나 불신을 하지 않도록 돕는 데 큰 도움이 될 것입니다.

사례 8 거절을 못해요.

자유 놀이시간에 친구의 요구를 거절하지 못하는 유아가 있습니다. ○○는 자신이 좋아하는 놀잇감을 가지고 먼저 놀이를 시작하지만, 친구가 "○○야, 그거 나 좀 가지고 놀면 안 될까?"라고 물으면 "응! 그래, 너부터 해."라며 양보합니다. 미술활동 시간에도 분홍색 색연필로 색칠을 하던 중 옆에 앉은 친구가 분홍색 색연필이 없으니 또 부탁합니다. 그러자 ○○는 다시 "응! 그래, 너부터 해."라며 양보합니다. 양보와 배려가 몸에 밴 친구라 기특하게 느껴지지만, 한두 번도 아니고 매번 이렇게 양보하는 모습이 걱정됩니다. 왜 ○○는 매번 거절하지 않고 양보하는 걸까요? 그 이유가 궁금합니다.

행동의 원인은 무엇일까요?

이러한 유형은 거절을 하면 다른 사람이 나를 싫어할 것으로 생각되어 극도로 불안한 마음이 생기게 됩니다. 즉, 좌절에 대한 내성을 키우지 못한 경우입니다. 또한 다른 사람들의 관심과 인정을 받고자 싶은 표현을 하지 못하고 억지로 노력하는 경우도 있습니다. 특히 가정에서 유아의 의견보다 다른 가족의 의견에 많이 치우치는지 살펴봐야 합니다.

A 선행사건	B 행동	C 결과
자유 놀이시간 및 미술활동 시간	친구의 부탁에 거절을 못한다.	항상 양보를 한다.

- 문제행동의 기능은 **사회적 강화(회피)** 입니다.
- 자유 놀이시간 또는 미술활동 시간에 친구의 부탁을 거절하지 못하고 양보를 합니다.

이렇게 도와주세요

- 유아에게 거절하는 경험을 하게 해주세요.

유아가 자신의 의견이 수용되는 경험을 하지 못했거나, 다른 사람의 인정이나 관심을 받기 위해 거절하지 못한다면, 성인이 된 이후에도 거절하지 못할 가능성이 큽니다. 거절하지 못하는 유아는 심리적으로 약자로 인식되어 괴롭힘을 당할 위험이 높습니다. 따라서 유아에게 거절하는 방법을 가르치는 것이 중요합니다. 유아가 마음이 괜찮을 때는 양보를 하는 것이며, 자신이 싫은 것은 하지 않아도 된다는 점을 강조해야 합니다. 유아의 마음이 가장 중요하고 소중하다는 것을 알려주고, 함께 거절하는 말을 연습하며 대화해 주세요.

유아가 좌절 내구력을 기를 수 있게 도와주세요.

누구나 좌절을 미리 경험하고 싶어 하지 않지만, 좌절을 경험하지 않는 사람은 없습니다. 좌절의 깊이는 사람마다 다르며, 어떤 유아는 좌절을 피하기 위해 거절하지 못하는 경우도 있습니다. 거절은 상처가 될 수 있지만, 이를 통해 친구들과 잘 어울릴 수 있는 방법을 찾아볼 수 있도록 격려해 주세요. 또한 거절은 인생에서 언제든지 발생할 수 있는 자연스러운 일이라는 것을 알려줍니다. 이와 함께 현명하게 거절하는 법도 가르쳐야 합니다. 거절은 나쁜 것이 아니며, '싫다'고 이야기하는 과정을 통해 다른 사람도 유아의 마음을 이해할 수 있습니다. 이는 유아가 자신이 어떤 사람인지를 보여주는 과정이라고 설명해 주세요. 유아가 타인을 존중하면서 자신의 감정에 솔직해질 수 있는 방법을 배워 나간다면, 스스로 거절하는 힘을 키워갈 수 있을 것입니다.

가정에서의 양육 방식에 대해 상담해 주세요.

집에서 자신의 의견을 표현하지 않고 부모나 형제의 의견에 따르는 유아는 사회에 나가서 자신의 의견을 분명히 말하기가 쉽지 않습니다. 따라서 가정에서도 의견을 드러내는 연습이 필요합니다. 부모와의 의견이 다를 경우도 있으며, 이를 표현하거나 거절하는 상황에서 반응할 기회를 갖는 것은 매우 중요합니다. 부모와 상담하면서, 자녀가 자신의 의견을 자유롭게 표현할 수 있도록 격려하고, 서로의 의견이 다를 때 이를 건강하게 소통하는 방법을 연습할 수 있도록 지도해 주세요. 이렇게 함으로써 유아는 자신의 생각과 감정을 더 잘 이해하고, 나아가 사회에서도 자신을 효과적으로 표현할 수 있는 기반을 마련할 수 있습니다.

문제행동의 기능이 '도피'라면…

유아가 특정 대상을 피하고 싶어 하는 '도피' 행동을 보인다면, 그 대상과의 관계를 잘 관찰하여 갈등의 요인을 제거해 주는 것이 중요합니다. 예를 들어, 유아가 아주 많이 좋아하거나 닮고 싶어 하는 대상에 대해서는 거절을 잘 못하는 행동을 보일 수 있습니다. 선망의 대상을 거절하는 것은 쉽지 않을 수 있습니다. 그러나 시간이 지나거나 대상이 바뀌면서 이러한 행동은 자연스럽게 변화될 수 있습니다.

사례 9 거짓말이나 이간질로 친구관계에 어려움이 있어요.

자유 놀이시간에 한 유아가 집에서 가져온 새로 산 자동차를 잃어버렸습니다. 물건을 함께 찾고 있던 중 □□는 "선생님, ○○가 가져가는 것을 봤어요!"라고 확신에 차 이야기했습니다. 이에 선생님은 ○○에게 다가가 "○○야, 친구의 자동차를 가져갔니?"라고 물었습니다. ○○는 "선생님, 안 그랬는데요! 몰라요."라고 대답했는데, 선생님은 ○○가 거짓말을 하는 것처럼 느껴졌습니다.

하지만 대화를 통해 ○○는 친구가 집에서 새로 산 자동차를 가져온 것조차 몰랐던 억울한 상황임을 알게 되었습니다. 교사는 □□에게 "○○가 가져가지 않은 것이 확실한 것 같은데 왜 그렇게 이야기했니?"라고 물었고, □□는 "그냥 그렇게 보였어요."라고 별일 아니라는 듯 대답했습니다. 이에 교사는 "정확하게 보지 않고 이야기하면 친구에게 더 큰 상처를 줄 수 있으니, 다음부터는 본 사실만 이야기했으면 좋겠어."라고 조언했습니다.

며칠 후 교사는 □□가 다른 유아에게 "○○는 다른 친구 물건도 가져갔어. 같이 놀지 마."라고 이야기하는 것을 우연히 듣게 되었습니다. 교사가 놀라서 다시 물어보자 □□는 상황을 얼버무리며 명확히 말해주지 않았습니다. □□의 행동을 꾸준히 관찰한 결과, □□가 친구의 잘못이 아닌데도 거짓말을 하거나 이간질하는 모습을 자주 보였습니다. 왜 이런 행동을 하는 걸까요? 이러다 다른 친구들이 싫어하게 될까 봐 걱정입니다.

행동의 원인은 무엇일까요?

유아들은 현실과 상상을 구분하지 못하는 경우가 많으며, 때로는 상상의 세계를 진실로 받아들이기도 합니다. 또한 직접 보지 않은 일들을 마치 본 것처럼 지어내는 경우도 있습니다. 이러한 상황은 상대방에게 억울한 기분을 느끼게 만들 수 있습니다.

유아는 자신을 보호하고자 하거나 자신의 잘못이 드러나지 않기를 바라는 마음에서 거짓말을 하기도 하며, 칭찬이나 혜택을 받기 위해서 거짓말을 하기도 합니다. 또한 이간질하는 유아는 자신이 싫어하는 친구를 다른 사람도 싫어하길 바라며, 그로 인해 시기와 질투의 감정을 느끼고 다른 친구를 따돌리는 행동을 보이기도 합니다.

A 선행사건	B 행동	C 결과
자유 놀이시간	잃어버린 자동차를 다른 친구가 가져갔다고 거짓말을 한다. 거짓된 정보를 친구에게 전달하여 이간질한다.	거짓말로 친구관계 악화되고, 교사의 아이에 대한 이해, 신뢰를 떨어뜨리게 한다.

- 문제행동의 기능은 **사회적 강화(관심)** 입니다.
- 자유 놀이시간에 친구의 잃어버린 자동차로 인해 거짓말과 이간질을 합니다.

이렇게 도와주세요

- 유아의 마음을 들여다보세요.

유아가 거짓말을 하는 행동의 이면에는 다양한 감정이 존재할 수 있습니다. 특히 반복적으로 거짓말을 하는 유아의 경우, 야단맞는 것을 두려워하기 때문에 이와 같은 행동을 보일 수 있습니다. 따라서 편안한 환경을 조성하여 유아의 이야기를 진지하게 들어주는 것이 중요합니다. 유아가 정직하게 말할 때는 이를 우선 용기 있는 행동으로 격려해 주세요. 그런 다음 친구의 마음을 이해시키고 사과할 수 있도록 안내합니다. 이러한 과정을 통해 유아는 자신의 감정을 표현하는 방법과 타인의 감정을 이해하는 방법을 배우게 됩니다.

- 유아에게 놀이를 통해 친사회적 기술을 익히도록 도와주세요.

유아가 이간질을 하는 경우, 그 행동이 어떤 영향을 미치는지 모르는 경우가 종종 있습니다. 이는 의도되지 않은 이간질을 의미합니다. 따라서 유아에게 말에도 책임이 따른다는 것을 가르쳐주고, 자신의 말을 하기 전에 한 번 더 생각해 보고 이야기할 수 있도록 안내해야 합니다. 또한 유아가 상대적으로 우월감을 느낄 때 친구관계를 자신의 의도대로 조정하려고 하는 경우에도 이간질이 발생할 수 있습니다. 이런 과정 중에 유아는 다른 사람들의 감정을 고려하지 않을 수 있습니다. 그러므로 내가 존중받기를 원하는 것처럼 다른 사람의 생각도 존중하는 친사회적 기술을 익힐 수 있도록 도와주세요.

가정에서의 양육 방식에 대해 상담해 주세요.

유아가 거짓말을 했을 때 화를 내거나 윽박지르지 않도록 상담해 주세요. 대신 유아의 거짓말을 장난으로 받아들이고 속아 넘어가는 척하거나 재미있는 척하면, 유아는 이를 흥미롭게 여기고 거짓말을 지속할 동기를 가질 수 있습니다. 또한 부모나 교사의 기분에 따라 거짓말에 대한 훈육 방식이 다르면 유아에게 혼란을 야기할 수 있습니다. 따라서 거짓말과 이간질은 용납되지 않는 행동이라는 점을 일관성 있게 이야기해 주는 것이 중요합니다. 이를 통해 유아는 자신의 행동에 대한 명확한 기준을 이해하고, 올바른 사회적 기술을 배우게 될 것입니다.

문제행동의 기능이 '회피'라면…

만약 유아가 관심을 끌기 위한 것이 아니라 회피를 목적으로 행동한다면, 어떤 환경과 상황에서 이러한 행동이 나타나는지를 관찰하여 정확히 파악하는 것이 중요합니다. 섣부르게 판단하여 대화를 시도하면 유아가 더 이상 이야기를 하지 않으려고 할 수 있습니다. 문제행동의 기능을 잘 이해하고, 유아에게 심리적 안정감을 제공할 수 있도록 가정과 지속적으로 상담하며 협력해 주세요.

사례 10 자기 잘못을 인정하지 않아요.

5세 교실에서 학기 초부터 질서와 규칙, 생활안전에 대해 지속적으로 이야기해 왔습니다. 자유 놀이시간에 몇몇 유아들이 교실에서 뛰어다니며 잡기놀이를 했습니다. 이에 교사는 "○○야, 교실에서 뛰어다니면 어떻게 될까?"라고 물었습니다. 그러자 ○○는 "선생님, □□도 뛰었고, △△도 그랬고, ☆☆도 그랬어요." 라고 대답했습니다. 교사는 "○○야, 선생님은 너의 행동에 대해 이야기하고 있어. 그럼 너는 뛰지 않았다고 말하고 싶은 거니?"라고 다시 물었습니다. 그러자 ○○는 억울한 듯 "아니, 선생님, 나만 뛴 게 아니에요."라고 대답했습니다. 최근에 이러한 반응을 보이는 유아들이 많아졌고, 생활안전에 대해 여러 번 알려주었지만 왜 이런 행동이 계속되는지 궁금하기도 하고 걱정이 됩니다.

행동의 원인은 무엇일까요?

먼저 규칙을 지키지 않는 모습으로 인해 혼날까 봐 남 탓을 하는 경우가 있습니다. 이는 유아가 실수하거나 규칙을 어겼을 때, 자신이 좋지 않은 모습으로 혼날 것이라는 공포감에서 비롯되는 것입니다. 또한 실수나 실패를 나쁘게 생각하는 경우, 실수를 하는 유아는 스스로를 나쁜 아이로 인식할 수 있습니다. 이러한 사고는 유아에게 큰 고통이 되며 견디기 힘들어할 수 있습니다. 따라서 고통을 피하고자 남 탓으로 돌리려는 의도가 있을 수 있습니다.

A 선행사건	B 행동	C 결과
자유 놀이시간	규칙을 지키지 않은 행동을 한다.	다른 친구를 끌어들이거나 친구의 탓으로 돌린다.

- 문제행동의 기능은 **자동적 부적강화(회피)** 입니다.
- 자유 놀이시간에 규칙을 지키지 않은 행동으로 교사에게 혼날까 봐 잘못을 인정하기보다 다른 유아 탓을 합니다.

이렇게 도와주세요

- 유아의 스스로 사과할 수 있는 기회를 주세요.

유아가 한 행동에 대해 감정적으로 몰아붙이지 말고, 최대한 스스로 잘못을 인정할 수 있도록 도와주세요. 유아가 실수를 하더라도 감정적 반응보다는 유아의 행동 자체에 초점을 맞춰 이야기하는 것이 좋습니다. 유아는 감정 표현이 미숙할 수 있으므로, 올바른 감정 표현 방법을 가르치는 것이 중요합니다. 예를 들어, 편지나 그림을 통해 자신의 감정이나 사과의 마음을 표현할 수 있도록 도와주세요. 또한 다른 사람의 감정도 이해할 수 있도록 안내하는 것이 필요합니다.

다른 유아와 긍정적으로 관계를 맺어요.

잘못을 인정하지 않는 유아는 부모와 교사 등 어른들의 잦은 개입으로 인해 좌절감을 많이 경험했을 가능성이 있습니다. 이럴 때는 유아의 서운한 마음을 공감하고 위로해 주며, 감정이 해소될 때까지 기다려주세요. 유아가 마음의 여유를 갖게 되었을 때, 사과를 시도해 보는 것이 필요합니다.

가정에서의 양육 방식에 대해 상담해 주세요.

부모의 양육 방식이 지나치게 통제적일 경우, 유아는 좌절감을 느끼게 되며 상대방과의 관계를 긍정적으로 풀어가려는 동기가 낮아져 잘못을 인정하지 않거나 사과하고 싶지 않을 수 있습니다. 따라서 유아가 느끼는 좌절감을 효과적으로 해소할 수 있도록 부모와 기관이 함께 의논하고 협력해야 합니다. 또한 유아의 좌절감과 서운함에 대해 부모의 공감과 위로가 필요합니다. 이러한 지원은 유아가 감정을 이해하고 건강하게 표현하는 데 큰 도움이 될 것입니다.

문제행동이 'ADHD'라면…

인식하고 조절하는 기능이 어렵다면, 아이는 쉽게 좌절하거나 분노할 수 있습니다. 이로 인해 짜증을 자주 내며, 다른 사람의 입장을 고려하지 않고 감정을 즉각적으로 행동으로 표출할 수 있습니다. 이러한 상황이 심해지면 소아 우울감과 정서적 불안감이 심화될 수 있으며, 이 경우 전문가의 상담이 필요합니다.

Chapter

13

기본생활습관 및 활동참여 관련 문제행동 지도 및 상담 사례

사례

1. 등원하면 가방 정리를 하지 않고 누워있어요.
2. 순서를 기다리지 못하고 몸이 먼저 반응해요.
3. 태블릿 PC와 관련된 놀이만 하려 해요!
4. 유치원에 와서 꾸벅꾸벅 자주 졸아요.
5. 선호하는 놀이에만 집착해요!
6. 정해진 일과와 규칙 따르기를 거부해요.
7. 활동에 흥미가 전혀 없고 무기력해요.
8. 수업 중 자주 일어나거나 교실 밖으로 나가려고 해요.
9. 정리 시간만 되면 화장실에 가려고 해요.

사례 1 등원하면 가방 정리를 하지 않고 누워있어요.

5세 여아입니다. 등원 시간 유아는 유치원 버스를 타고 유치원에 도착하여 신발 정리를 스스로 하고 교실로 올라와 친구들에게 반갑게 인사를 합니다. 교사와도 씩씩하게 인사를 한 아이는 가방 정리를 하지 않고 다른 친구들을 멀뚱멀뚱 쳐다보다 누워버립니다. 학기 초 등원해서 해야 할 일을 알려주었지만, 결국 유아는 스스로 아무것도 하지 않고 바닥에 누워있습니다. 이런 유아 어떻게 해야 할까요?

행동의 원인은 무엇일까요?

교사는 가방 정리를 하지 않고 누워있는 유아의 모습을 보며 스트레스를 받거나, 유아를 기다려주다 결국 교사가 유아를 도와주며 정리를 함께하게 됩니다. 이때 유아가 가방 정리를 하지 않고 누워있으며 얻는 행동의 목적이 무엇인지 생각해 봐야 합니다.

A 선행사건	B 행동	C 결과
등원한다.	교실에 와서 누워있다.	가방 정리를 스스로 하지 않아도 된다.

- 문제행동의 기능은 **회피/ 관심 끌기** 입니다.
- 등원 시간에 가방 정리를 하지 않고 바닥에 누워있으며 시간을 보내 스스로 가방 정리하는 것을 회피할 수 있습니다.

이렇게 도와주세요

- 해야 할 일을 쉽게 알려주세요.

유아에게는 등원 후 스스로 처리해야 할 많은 일들이 있습니다. 인사하기, 물통 정리하기, 개인 수건 정리하기, 옷 정리하기, 가방 정리하기, 손 씻기, 가방에서 유인물이나 약통 꺼내기 등이 포함됩니다. 어른의 입장에서는 당연해 보일 수 있지만, 유아에게는 이러한 여러 가지 일들이 동시에 주어졌을 때 어떤 것부터 시작해야 할지 혼란스러울 수 있습니다. 이 문제를 해결하기 위한 한 가지 효과적인 방법은 유아가 정리해야 할 물건들에 번호나 색깔을 붙여주는 것입니다. 유아가 숫자를 알고 있는 경우, 첫 번째로 정리할 물건에 '①'과 같은 번호를 붙일 수 있습니다. 번호를 붙인 후 그 번호와 짝지어진 물건들을 사진으로 찍어, 유아가 등원 시 잘 볼 수 있는 곳에 배치해 두면 도움이 될 것입니다. 이것을 학기 초 이야기 나누기 자료로 활용하면 더욱 효과적일 수 있습니다. 숫자를 모르는 유아의 경우에는 무지개색과 같은 색깔을 사용하여 순서를 표시해 주면 쉽게 이해할 수 있습니다. 이러한 방식은 유아가 자신의 일을 보다 체계적으로 처리하는 데 도움을 줄 것입니다.

또래와 함께할 수 있도록 도와주세요.

가방 정리를 어려워하는 유아에게는 또래모델링이 효과적인 방법이 될 수 있습니다. 유치원에 등원하는 친구들 모두가 함께 가방 정리를 한다는 것을 유아에게 알려줌으로써, 이는 나 혼자만 하는 일이 아니라는 인식을 심어줄 수 있습니다. 교사는 적절한 촉구를 통해 유아가 친구들과 같이 가방 정리를 하나씩 따라 하도록 유도할 수 있습니다. 가방 정리를 하지 않은 특정 유아만 대상으로 하는 것 대신, 등원한 모든 유아에게 “교실에 와서 첫 번째로 해야 할 일은 무엇일까요?”와 같은 퀴즈 형식의 질문을 제시하면 좋습니다. 이를 통해 유아들이 즐겁게 참여할 수 있고, 다른 친구들이 가방을 정리하는 모습을 보며 자연스럽게 따라 하도록 유도할 수 있습니다. 이러한 방식은 유아들에게 긍정적인 경험을 제공하고, 함께 배우고 성장하는 환경을 조성하는 데 도움이 될 것입니다.

시간을 알려주세요.

유아는 시간의 흐름을 제대로 인식하기 어려울 수 있습니다. 등원 후 가방을 정리하지 않고 멍하니 있거나 누워있는 시간이 얼마나 흘렀는지를 알지 못할 수 있으며, 가방 정리를 하지 않으면 놀이시간이 줄어든다는 사실도 이해하지 못할 수 있습니다. 단순히 “가방 정리를 늦게 하면 놀이시간이 줄어든다.”고 말하는 것만으로는 유아가 이를 체감하기 어렵습니다. 이러한 상황에서 효과적으로 사용할 수 있는 도구가 타이머입니다. 다양한 종류의 타이머가 시중에 나와 있으며, 유아의 나이가 어릴수록 숫자뿐 아니라 시각적으로 쉽게 이해할 수 있는 그림이나 표시가 함께 있는 타이머를 사용하는 것이 좋습니다. 이러한 타이머를 활용하여 시간이 흐름에 따라 줄어드는 것을 시각적으로 보여줌으로써, 유아가 가방 정리를 해야 할 동기를 가질 수 있도록 도와줄 수 있습니다. 이렇게 하면 유아는 직접 시간을 체감하고, 효율적으로 행동하는 방법을 자연스럽게 배울 수 있습니다.

문제행동이 '회피/ 관심 끌기'라면…

교사들은 몇 가지 방법을 시도할 수 있습니다. 먼저 유아가 수행할 내용을 명확히 정리한 스케줄을 제공하고 작은 단계로 나누어 설명하여 동기를 부여합니다. 또한 유아가 가방 정리를 잘할 때 즉각적으로 긍정적인 피드백을 주고, 친구들과 함께하는 활동으로 참여를 유도합니다. 비주얼 타이머를 사용하여 시간을 관리하게 도와주며, 가정에서도 일관된 규칙이 유지될 수 있도록 부모와의 소통을 강화합니다. 이러한 접근은 유아의 문제행동을 줄이고, 규칙적인 행동을 장려하는 데 도움을 줍니다.

사례 2 순서를 기다리지 못하고 몸이 먼저 반응해요.

즐거운 놀이시간 중 아이들이 놀고 있는 사이에서 '선생님'을 부르는 짜증 섞인 아이의 목소리에 교사는 상황을 파악하기 위해 서둘러 다가갑니다. 오늘도 역시 민수가 순서를 지키지 않아 친구들의 놀이가 원활히 진행되지 않습니다. 민수는 게임이나 발표 상황에서 항상 자기가 먼저 하고 싶어 하는 경향이 있습니다. 민수를 도와 순서를 지키는 습관을 기르기 위해 어떤 방법을 사용할 수 있을까요?

행동의 원인은 무엇일까요?

유아가 순서나 차례를 기다리지 못하는 것은 충동 조절이 어렵기 때문입니다. 자신이 하고자 하는 일이 빨리 해결되지 않으면 그 과정을 기다리는 동안 유아는 충동 욕구가 올라와 또 다른 문제행동으로 나타날 수 있습니다. 다른 행동으로 발생된다면 또래와의 사회성 관계를 형성하는 데에도 많은 문제를 일으킬 수 있습니다.

A 선행사건		B 행동		C 결과
자유 놀이시간/ 발표 시간	▶	순서나 차례를 기다리지 못한다.	▶	항상 먼저 말한다.

- 문제행동의 기능은 **보상추구** 입니다.
- 자유롭게 놀이할 수 있는 시간/ 발표 시간에 순서를 기다리지 않음으로써 먼저 말할 수 있었습니다.

이렇게 도와주세요

- 반복해서 알려주세요.

새로운 상황에 익숙해지기 위해 유아에게 중요한 규칙들을 반복적으로 알려주는 것은 매우 중요합니다. 예를 들어, 게임을 시작하기 전에는 참여하기 위해 순서를 지켜야 한다는 점을 가르치고, 발표 전에 발표하고 싶다면 손을 들고 순서를 기다려야 한다는 점을 강조함으로써 유아의 인내심을 기를 수 있습니다. 또한 다양한 상황에서 순서를 지키는 것이 개인의 의무가 아니라 모두가 지켜야 하는 공동의 약속이라는 점을 지속적으로 설명할 필요가 있습니다. 이렇게 하면 유아가 자신만 규칙을 지키고 있다고 생각해 억울해하지 않도록 도와줄 수 있습니다. 유아가 이러한 개념을 잘 이해하고 받아들일 수 있도록 세심하게 관찰하고 가르치는 것이 중요합니다.

짧고 쉬운 말로 설명해 주세요.

유아에게 순서를 기다려야 하는 상황과 그 이유를 짧고 명확하게 설명해 주는 것이 중요합니다. 흥분한 유아에게 무작정 탓하거나 장황하게 설명하면 오히려 상황을 이해하기 어려울 수 있습니다. 이럴 때는 차분함을 유지하며, 예를 들어 "순서를 기다리는 게 힘들지? 하지만 민수가 친구들과 게임을 같이 하려면 순서를 지켜야 해."라고 말하는 것이 좋습니다. 또한 유아의 이야기를 경청하고 그들의 감정과 생각을 이해하려는 태도를 보여주는 것도 중요합니다.

기다리면서 할 수 있는 활동을 제시해 주세요.

유아가 자신의 순서를 기다리는 동안 기다리는 시간이 지루하지 않도록 다양한 활동을 권장할 수 있습니다. 예를 들어, 1부터 10까지 숫자 세기, 숫자를 거꾸로 세기, 좋아하는 음식 다섯 가지를 생각해 보기 등의 활동을 제안해 볼 수 있습니다. 이러한 간단한 활동들은 유아가 혼자서 즐겁게 시간을 보낼 수 있도록 도와주며, 동시에 집중력을 기르고 재미있는 경험을 통해 기다리는 능력을 향상시키는 데 도움이 됩니다.

연습해 주세요.

기다리는 능력은 연습을 통해 길러질 수 있습니다. 처음부터 오랜 시간을 기다릴 수 있는 유아는 드물기 때문에, 유아가 쉽게 기다릴 수 있는 짧은 시간부터 시작하는 것이 중요합니다. 그런 다음 유아의 상태와 능력에 맞춰 점차적으로 기다리는 시간을 늘려가며 반복적으로 연습할 수 있도록 지원해야 합니다. 이러한 단계적인 접근은 유아가 성취감을 느끼고, 기다리는 능력을 점진적으로 발전시켜 나갈 수 있도록 돕는 데 효과적입니다. 또한 각 단계를 마치고 성공할 때마다 칭찬과 긍정적인 강화를 통해 동기를 부여하는 것이 중요합니다.

칭찬해 주세요.

유아가 순서를 지키고 활동에 참여했을 때, 적절한 칭찬이나 보상을 제공하는 것이 중요합니다. 이러한 긍정적 강화는 유아가 기다리는 능력을 더욱 발전시키는 데 기여할 수 있습니다. 이때 칭찬이나 보상의 기준은 너무 높지 않도록 설정하는 것이 중요합니다. 지나치게 높은 기준은 유아에게 실망감과 좌절감을 줄 수 있으며, 결국 노력하기를 포기하게 만들 수 있습니다. 따라서 처음에는 유아가 쉽게 성공할 수 있는 낮은 기준부터 시작하고, 점차적으로 기준을 높여가는 것이 바람직합니다. 이와 같은 단계적인 접근은 유아에게 성취감을 주어 긍정적인 행동을 지속적으로 강화할 수 있도록 합니다.

문제행동이 '순서를 기다리지 못하고 몸이 먼저 반응하는 것'이라면…

교사들은 몇 가지 방법을 시도할 수 있습니다. 첫째, 유아에게 중요한 규칙을 반복적으로 설명하여 순서를 지켜야 한다는 인식을 강화합니다. 둘째, 짧고 명확한 문장으로 순서를 기다리는 이유를 설명하고, 감정을 이해하는 태도를 보여줍니다. 셋째, 기다리는 동안 할 수 있는 간단한 활동을 제안하여 시간을 지루하지 않게 만들어 줍니다. 마지막으로, 유아가 순서를 지켰을 때 적절한 칭찬과 보상을 통해 긍정적인 강화 효과를 제공합니다.

사례 3 태블릿 PC와 관련된 놀이만 하려 해요!

6세 지현이가 다니는 유치원은 디지털을 활용한 학습을 지속적으로 연구하는 곳입니다. 유치원에는 태블릿 PC가 항상 구비되어 있어 다양한 놀이와 활동에 활용됩니다. 그러나 지현이는 하루 종일 태블릿 PC만 사용하려고 합니다. 친구들이 "지현아, 우리 블록 놀이하자!"라고 권유해도, 지현이는 짜증을 내며 "난 하기 싫어! 난 이것만 할 거야!"라고 말하며 태블릿 PC를 놓지 않으려 합니다. 태블릿 PC 관련 놀이만 하는 지현이를 어떻게 도울 수 있을까요?

행동의 원인은 무엇일까요?

문제행동으로 판단 내리기 전에 행동의 빈도, 강도, 지속시간 등을 살펴볼 필요가 있습니다. 4차 혁명 시대에 태블릿 PC라는 매체는 우리 삶에서 이제 떼려야 뗄 수 없는 사이가 되었습니다. 하지만 태블릿 PC를 지현이처럼 너무 반복적으로, 긴 시간 사용하였을 시 지도가 필요한 문제행동으로 판단할 수 있습니다.

배경사건	A 선행사건	B 행동	C 결과
맞벌이 하는 가정에서 집에 있는 동안 유아는 지속적으로 태블릿 PC 영상을 시청한다.	자유 놀이시간	태블릿 PC와 관련된 놀이를 한다.	태블릿 PC의 반응들이 재밌다!

- 문제행동의 기능은 **선호물 얻기(재미, 반응)** 입니다.
- 가족 구성원과의 상호작용 부족으로 태블릿 PC의 반응들이 유아에게 강화될 수 있습니다.

이렇게 도와주세요

- 가정과 연계하여 태블릿 PC를 사용할 수 있는 '지속시간'을 정해요.

지현이가 태블릿 PC를 사용하는 것을 무조건 금지하기보다는 적절한 시간을 정해주고 그 시간 동안만 사용하도록 유도하는 것이 좋습니다. 가정과 협력하여 태블릿 PC를 사용할 수 있는 지속시간을 함께 정하는 것이 중요합니다. 이때 타이머와 약속판을 함께 사용하면 더욱 효과적입니다. 타이머를 이용해 정해진 사용시간이 끝날 때를 쉽게 알 수 있도록 하고, 약속판에는 사용시간을 기록하여 시각적으로 인지할 수 있게 합니다. 이러한 접근은 지현이가 규칙을 이해하고 지킬 수 있도록 도우며, 태블릿 PC 사용에 대한 건강한 습관을 형성하는 데 도움을 줄 것입니다.

[약속판과 타이머]

강화제를 활용한 약속판

'태블릿 PC 10분만 사용하기'의 약속을 지켰을 때 지현이가 좋아하는 콩순이 스티커를 약속판에 붙일 수 있도록 해요.

애플리케이션 및 타이머

시각적(타이머 그림), 청각적(끝마치는 소리) 지원을 통해 태블릿 PC 사용시간을 미리 알려주세요.

[지금 → 나중에]

책을 읽고 나서 강화제로 태블릿 PC를 사용할 수 있는 기회를 제공해요!
디지털 매체를 강화제로 활용해 보세요.

태블릿 PC를 활용하여 유아의 놀이를 확장시켜 주세요!

4차 산업혁명 시대에 살아가는 우리는 디지털 및 관련 매체와 불가피하게 접하게 됩니다. 따라서 이러한 매체들의 순기능을 찾아 활용할 수 있는 능력을 길러주는 것이 중요합니다. 만약 유아가 게임과 영상 시청에만 집중하고 있다면, 매체를 다양하게 활용할 수 있도록 유도해야 합니다. 예를 들어, 친구와 함께 노래를 듣거나, 애플리케이션을 활용하여 그림책을 읽는 활동을 제안합니다. 이러한 접근은 유아가 디지털 매체를 통해서도 친구와의 상호작용을 즐길 수 있게 하고, 창의력을 키우며, 더 건강한 미디어 사용 습관을 형성하도록 도와줍니다. 다양한 방법으로 매체를 활용함으로써, 유아가 디지털 환경을 보다 능동적으로 탐색하고 즐길 수 있도록 지원하는 것이 중요합니다.

태블릿 PC를 사용하지 않는 공간을 활용해 보세요.

태블릿 PC와 관련된 놀이에만 집중하는 유아의 모습은 다른 발달 영역의 균형을 위협할 수 있습니다. 따라서 교사는 유아의 흥미와 발달 수준을 고려하여 다양한 놀이 활동을 제공하고, 활동의 균형을 유지하도록 지도해야 합니다. 이를 위해 태블릿 PC가 없는 공간인 바깥 놀이터나 강당과 같은 곳에서 유아가 몸을 충분히 움직일 수 있는 신체 활동 시간을 지속적으로 계획하고 실천하는 것이 중요합니다.

문제행동의 기능이 '회피'라면…

유아가 평소 또래들과의 관계에 어려움을 겪고 있는지 확인할 필요가 있습니다. 유아는 또래 친구들과 어울리는 상황이 불편하여 혼자 태블릿 PC를 만지는 것을 선택했을 수도 있기 때문입니다. 따라서 교사는 유아가 또래들과 함께하는 상황을 유심히 관찰하여, 유아가 의도적으로 그 시간을 회피하는 것인지 확인해야 합니다. 이러한 경우 유아가 좋아하는 태블릿 PC를 활용하여 또래들과 함께할 수 있는 활동을 계획하는 것이 좋습니다.

사례 4 유치원에 와서 꾸벅꾸벅 자주 졸아요.

오전 9시, 민준이는 유치원에 도착했습니다. 담임선생님은 "민준아, 안녕하세요. 잘 왔어요?"라며 민준이를 반갑게 맞이합니다. 그러나 민준이는 매우 지쳐 보입니다. 선생님이 "민준아, 어디 아프니?"라고 묻자, 민준이는 "잠이 와요."라고 대답합니다. 이야기 나누기 시간이 시작되었지만, 민준이는 졸음을 이기지 못하고 자꾸 졸고 있습니다. 친구들도 "선생님, 민준이는 유치원에서 계속 자요. 방과 후 시간에도 잤어요!"라고 걱정스레 이야기합니다. 유치원에서 계속 졸음에 빠지는 민준이를 어떻게 도와줄 수 있을까요?

행동의 원인은 무엇일까요?

유아기 성장을 위해 수면은 매우 중요합니다. 밤에 잠을 잘 자지 못하여 낮시간 유치원에서의 활동 및 놀이를 하지 못한다면 유아는 이중적인 어려움을 겪게 됩니다. 따라서 유치원에서 자주 조는 유아의 행동 원인을 찾는 것은 무엇보다 중요합니다.

배경사건	A 선행사건	B 행동	C 결과
퇴근을 늦게 하는 아빠, 아빠의 퇴근 시간에 거실에서 자고 있는 유아	유치원 활동 시간	유아는 잠을 잔다.	친구들과 함께 하는 활동에 참여하지 못한다.

- 문제행동의 기능은 **배경사건(숙면을 취할 수 없는 가정환경)** 입니다.
- 숙면을 취할 수 없는 가정환경 때문에 유치원에서 자주 조는 모습이 관찰됩니다.

이렇게 도와주세요

- 가정과 소통하여 가정에서의 수면 시간, 질, 환경을 파악해 주세요.

수면 리듬이 불규칙하거나 잠이 드는 데 어려움을 겪는 유아들이 있습니다. 특히 가정의 환경에 변화가 있을 경우, 생활 리듬이 무너질 수 있습니다. 따라서 이러한 경우 가정과의 연계가 필수적입니다. 먼저 유아가 수면을 취하지 못했던 환경을 파악하는 것이 중요합니다. 예를 들어, 아빠가 늦은 시간에 퇴근하여 돌아오면서 거실에서 자고 있다가 유아가 깨는 경우, 유아의 수면 장소를 변경할 필요가 있습니다. 또한 밝은 조명 때문에 수면을 방해받는 경우에는 암막 커튼을 사용해 수면 환경을 개선하는 것이 도움이 됩니다. 만약 유아가 더 놀고 싶어 하여 잠을 자지 않으려는 경우라면 놀이를 중단하고 수면 공간으로 이동하는 행동을 강화하기 위해 보상을 설정하는 것도 좋습니다. 예를 들어, 시계에서 잠자리에 들 시간을 확인하거나 일과표를 보여주는 방법 등을 활용하면 유아가 수면 준비를 하는 데 도움이 될 수 있습니다.

유아의 활동을 확인해 보세요.

유아의 활동량이 너무 많거나 강도가 높을 경우, 피로감이 쌓일 수 있으므로 낮 동안 적절한 수준의 활동을 계획하는 것이 중요합니다. 이렇게 함으로써 유아가 체력을 유지하고 긍정적인 경험을 쌓을 수 있습니다. 이후 저녁 시간부터는 각성을 높이는 자극을 피하고, 조용한 활동으로 시간을 정하는 것이 좋습니다. 예를 들어, 낮에 신체 활동이 많았다면 저녁에는 그림 그리기, 이야기 듣기, 퍼즐 맞추기 등 차분한 활동을 계획하여 유아가 편안하게 쉴 수 있도록 도와줍니다. 이러한 접근은 유아가 하루 동안의 자극을 조절하고, 안정적으로 잠자리에 들 수 있도록 지원하는 데 효과적입니다.

유아의 건강 상태를 점검해 보세요.

최근 들어 유아의 졸음이 빈번해졌다면, 감기나 알레르기 등 건강 문제의 가능성이 있는지 확인하는 것이 중요합니다. 이러한 건강 문제는 졸음의 원인이 될 수 있습니다. 또한 기면증(자신의 의지와 상관없이 갑작스럽게 잠에 빠져드는 경우) 등 더 심각한 건강상의 문제가 있을 수도 있으므로, 이러한 증상이 지속된다면 의료적 지원을 고려하는 것이 좋습니다. 유아의 건강 상태를 면밀히 살펴보고, 필요시 전문가의 도움을 받는 것은 유아가 건강하게 성장하는 데 중요한 역할을 할 수 있습니다.

문제행동의 기능이 '회피'라면…

유아가 잠을 자는 것이 유치원에서의 활동하는 것을 회피하기 위함이라면 실외에서 유아가 가장 재미있어 하는 놀이가 무엇인지 찾아보세요. 호기심이 많아 탐구하는 것을 좋아하는 유아의 경우 실내에서 하는 활동들이 지루해서 잠을 잘 수도 있습니다. 유치원 실외 놀이터나 유치원 인근 공원 등을 활용한 놀이들을 계획해 보세요!

사례 5 선호하는 놀이에만 집착해요!

남준이는 자유 놀이시간, 바깥놀이 시간, 그리고 강당에서 뛰어노는 신체 활동 시간을 매우 좋아합니다. 신체 활동에는 열심히 참여하지만, 이야기 나누기나 미술활동이 시작되면 자세가 흐트러지고 참여를 거부하며 불편한 모습을 보입니다. 남준이는 특히 자신이 싫어하는 활동을 교사가 권할 때 소리를 지르거나 울기도 합니다. 이러한 상황을 어떻게 해결할 수 있을까요?

행동의 원인은 무엇일까요?

동적 활동을 좋아하는 유아는 바깥놀이, 신체 활동을 좋아하고 자유 놀이시간에도 끊임없이 움직입니다. 활동적인 유아는 정적인 활동을 하기를 어려워하기도 합니다. 오랜 시간 자리에 앉아 무엇인가를 해야 하기 때문입니다. 따라서 좋아하지 않는 활동에 참여를 거부하기도 합니다.

A 선행사건	B 행동	C 결과
활동 시간	좋아하는 활동에만 참여한다.	좋아하지 않는 활동에 참여하지 않는다.

- 문제행동의 기능은 **회피** 입니다.
- 유아는 유치원의 활동 시간 중에 좋아하는 활동에만 참여하고 자신이 좋아하지 않는 활동에 참여하지 않아 활동에 대해 회피하였습니다.

이렇게 도와주세요

- 충분히 즐길 수 있는 시간을 만들어주세요.

자신이 좋아하는 활동을 충분히 하지 못한 유아는 아쉬움을 느낄 수 있습니다. 이러한 아쉬움은 다른 활동으로의 전환을 방해하고 유아가 자신이 좋아하는 활동만을 고집하게 만드는 원인이 될 수 있습니다. 모든 상황에서 유아가 원하는 활동만 할 수는 없지만, 일정 시간을 마련하여 유아가 충분히 좋아하는 활동을 즐길 수 있도록 하는 것이 중요합니다. 이렇게 함으로써 유아는 자신의 욕구가 충족된다고 느끼고, 다양한 활동에 보다 열린 마음으로 참여할 수 있는 기회를 얻게 됩니다.

- 좋아하는 활동을 나중에 제시해 주세요.

대부분의 유아는 좋아하는 활동과 싫어하는 활동이 있습니다. 따라서 유아에게 활동을 제시할 때, 좋아하는 활동을 나중에 할 수 있도록 계획하는 것이 중요합니다. 어른들도 좋아하는 활동을 먼저 한 후에 싫어하는 일을 하려고 할 때 더욱 싫듯이, 유아도 마찬가지입니다. 싫어하는 활동을 먼저 제시한 후 그 활동을 끝내야 다음에 좋아하는 활동을 할 수 있다고 알려준다면, 유아는 자신이 좋아하는 활동을 위해 싫어하는 활동에 도전할 가능성이 높아집니다. 이러한 방식으로 활동을 조정하면 유아가 보다 긍정적으로 참여하게 되고, 두 가지 활동 모두를 통해 좋은 경험을 쌓을 수 있도록 도와줄 수 있습니다.

친구와 함께 친구가 좋아하는 활동을 해봐요.

문제행동을 하는 유아에게는 학급 친구 중 특히 좋아하는 친구가 있을 수 있습니다. 이럴 때 그 친구와 함께 활동하는 기회를 제공하는 것이 중요합니다. 유아가 좋아하는 활동뿐만 아니라 싫어하는 활동도 친구와 함께할 수 있도록 하여 긍정적인 상호작용을 유도합니다. 내가 좋아하는 친구와 함께 하는 활동이기 때문에 평소 유아가 선호하지 않는 활동이라도 더 쉽게 접근할 수 있습니다. 친구의 존재가 유아에게 안전감과 동기부여를 줄 수 있어 새로운 활동에 대한 저항감을 줄여주고, 더욱 즐겁게 참여할 수 있도록 돕는 효과가 있습니다.

여기서 잠깐!

만약 유아가 활동을 거부하며 울거나 떼를 쓴다고 활동을 중단하거나 다른 유아에게 방해가 된다고 타임아웃을 하게 된다면, 유아는 결과적으로 활동을 회피하게 되며, 이는 유아가 원하는 대로 이루어진 것입니다. 이러한 상황이 반복된다면 유아의 부정적 행동이 강화를 받아 문제행동은 더욱 늘어날 수 있습니다.

문제행동의 기능이 '회피'라면…

활동적인 아이가 정적인 활동을 회피하는 문제는 활동 자체를 쉽게 만들고, 아이의 흥미를 연결하는 전략으로 해결할 수 있습니다. 구체적으로, 활동 시간을 점차 늘리면서 아이가 좋아하는 방식으로 활동을 바꾸거나(예 이야기 듣기 대신 역할극), 선택권을 제공합니다. 정적인 활동 후에는 좋아하는 활동을 하도록 하고, 구체적인 칭찬과 스티커 등 보상을 활용합니다. 싫어하는 활동을 연습하는 역할극이나 다른 아이들의 긍정적 모델을 보여주는 것도 효과적입니다. 무엇보다 아이의 감정을 이해하고 꾸준히 격려하며, 규칙을 일관되게 적용하는 선생님의 태도가 중요합니다. 또한 가정에서의 일관된 지원을 위해 부모님과 협력해야 합니다. 목표는 아이가 자발적으로 활동에 참여하도록 유도하는 것입니다.

사례 6 정해진 일과와 규칙 따르기를 거부해요.

6세 덕우는 유치원에서 친구들과 교사와 함께 놀이만 하기를 원합니다. 교사가 일과에 따라 다른 활동을 제안할 때마다 덕우는 울며 활동을 거부하고, 정해진 규칙을 따르지 않아 갈등을 일으키고 있습니다. 상황이 자신의 마음에 들지 않을 경우 큰 소리로 울어 다른 친구들에게 방해가 됩니다. 덕우가 울면 친구들이 달래주거나 교사가 위로해 주곤 합니다. 이런 경우 어떻게 지도할 수 있을까요?

행동의 원인은 무엇일까요?

정해진 일과와 규칙 따르기를 거부하며 우는 유아는 '거부'와 '울음'이라는 행동으로 부정적인 관심이라도 받고자 하는 경우입니다. 유아는 자기 행동이 사회적으로 허용되지 않는 행동이라는 것을 모르고 있을 수 있습니다. 교사는 유아에게 사회적인 행동을 알려주어야 합니다.

A 선행사건	B 행동	C 결과
활동 전환 시간	정해진 일과와 규칙 따르기를 거부한다.	친구나 교사의 관심을 얻는다.

- 문제행동의 기능은 **관심 끌기** 입니다.
- 활동 전환 시간에 정해진 일과와 규칙 따르기를 거부함으로써 친구나 교사의 관심을 얻을 수 있었습니다.

이렇게 도와주세요

- 하루 일과를 알려주세요.

유치원에 등원한 후 항상 즐거운 놀이만 할 수 있는 것은 아니며, 아이들에게는 정해진 일과와 교실 규칙이 존재합니다. 정해진 일과를 따르기 거부하는 유아에게 아침 인사를 하며 오늘의 시간표를 알려주는 것은 효과적인 방법 중 하나입니다. 그림과 글이 함께 포함된 시간표를 사용하여 아침 활동부터 오후 활동까지의 일정을 순서대로 보여주는 것이 좋습니다. 이 과정에서 일과를 따르기 싫어하는 유아에게는 시간표의 순서를 배치하는 발표 기회를 주면 참여도를 높일 수 있습니다. 또한 모두 함께 일과를 확인한 후 "오늘 하루도 잘 지내자."는 의미로 '꼭꼭 약속해'라는 노래를 함께 부름으로써 유아들이 교사와 약속하고 하루를 시작할 수 있도록 합니다.

다른 행동을 알려주세요.

유아가 다른 행동을 통해 친구나 교사의 관심을 얻는다면, 문제행동은 줄어들 수 있습니다. 유아는 특정 행동을 통해 타인의 관심을 끌며 본인이 원하는 목적을 달성하게 됩니다. 따라서 교사는 유아가 표현할 수 있는 긍정적인 표현 방법을 가르치는 것이 중요합니다. 말을 할 수 있는 유아라면 손을 들어 "선생님 도와주세요."라고 요청하도록 유도하고, 말을 할 수 없는 유아에게는 교사의 손을 끌거나 시각적 신호를 사용하는 등 유아 수준에 맞는 적절한 대체 행동을 반복하여 알려주어야 합니다. 이러한 행동에 대해 교사가 긍정적으로 반응해 주면, 유아는 자신이 원하는 방식으로 효과적으로 의사를 표현할 수 있다는 것을 깨닫고, 점차적으로 긍정적인 행동을 학습하게 될 것입니다.

긍정적인 행동을 했을 때 더 큰 관심을 주세요.

거부하기, 소리 지르기, 울기 등의 행동은 부정적인 행동으로 분류됩니다. 유아가 긍정적인 행동보다 부정적인 행동을 더 많이 하는 이유 중 하나는 바로 교사의 관심입니다. 한 명의 교사가 여러 유아와 함께하는 환경에서는, 안전상의 이유로 특정 유아가 부정적인 행동을 보일 경우에 교사가 더 큰 관심을 기울이는 경향이 있습니다. 이러한 반응은 큰 관심을 요구하는 유아가 결국 부정적인 행동을 선택하게 만들 수 있습니다. 따라서 교사는 문제행동을 하는 유아보다 긍정적인 행동을 보이는 유아에게 더 큰 관심을 줘야 합니다. 예를 들어, 유아가 긍정적인 행동을 했을 때 칭찬과 격려를 통해 그 행동을 강화하면, 유아는 긍정적인 행동의 가치를 이해하고 이를 지속하고자 하는 동기를 가지게 될 것입니다.

문제행동의 기능이 '회피'라면…

만약 유아가 특정 일과나 규칙을 거부한다면, 그 행동의 기능이 회피 목적을 가지고 있을 가능성이 있습니다. 따라서 교사는 유아가 거부하는 활동이 무엇인지 파악해야 하며, 그 활동이 유아의 수준에 비해 어렵다고 판단되면, 유아가 좀 더 쉽게 참여할 수 있도록 활동의 수준을 조절하는 것이 필요합니다. 이렇게 함으로써 유아는 성공적인 경험을 통해 자신감을 높이고, 점차적으로 해당 활동에 대한 거부감을 줄일 수 있습니다.

사례 7 활동에 흥미가 전혀 없고 무기력해요.

우리 반 교실에서는 매일 새로운 활동과 다양한 놀이가 이루어지며 학급 친구들이 하루하루 성장하고 있습니다. 그러나 이러한 환경이 모두에게 즐거운 것은 아닌 것 같습니다. 특히 예나의 경우가 그렇습니다. 다양한 활동을 제안해도 예나는 대부분 "싫어요.", "그만할래요."라는 반응과 함께 축 처진 모습을 보입니다. 예나가 활동에 큰 흥미를 보이지 않고 무기력한 상태인 것 같아 걱정이 됩니다. 이러한 예나를 어떻게 도와줄 수 있을까요?

행동의 원인은 무엇일까요?

활동에 흥미가 없어 활동 참여를 거부하고 무기력한 유아는 학습된 무기력 상태일 수 있습니다. 학습된 무기력은 극복할 수 없는 환경에 반복적으로 노출된 경험으로 인하여 실제로 자기 능력으로 극복할 수 있음에도 불구하고 스스로 그런 상황에서 자포자기하는 것입니다.

A 선행사건	B 행동	C 결과
활동 시간	활동에 흥미가 없다.	활동에 참여하지 않는다.

- 문제행동의 기능은 **회피(싫어하는 활동)** 입니다.
- 유치원 활동 시간에 활동에 흥미를 느끼진 못한 유아가 활동에 참여하지 않는 것은 활동을 회피하는 것입니다.

이렇게 도와주세요

- 좋아하는 것과 결합해 주세요.

교사가 진행하는 활동에 큰 관심이 없는 유아에게도 그들이 좋아하는 것이 있을 수 있습니다. 따라서 유아의 흥미를 끌기 위해 먼저 그들이 좋아하는 요소를 찾아야 합니다. 그런 다음 이러한 요소를 새로운 활동에 녹여주는 것이 중요합니다. 예를 들어, 뽀로로를 좋아하는 유아에게 미술활동 중 뽀로로 스티커를 제공하거나, 뽀로로 인형을 책상 한편에 두고 "뽀로로가 지켜보고 있어! 힘을 내줘!"라고 응원하면 유아의 참여 의욕을 높일 수 있습니다. 또한 다양한 색깔을 좋아하는 유아에게는 신체 활동 시간에 여러 색의 모자를 제공하여 놀이의 재미를 더할 수 있습니다. 교사가 활동 중에 어려운 것을 시도하기보다는 쉽게 제공할 수 있는 요소를 찾아 활용하는 것이 좋습니다.

유아에게 역할을 주세요.

활동에 흥미 없이 무기력한 유아를 참여시키기 위해서는 유아에게 활동에 참여할 만한 동기가 필요합니다. 유아 혼자서 동기를 가지기 어려운 경우가 많기 때문에, 교사가 동기를 제공해 줄 수 있습니다. 그중 한 가지 효과적인 방법은 유아에게 특정한 역할을 맡기는 것입니다. 유아가 활동에 역할을 맡게 되면, 본인에게 주어진 책임감으로 인해 활동에 참여할 이유가 생기게 됩니다. 예를 들어, 유아에게 '도우미' 역할을 주거나, 특정 작업을 맡기면서 활동의 일부로 끌어들이면, 유아는 더 적극적으로 참여하고 흥미를 느낄 가능성이 높아집니다.

성공 경험을 만들어주세요.

유아가 활동에 흥미를 보이지 않는 이유에는 여러 가지가 있을 수 있으며, 그중 하나는 반복적인 실패로 인한 경험, 즉 학습된 무기력입니다. 유아에게 주어진 목표가 너무 어려워서 성공하지 못하고 반복적으로 실패를 경험하게 되면, 결국 흥미를 잃게 되는 경우가 많습니다. 따라서 유아가 성공할 수 있도록 활동의 수준을 조절해 주는 것이 중요합니다. 유아가 작은 성공을 경험할 수 있도록 과제를 쉽게 설정하면, 점차적으로 자신감을 얻고 점점 더 큰 흥미를 보일 수 있습니다. 예를 들어, 유아가 처리 가능한 간단한 활동을 먼저 제시하고, 성공적인 경험을 통해 흥미를 느낄 수 있도록 돕는 것이 필요합니다.

문제행동의 기능이 '관심 끌기'라면…

만약 유아가 활동에 흥미를 보이지 않아 교사가 옆에서 끊임없이 도와주었다면, 이후 유아가 교사와 함께 활동에 참여하게 된다면, 그 유아의 행동은 '관심 끌기' 일 가능성이 높습니다. 즉, 유아는 교사가 자신에게 계속 관심을 주는 것을 좋아해서 처음부터 흥미가 없는 척할 수 있습니다. 이런 경우 교사는 활동 시작 전에 유아에게 관심을 보이고, 활동 중에도 많이 소통하는 것이 중요합니다. 이렇게 하면 유아는 문제행동을 하지 않아도 충분한 관심을 받을 수 있어 문제행동이 줄어들 수 있습니다.

사례 8 수업 중 자주 일어나거나 교실 밖으로 나가려고 해요.

5세 교실에서는 수업 시간에 교사의 질문에 유아들이 활발하게 손을 들고 자신의 생각을 발표하고 있습니다. 친구들의 다양한 의견이 모이던 중 갑자기 유정이가 자리에서 일어나 교실을 배회하기 시작합니다. 서둘러 유아를 자리에 앉히지만, 유정이는 금세 다시 일어나 돌아다니거나 교실 밖으로 나가려고 합니다. 수업 중 자주 일어나거나 교실 밖으로 나가려고 하는 유아를 어떻게 지도할 수 있을까요?

행동의 원인은 무엇일까요?

문제행동의 원인은 관심에 있습니다. 유아의 행동은 관심을 받기 위해 하는 행동입니다. 수업에서 친구들에게 관심받을 만큼 발표를 잘하기 어렵기에 관심을 받고 싶어 유아 수준에서 가능한 행동인 이탈을 하게 되었을 것입니다. 자기 자리나 교실을 이탈하였을 때 반드시 교사나 친구들의 관심을 받을 수 있었기 때문입니다.

A 선행사건	B 행동	C 결과
수업 시간	자리에서 이탈하거나 교실 밖으로 나간다.	교사나 실무사가 유아를 자리에 앉히려고 한다.

- 문제행동의 기능은 **관심 끌기** 입니다.
- 수업 시간에 자리나 교실을 이탈함으로써 교사나 실무사의 관심을 받을 수 있었습니다.

이렇게 도와주세요

- 부정적 행동은 소거, 긍정적 행동은 강화해 주세요.

유아가 자리에서 벌떡 일어나 교실을 돌아다니거나 교실 밖으로 나가고 있습니다. 교사는 그때마다 유아에게 다가가서 자리에 앉히려고 합니다. 그러나 이러한 유아의 행동의 목적이 관심이라면, 부정적인 행동을 통해 유아는 원하는 것을 얻었기에 앞으로도 같은 행동을 반복하거나 그 빈도가 높아질 수 있습니다. 따라서 교사는 유아의 부정적인 행동에 반응하지 않는 것이 중요합니다. 만약 유아가 교실을 돌아다니는 것이 크게 위험하지 않다면, 이때는 관심을 주지 않는 것이 바람직합니다. 반면 교실 밖으로 나가려는 행동은 안전에 큰 위험을 초래할 수 있으므로 교실 문에 잠금장치를 설치하여 유아가 교실 밖으로 나갈 수 없는 환경을 조성하는 것이 필요합니다. 이와 함께 교사는 유아의 부정적인 행동을 의도적으로 무시하며 긍정적인 행동에만 반응해야 합니다. 유아가 자리에 앉아 있거나 손을 들었을 때 큰 관심을 가져줌으로써, 유아가 긍정적인 행동을 했을 때만 관심을 받을 수 있다는 것을 배울 수 있도록 합니다.

이동 기회를 만들어주세요.

유아의 성향과 나이에 따라 앉아서 집중할 수 있는 시간은 다를 수 있습니다. 만약 특정 유아가 다른 친구들보다 앉아 있는 것이 어렵다면, 수업에 필요한 내용을 통해 유아에게 움직일 기회를 제공할 수 있습니다. 예를 들어, 발표를 위해 자신의 자리에서 교사 옆으로 나오거나, 교사의 심부름으로 물건을 가져오는 등의 활동을 통해 수업 내용 안에서 유아가 자리를 떠나 움직일 수 있게 합니다. 이런 방식으로 유아는 교사와 친구들의 관심을 받을 수 있으며, 활동을 통해 기분이 환기되어 남은 시간 동안 자리에 잘 앉아 있을 수 있습니다.

대체행동을 만들어주세요.

자리에 앉아 있는 것이 힘든 유아는 마음껏 자기 자리에서 일어나 교실을 돌아다니거나 교실 밖으로 나가는 행동을 통해 교사나 친구들의 관심을 얻고 있습니다. 이때 유아가 교실을 돌아다니지 않고도 교사나 친구에게 관심을 받을 수 있다면, 교실을 돌아다닐 이유가 사라지게 됩니다. 이런 경우 유아에게 가르칠 수 있는 것이 바로 대체 행동입니다. 대체 행동은 자기 자리에서 이탈하거나 교실을 떠나는 대신 동일한 결과인 관심을 얻을 수 있는 행동을 의미합니다. 대체 행동은 문제행동만큼 쉽게 수행할 수 있어야 하며, 더 사회적이고 방해가 되지 않는 행동이어야 합니다. 유아가 이러한 대체 행동을 쉽게 할 수 있어야 하므로, 그 내용은 유아의 수준에 맞추어 조정하는 것이 중요합니다.

문제행동의기능이 '관심 끌기'라면 …

아이가 관심을 얻기 위해 수업 중 자주 일어나거나 교실 밖으로 나가려 한다면, 단순히 혼내는 대신 긍정적인 관심을 주는 전략이 필요합니다. 구체적으로, 바른 행동을 할 때 구체적으로 칭찬하고 보상하며(예 스티커 등), 수업 참여 기회를 적극적으로 제공합니다. 발표가 어렵다면 쪽지, 그림 등 다른 방식을 활용하고, 아이의 강점을 활용한 참여 기회를 만듭니다. 과잉행동이 심하면 옆에 앉아 지지하거나 움직일 공간을 제공하고, 집중력이 부족하면 짧은 시간 수업과 휴식을 병행합니다. 안전에 위협이 되지 않는 한 문제행동은 무시하고, 손들기, 선생님께 조용히 말하기 등 대안 행동을 가르치고 칭찬합니다. 궁극적으로 아이의 자존감을 높이고 수업 참여를 유도하는 것이 중요하며, 아이의 변화를 꾸준히 관찰하고 필요에 따라 전략을 수정해야 합니다.

사례 9 정리 시간만 되면 화장실에 가려고 해요.

놀이로 활기찬 교실에서 정리 노래가 흘러나오자 유아들은 놀던 장난감들을 정리하기 시작합니다. 역할 영역, 쌓기 영역, 미술 영역 등에서 흩어졌던 장난감들이 하나씩 제자리를 찾아갑니다. 그때 은준이가 "선생님, 화장실 가고 싶어요."라고 말하며 오늘도 어김없이 정리 시간에 화장실을 가려고 합니다. 정리가 끝난 후에 가야 한다고 설명해도 은준이는 화장실이 급하다고 주장합니다. 이러한 상황은 어떻게 해결할 수 있을까요?

행동의 원인은 무엇일까요?

놀이에 열중하고 있는 유아는 항상 즐겁습니다. 하지만 놀이가 끝난 후 유아가 싫어하는 정리 시간입니다. 정리하고 싶지 않은 유아는 장난감을 정리하지 않고 있다가 화장실이 급하다고 화장실로 가버렸습니다. 화장실을 다녀오고 나니 정리가 끝이나 유아는 더 이상 정리하지 않아도 되었습니다. 결과적으로 유아는 화장실에 다녀옴으로써 정리하기를 회피할 수 있었습니다.

A 선행사건	B 행동	C 결과
정리 시간	화장실에 간다.	정리하지 않는다.

- 문제행동의 기능은 **회피(싫은 활동)** 입니다.
- 장난감을 정리해야 하는 시간에 화장실을 감으로써 장난감을 정리하지 않을 수 있었습니다.

이렇게 도와주세요

- 정리할 것을 정해주세요.

신나는 놀이시간 후 교실은 정신없이 어지럽혀진 장난감들로 가득 차 있습니다. 많은 장난감을 정리해야 하니 유아는 하기 싫은 마음이 가득해질 수 있습니다. 이럴 때 효과적인 방법은 교사가 정리를 회피하는 유아에게 구체적으로 정리해야 할 사항을 지정해 주는 것입니다. 교사 대부분은 "가지고 놀았던 장난감을 정리하세요."라고 일반적으로 이야기할 수 있지만, 여러 명이 함께 한 가지 장난감을 가지고 놀았다면 정리를 싫어하는 유아는 다른 친구들이 대신 정리해 주어 회피할 수 있습니다. 따라서 교사는 "○○이가 노란 블록을 정리해줘." 또는 "○○아, 장난감 5개 정리해줘."와 같이 구체적으로 개수나 특정 장난감을 지칭하여 유아가 정리할 수 있도록 유도하는 것이 효과적입니다. 이런 방법은 유아가 책임감을 느끼고 정리 활동에 능동적으로 참여하도록 도와줄 수 있습니다.

약속된 시간에 화장실을 이용할 수 있다는 것을 알려주세요.

유치원 생활에서 유아가 꼭 배워야 하는 중요한 가치 중 하나는 인내심입니다. 영아기에는 어떤 행동을 하더라도 지지받고 칭찬받는 환경에서 성장하지만, 유치원에서는 내가 원하는 것을 언제든지 할 수 있는 것이 아니라, 허용된 시간에 맞춰 적절한 행동을 해야 한다는 것을 배워야 합니다. 유아는 화장실을 이용할 때도 놀이시간, 활동이 끝난 후, 또는 특별실로 이동하기 전과 같이 정해진 시간에 화장실을 이용하는 것을 익혀야 합니다. 따라서 교사는 유아에게 이러한 정해진 시간에 화장실을 이용해야 한다고 미리 알려주어, 유아가 그 시간에 맞춰 적절하게 화장실을 이용할 수 있도록 지도하는 것이 중요합니다.

정리 시간 전에 화장실 다녀올 시간을 만들어주세요.

정리 시간마다 화장실에 가는 유아가 있다면, 교사는 정리 시간이 시작되기 전 유아에게 5~10분 후에 정리할 것임을 미리 알려주고 화장실에 가는 것을 권유할 수 있습니다. 이때 정리 시간 동안 화장실을 이용할 수 없다는 점을 강조함으로써 유아가 정리를 회피하는 상황을 방지하고 자연스럽게 정리 활동에 참여하도록 유도할 수 있습니다. 예를 들어, "이제 곧 정리 시간이 시작될 거야. 그러니 화장실에 가고 싶다면 지금 가는 것이 좋겠어. 정리할 때는 화장실에 갈 수 없으니까 미리 준비하자."라고 말하면 유아가 보다 효과적으로 화장실을 이용할 시간을 확보할 수 있게 됩니다.

문제행동의 기능이 '관심 끌기'라면…

만약 유아가 화장실 가는 것을 허락받는 동안 교사의 관심을 독차지할 수 있거나, 화장실에 오래 머무르면 교사가 유아를 찾으러 오는 상황 때문이라면, 이 경우 유아의 행동 기능은 관심 끌기라고 볼 수 있습니다. 따라서 교사는 유아가 정리하는 행동을 칭찬해 주는 것이 중요합니다. 유아가 정리할 때 긍정적인 피드백을 받으면, 유아는 정리 시간마다 화장실 가는 행동이 줄어들 가능성이 높습니다. 교사가 관심을 긍정적으로 유도함으로써 유아는 고의를 가지고 행동을 조절하고, 정리 시간에 더욱 적극적으로 참여하게 될 것입니다.

Chapter

14

감각통합 어려움으로 인한 문제행동의 지도 및 상담 사례

사례

1. 몸에 물감이나 모래가 묻는 것을 극도로 싫어해요.
2. 옷이 조금이라도 젖으면 갈아입으려 해요.
3. 다양한 음식을 먹기 어려워요.
4. 주변의 소리에 예민하게 반응해요.
5. 양치질을 하지 않으려 해요.
6. 활동 및 장소 변화를 싫어해요.

사례 1 몸에 물감이나 모래가 묻는 것을 극도로 싫어해요.

5세 학급에서는 감각놀이를 많이 제공합니다. 그러나 한 아이는 몸에 물감이나 모래가 묻는 것을 매우 싫어하여, 놀이가 시작되기 전부터 울곤 합니다. 아이의 어머니는 이로 인해 아이가 등원을 거부한다며, 물감이나 모래놀이가 있는 날을 미리 알려주면 그 날은 유치원을 쉬겠다고 하셨습니다. 몇 번 그렇게 안내드린 적이 있지만, 교사로서 고민이 있습니다. 아이가 싫어하는 활동을 항상 배제하는 것이 옳은 걸까요?

행동의 원인은 무엇일까요?

대부분의 아이들은 촉감 놀이 자체를 즐기지만 촉각 방어가 있는 아이의 경우 끈적한 물감이나 몸에 밀착되는 모래에 불쾌감을 느끼고, 나아가 그것을 떠올리기만 해도 공포스러워합니다. 이에 처음부터 불쾌자극이 있는 상황 자체를 회피하려 합니다.

A 선행사건	B 행동	C 결과
모래/ 물감 놀이시간	울면서 다른 장소로 이동한다.	불쾌 감각인 모래/ 물감으로부터 회피할 수 있다.

- 문제행동의 기능은 **회피하기(불쾌자극 피하기)** 입니다.
- 모래와 물감 놀이가 이루어지는 시간에는 시작 전부터 울면서 자리를 피합니다. 그 결과 불쾌 감각인 모래와 물감으로부터 회피할 수 있었습니다.

이렇게 도와주세요

- 기질적인 예민성이 있는지 파악해 보세요.

평소 유아를 관찰하고 가정과 소통하여, 유아가 특별히 참여하기를 꺼려하는 활동이나 감각적으로 예민한 모습을 기록하는 것이 중요합니다. 예를 들어, 물감이나 모래 놀이를 피하는 것 외에도 특정 옷이나 신발만 고집하거나, 특정 음식만 먹으려 하거나, 미용실에 가지 못하는 등 다양한 문제들이 촉각 방어가 있는 아이들에게서 흔히 나타나는 행동입니다. 이런 아이들은 기질적으로 아주 작은 촉각 자극에도 과민하게 반응하기 때문에, 일반적인 접근 방법으로는 효과를 보기 어려울 수 있습니다. 따라서 이러한 유아들을 지도할 때는 그들의 독특한 감각적 요구를 이해하고, 보다 세심하게 접근할 필요가 있습니다. 유아가 편안하게 느낄 수 있는 환경을 조성하고, 긍정적인 경험을 제공하는 방법으로 점진적으로 새로운 자극에 익숙해지도록 지원하는 것이 중요합니다.

무리하게 시도하지 말고 기다려주세요.

대부분의 유아들은 새로운 자극에 접촉하는 것을 즐기지만, 촉각 방어가 있는 유아들은 처음에는 방어적인 태도를 보일 수 있습니다. 이러한 유아들을 지도할 때는 교사의 느긋한 마음가짐이 매우 중요합니다. 만약 유아에게 "언제까지 피할 거야? 하기 싫다고 안 하면 평생 못하게 돼." 또는 "일단 한 번이라도 해보자."와 같이 겁을 주거나 조급하게 만들 경우, 유아는 그 놀이를 생각만 해도 싫어하게 되고, 놀이가 이루어지는 장소에 가기를 기피할 수 있습니다. 따라서 교사는 유아가 편안하게 새로운 자극을 경험할 수 있도록 지지하고, 긍정적인 언어와 함께 차근차근 접근하는 것이 필요합니다. 유아가 스스로 선택하도록 유도하고, 안전한 환경에서 점진적으로 도전할 수 있는 기회를 제공한다면, 시간이 지남에 따라 유아는 새로운 자극에 더 열린 태도를 보일 수 있게 될 것입니다.

"무서워"에서 "재밌네"의 경험을 만들어주세요.

촉각 방어가 있는 유아를 지도할 때 중요한 점은 외부에서 주어진 자극을 수동적으로 받아들이게 하기보다는 유아가 능동적으로 접촉하는 경험을 제공하는 것입니다. 예를 들어, 유아가 몸에 묻는 것을 부담스러워한다면, 볼풀이나 편백존과 같은 안전한 공간을 교실 내에 마련하여 유아가 그곳에 스스로 접근하도록 유도합니다. 유아가 스스로 선택하여 참여하는 촉각 자극은 더 긍정적인 경험으로 기억될 것입니다. 이렇게 편안한 자극부터 시작하여 점차 불편한 자극까지 경험하도록 하는 것이 좋습니다. 다른 친구들이 모래 놀이를 하는 동안 해당 유아는 놀이기구를 이용해 놀도록 합니다. 대부분의 유치원 놀이터에는 놀이기구 근처에 모래 놀이장이 함께 있어, 유아가 뛰어 놀다가 자연스럽게 바닥에 있는 모래를 밟게 됩니다. 그 과정에서 유아가 모래가 소량 들어가는 것을 불편하게 느낀다면, 이때 신발을 벗고 양말이나 맨발로 놀도록 제안합니다. 그리하여 아이가 물감이나 모래에 묻지 않기 위해 에너지를 쓰기보다는 차라리 마음을 내려놓고 묻히는 경험을 통해 더 편안함을 느낄 수 있도록 도움을 줍니다.

문제행동의 기능이 '관심 끌기'라면…

자신이 하기 싫거나 불편한 것을 내세워 교사의 관심을 얻고자 하는 유아가 있습니다. 이러한 유아는 일반적으로 촉각 자극에 민감하며, 불편함을 표현했을 때 교사가 "선생님이랑 같이 해보자." 또는 "우와~ 너무 재미있게 하네."와 같이 관심을 보인다면 선생님의 관심을 끌기 위해 지속적으로 활동에 참여하지 않으려 할 수 있습니다. 이 경우 교사는 유아가 스스로 잘 참여했을 때에만 칭찬과 격려를 제공하여 바람직하지 않은 행동은 감소시키고 바람직한 행동을 강화해야 합니다.

감각통합의 관점의 원인분석

양치질을 거부하는 행동은 감각적 불편함과 회피 동기가 결합된 결과로 해석할 수 있습니다.

- **촉각 방어(Tactile Defensiveness)**

유아는 촉각 자극에 대해 높은 민감성을 보이며, 특히 끈적하거나 밀착되는 질감에 대해 불쾌감을 느낍니다. 이러한 감각적 방어는 생존 본능과 관련이 있으며, 새로운 자극에 대해 신체가 즉각적으로 반응하기 때문에 유아는 물감이나 모래 같은 새로운 감각 자극을 회피하려 합니다. 잘 알려지지 않은 감각적 요소들은 불안감을 유발하고, 이는 곧 부정적인 반응으로 이어집니다.

- **질적인 예민성**

유아는 개인의 기질적 요인에 따라 촉각에 대한 민감성이 다를 수 있습니다. 어떤 아이들은 특정한 감각에 더 민감하게 반응하며, 이는 다시 말해 그 아이가 해당 자극을 피하고자 하는 경향과 관련이 있습니다. 예를 들어, 특정한 식감의 음식이나 특정한 옷을 고집하는 행동 역시 이러한 민감성의 연장선에 있을 수 있습니다.

- **회피 동기**

유아는 자신이 불편하게 느끼는 환경에서 벗어나기 위해 강하게 회피하는 행동을 보입니다. 물감이나 모래에 대한 두려움이 크기 때문에, 이러한 자극을 피하기 위해 울거나 다른 장소로 도망가는 행동을 하게 됩니다. 즉, 불쾌한 자극으로부터 보호받고자 하는 심리적 반응이라고 볼 수 있습니다.

사례 2 옷이 조금이라도 젖으면 갈아입으려 해요.

10년차 유치원 교사로, 일상적으로 하루에 두 번 이상 한 아이의 젖은 옷을 갈아입히는 일이 있습니다. 이 아이는 손을 씻거나 양치질을 하다가 옷에 물이 조금이라도 튀면 꼭 갈아입고 싶어 합니다. 제가 "이 정도면 많이 젖은 게 아니니 조금만 있으면 마를 거야."라고 설명해도, 아이는 반드시 갈아입겠다고 합니다. 부모님도 이 상황을 잘 알고 계셔서, 가방에 여벌 옷을 두세 벌씩 꼭 챙겨 주십니다. 아이들에게 논리적인 설명보다는 감정적 이해와 공감이 중요하다는 것을 알고 있고, 여벌 옷을 준비해 갈아입도록 돕고 있지만, 불안감이 지속되거나 다른 문제행동이 동반될 경우가 있습니다. 이처럼 아이가 옷이 젖으면 과도한 불안감을 느껴 힘들어할 때 어떻게 도와주어야 할까요?

행동의 원인은 무엇일까요?

사람의 신체 감지기는 갑작스러운 자극이 주어지면 '축축해, 너무 싫어.'와 같은 정서적인 반응을 반사적으로 일으킵니다. 다만, 성인은 이런 자극들에 '이 정도면 견뎌야지.'와 같이 인식하며 별 것 아닌 일로 넘길 수 있지만, 유아들은 경험과 연습이 없으면 이런 수준까지 도달하지 못하기 때문에 불편한 감각에서 즉시 벗어나려고 합니다.

A 선행사건		B 행동		C 결과
옷에 소량의 물이 묻었다.	▶	새 옷으로 갈아입는다.	▶	축축한 느낌에서 벗어난다.

- 문제행동의 기능은 **회피하기(불쾌자극 피하기)** 입니다.
- 세면대에서 손을 씻다가 소량의 물이 튀어 옷이 축축해졌습니다. 유아는 곧바로 새 옷으로 갈아입음으로써 축축한 느낌에서 벗어나게 되었습니다.

이렇게 도와주세요

- 옷이 젖지 않도록 손 씻는 방법을 알려주세요.

가장 바람직한 방법은 처음부터 옷이 젖지 않도록 하는 것입니다. 하루에도 두 번 이상 옷을 갈아입는 경우, 이는 아이의 손 씻기 방법에 문제가 있음을 나타내므로 추가적인 지도가 필요합니다. 아이들이 손을 씻을 때는 소매를 높이 걷어 올리고, 손을 최대한 세면대 가까이에 뻗어 씻도록 안내합니다. 또한 유아의 팔이 짧기 때문에 세면대 앞쪽에 지나치게 밀착하여 손을 씻는 경우가 많아 배가 축축하게 젖는 상황이 발생할 수 있습니다. 이를 방지하기 위해 세면대 앞쪽에 물이 튀는 것을 막을 수 있는 물막이 장치를 설치하는 것이 좋습니다.

옷을 갈아입어야 하는 상황과 그렇지 않은 상황을 설명해 주세요.

촉각 방어가 매우 강한 유아가 아니라면, 대부분의 경우 이러한 행동은 경험 부족이나 교육 부족에서 기인하는 문제일 수 있습니다. 따라서 유아에게는 옷이 흠뻑 젖었을 경우에는 갈아입어야 하지만, 약간 젖었다면 신경 쓰지 말고 견뎌보라고 제안하는 것이 좋습니다. 실제로 햇볕이 좋은 날에는 젖은 옷을 입고 바깥놀이를 하도록 해보세요. 놀이에 몰입하다 보면 유아는 옷이 젖은 것에 대해 개의치 않게 되고, 어느 순간 자신의 옷이 바짝 말라있는 사실을 발견하게 될 것입니다. 이러한 경험을 통해 유아는 불편함을 스스로 극복하고, 점차적으로 신체적 감각에 대한 저항감을 줄이며 새로운 감각을 수용하는 데 도움을 받을 수 있습니다.

가정과 소통하여 적절한 대처방법을 찾아요.

감각이 예민한 아이들 중에서는 타고난 기질적인 요인이 있는 경우도 있지만, 부모의 양육 방식이 아이를 더 예민하게 만드는 경우도 있습니다. 예를 들어, 감기에 자주 걸리는 유아가 있다면 부모는 최대한 아이가 감기에 걸리지 않도록 젖은 옷을 바로 갈아입혀 주려고 합니다. 이러한 행동이 반복되면, 아이는 '옷이 젖으면 바로 갈아입어야 한다.'는 행동 패턴을 형성하게 되어, 옷이 조금만 젖어도 참지 못하고 갈아입고 싶어 할 수 있습니다. 이런 경우에는 약간 젖은 옷을 참아보는 것이 중요하다는 점을 알려주는 것이 필요합니다. 이와 함께 가정에서도 동일한 방법을 사용하여 아이가 보다 건강하게 감각을 조절할 수 있도록 지도해 달라고 요청하는 것이 좋습니다.

문제행동의 기능이 '선호물 얻기'라면…

유행에 민감한 한 여자아이가 등원하자 하루 종일 뚱하게 앉아 있습니다. 그 이유는 입고 온 옷이 마음에 들지 않아서인데, 결국 고민 끝에 세면대에 가서 옷을 흠뻑 적십니다. 이후 선생님은 엄마에게 연락해 티니핑이 그려진 원피스를 가져다 달라고 요청합니다. 이 경우 아이가 자신의 속마음을 솔직하게 표현했으므로 충분한 공감을 해준 후 바람직한 표현 방법에 대해 설명하는 것이 중요합니다. "○○아, 오늘 입고 온 옷이 마음에 들지 않아서 속상했지? 선생님도 그런 날이 많아서 그 기분을 이해해. 그런데 옷이 마음에 들지 않는다고 해서 일부러 젖게 하는 방법은 옳지 않아. 다음부터는 유치원에서 입고 싶은 옷이 있다면 전날 밤에 미리 골라 놓으면 어떨까? 아침에 급하게 고르면 오늘처럼 마음에 들지 않는 옷을 선택할 수 있거든." 이렇게 대화함으로써 아이는 자신의 감정을 인정받고, 앞으로는 보다 건강하게 감정을 표현할 수 있는 방법을 배우게 됩니다.

감각통합의 관점의 원인분석

- **촉각 민감성**

유아들은 신체 감지기가 발달 중이기 때문에 종종 촉각 자극에 대한 민감성이 높습니다. 특히 젖은 옷이나 축축한 느낌은 불쾌감을 유발하며, 이로 인해 즉각적으로 불편한 상황에서 벗어나고자 하는 충동이 강화됩니다. 이 유아는 "축축해, 너무 싫어."라는 감정을 강하게 느끼기 때문에 자연스럽게 거부 반응을 보입니다.

- **회피 동기**

이 행동은 강한 회피 동기로 볼 수 있습니다. 유아는 이미 불쾌한 감각이라는 경험을 알고 있으며, 그러한 상황을 피하려고 반사적으로 반응합니다. 즉, 소량의 물이 묻자마자 새로운 옷으로 갈아입음으로써 불편한 감각을 피하게 되는 것입니다.

- **습관 형성**

유아는 반복적인 경험을 통해 특정 행동을 습관으로 발전시키게 됩니다. 자주 갈아입을 수 있도록 부모가 길러온 습관이 유아의 행동에 뿌리내릴 수 있습니다. 어린이는 여러 번의 경험 속에서 '젖은 옷은 반드시 갈아입어야 한다.'는 긍정적 행동 패턴을 형성하게 됩니다.

사례 3 다양한 음식을 먹기 어려워요.

2년차 저경력 교사로서, 오늘도 한 아이와 전쟁 같은 점심시간을 보냈습니다. 이 아이는 편식이 심하여 급식시간에 거의 아무것도 먹지 않으려고 합니다. 가끔 먹을 수 있는 반찬이 나오면 괜찮지만, 그렇지 않은 날에는 교사가 조금 떠먹여 주려고 해도 강하게 거부합니다. 이런 날에는 배가 고파서인지 예민해지고, 친구와의 갈등도 더 두드러집니다. 어떻게 하면 이 아이의 편식을 개선할 수 있을까요?

행동의 원인은 무엇일까요?

많은 아이들이 본능적으로 낯선 음식에 대한 두려움을 보이는 푸드 네오포비아를 가지고 있습니다. 이것은 생존을 위해 낯선 것들을 피하고자 하는 인간의 본능과 직결된 문제이기도 합니다. 따라서 편식이 심한 아이의 경우, 먹어본

적이 있어나 익숙한 음식 외에는 일단 먹으려는 시도도 해보지 않고 무조건적으로 거부를 합니다.

A 선행사건	B 행동	C 결과
점심 식단에 낯선 음식이 있다.	고개를 옆으로 돌리며 강하게 거부한다.	낯선 음식을 먹지 않게 된다.

- 문제행동의 기능은 **회피하기(낯선 음식 피하기)** 입니다.
- 먹어본 적이 없는 낯선 음식을 교사가 떠먹여 주자 고개를 옆으로 돌리면서 음식 먹는 것을 강하게 거부합니다. 그 결과 낯선 음식을 먹지 않게 되었습니다.

이렇게 도와주세요

- 아이가 가진 편식의 양상을 확인해 보세요.

시각적인 편식이 있는 유아의 경우, 음식의 색상과 모양을 다양하게 제공하는 것이 중요합니다. 예를 들어, 초록색 채소를 싫어하는 유아가 있다면, 초록색 재료를 아주 잘게 다진 후 좋아하는 색상의 음식과 섞어서 제공함으로써 시각적 거부감을 줄일 수 있습니다. 한편 미각적인 편식이 있는 유아에게는 조리법을 다양하게 변화시키거나 싫어하는 음식을 아주 소량 제공하여 처음에는 작은 양부터 시작하도록 합니다. 이 과정을 통해 유아는 점차적으로 새로운 맛에 익숙해질 수 있게 됩니다.

재미있는 요리 활동에 참여시켜 주세요.

요리를 하기 위해서는 다양한 식재료를 자연스럽게 만져보게 됩니다. 이 과정에서 유아는 식재료와 친숙해지고, 음식 조리 전후의 맛이 어떻게 달라지는지를 알아보기 위해 직접 맛을 보는 경험을 하게 됩니다. 이러한 경험은 낯선 음식에 도전할 수 있는 기회를 제공합니다. 무엇보다 자신이 직접 만든 음식이기 때문에, 유아는 그 음식에 더 큰 애착을 가지고 먹어볼 가능성이 높습니다. 이러한 요리 활동은 유아가 음식에 대한 긍정적인 경험을 갖게 하고, 새로운 식재료에 대한 거부감을 줄이는 데 크게 기여할 수 있습니다.

다양한 음식을 경험시켜 주며 긍정적인 느낌을 갖도록 해주세요.

편식이 심한 유아는 음식 자체에 대한 스트레스가 클 수 있습니다. 이 경우 싫어하는 음식을 억지로 먹게 하는 것보다는 처음에 좋아하는 음식을 편안한 마음으로 먹도록 하는 것이 더 중요합니다. 그 후 점차 다양한 음식을 제공하는 것이 좋습니다. 이때 부모님이 먼저 자신이 좋아하는 음식이나 새로운 음식을 맛있게 먹는 모습을 보여주며 "생각보다 맛있네!"라고 이야기하면, 유아는 안심하고 도전할 수 있는 기회를 갖게 됩니다. 만약 유아가 아주 소량이라도 새로운 음식에 용기를 내어 도전한다면, "오늘 새로운 음식 한 입 먹어보았네! 뭐든지 처음이 가장 어려워. 다음에는 더 편안하게 먹을 수 있을 거야."와 같은 격려의 말을 해주는 것이 중요합니다.

대부분의 편식 문제는 시간이 지남에 따라 자연스럽게 해결될 거예요.

낯선 것에 대한 거부는 인간의 본능적인 행동입니다. 따라서 본능이 지배적인 어린 시기일수록 새로운 것에 도전하기보다는 자신의 안전을 지키려는 경향이 강합니다. 이로 인해 편식 지도는 오랜 시간 동안 끈기를 가지고 접근해야 하는 영역입니다. 아이들은 성장하면서 영양 섭취의 중요성을 이해하게 되고, 낯선 음식에 스스로 도전할 수 있는 용기를 가지게 됩니다. 성인이 되면 편식에 대한 사회적 체면과 주위의 분위기를 고려하게 됩니다. 따라서 병적인 수준이 아니라면 현재의 편식 문제가 심각해 보일지라도, 대부분은 시간이 지나면서 해결될 가능성이 큽니다. 그러므로 인내심을 가지고 기다리는 자세가 필요합니다.

문제행동의 기능이 '회피하기(낯선 음식 피하기)'라면…

아이가 새로운 음식을 피하는 것은 자연스러운 현상(푸드 네오포비아)이지만, 영양 섭취를 위해서는 적절한 도움이 필요합니다. 억지로 먹이는 대신 익숙한 음식과 함께 조금씩 새로운 음식을 접하게 하고(점진적 노출), 먹으려는 시도에 칭찬을 아끼지 않습니다. 아이가 좋아하는 사람이 맛있게 먹는 모습을 보여주는 것(모델링)도 효과적입니다. 음식 선택권을 주고, 음식으로 놀이를 하며 자연스럽게 친숙하게 만들어줍니다. 무엇보다 아이의 속도에 맞춰 꾸준히 노력하는 것이 중요합니다.

감각통합의 관점의 원인분석

• 푸드 네오포비아(Food Neophobia)

많은 아이들이 낯선 음식에 대한 두려움, 즉 푸드 네오포비아를 가지고 있습니다. 이는 본능적으로 생존을 위해 위험 요소를 피하려고 하는 인간의 기본적인 심리와 관련이 있습니다. 이 유아도 어릴 적부터 익숙하지 않은 음식을 회피하려는 경향을 보이고, 이런 행동은 낯선 음식을 접하게 되면 강하게 거부하는 형태로 나타납니다.

• 감각적 불편함

먹는 감각은 맛뿐만 아니라 음식의 질감, 색상, 냄새 등 다양한 요소에 의해 영향을 받습니다. 이 유아는 특정 음식의 질감이나 맛, 혹은 색상이 불편하게 느껴질 수 있으며, 이런 감각적 요소들이 음식 거부로 이어지는 것입니다.

• 회피 동기

새로운 음식에 대한 거부는 예측할 수 없는 경험에 대한 회피 동기로 볼 수 있습니다. 점심시간이 사회적 상호작용과 맞물리는 중압감 속에서, 이 유아는 음식에 대한 불안으로 인하여 거부하는 행동을 통해 불안을 덜어내려는 것입니다.

사례 4 주변의 소리에 예민하게 반응해요.

며칠 전 유치원 운동회가 열렸습니다. 가족들도 초대된 큰 행사였고, 음향 시설도 설치되어 꽤나 떠들썩한 하루였습니다. 그런데 평소에 겁이 많고 예민한 6세 아이가 운동회가 열린 체육관에 입장하려 하지 않았습니다. 그날 아이는 종일 엄마 품에 안겨 귀를 막고 울기만 했습니다. 큰 소리에 놀랐을 것이라고 생각했지만, 일상에서도 다른 사람들이 크게 신경 쓰지 않는 부스럭거리는 소리나 친구들의 말소리에도 힘들어합니다. 이러한 반응은 왜 나타나는 걸까요?

행동의 원인은 무엇일까요?

아이가 예민하고 겁이 많은 성격을 가지고 있거나 까다로운 기질을 가졌을 경우, 또는 소리를 처리하는 뇌의 편도체가 다르게 작용하여 어떤 소리에 주의를 기울여야 하는지 결정하지 못하는 경우, 다른 사람은 크게 신경 쓰지 않는 작은 소리에도 예민하게 반응할 수 있습니다.

A 선행사건	B 행동	C 결과
예기치 못한 소리가 들리는 활동	귀를 막는다.	소리의 강도를 줄인다.

- 문제행동의 기능은 **회피하기(불쾌자극 피하기)** 입니다.
- 생활 곳곳에서 들리는 작은 소리부터 큰 소리를 피하기 위해 귀를 막자 불편하게 들리던 소리의 강도가 줄어들게 되었습니다.

이렇게 도와주세요

- 소음을 미리 예고하여 마음의 준비를 시켜주세요.

우선적으로 유아가 특별히 싫어하는 소리 자극이 무엇인지 파악하기 위해 관찰과 면담을 통해 정보를 수집하는 것이 중요합니다. 만약 유아가 갑작스러운 큰 소리를 싫어한다면, 미리 그에 대해 예고해 주는 것이 좋습니다. 예를 들어, "오늘은 음악회를 관람하는 날이야. 음악회이기 때문에 여러 가지 악기가 큰 소리로 연주될 것이고, 친구들은 기뻐서 소리를 지를 수도 있어."와 같이 사전 안내를 해줍니다. 이처럼 소리가 날 가능성을 미리 알려준 후에도 유아가 힘들어한다면, 소음을 막아주는 헤드폰을 착용하게 하거나, 유아가 행사장과 거리를 두고 소리가 최대한 편안하게 들리는 장소에 위치할 수 있도록 돕습니다.

- 소리에 서서히 노출시켜 주세요.

아이가 불편해하는 소리를 파악한 후, 점진적으로 노출시키는 방법을 시도해 볼 수 있습니다. 불편함을 느끼는 정도는 유아마다 다르기 때문에, 예를 들어 스피커에서 흘러나오는 크고 웅장한 사운드나 갑작스럽게 울리는 사이렌 소리에 불편함을 느끼는 유아가 있는 반면, 큰 소리는 괜찮지만 일상에서의 작은 소음에 더 민감하게 반응하는 유아도 있습니다. 따라서 각 유아가 지닌 소리에 대한 민감성을 이해한 후, 처음에는 불편함의 강도가 약한 소리부터 시작하고 점차 그 강도를 높여가며 다양한 소리에 익숙해질 수 있도록 도와줘야 합니다.

심호흡과 이완 기술을 통해 불안감을 낮추어 주세요.

소음으로 인해 괴로워하는 모습을 보이는 유아가 있을 경우, 먼저 소음이 발생하는 공간에서 벗어나도록 도와줍니다. 그런 다음 유아에게 심호흡을 깊게 할 수 있는 시간을 제공해야 합니다. 이와 같은 호흡 기술은 유아가 긴장감을 풀고 안정감을 찾는 데 큰 도움이 될 수 있습니다. 아이에게 심호흡의 중요성을 알려주고, 직접 심호흡하는 방법을 보여주는 등 스스로 감정을 조절하는 방법을 가르쳐주는 것이 중요합니다.

생활 전반에서 아이가 보이는 어려움을 체크해 보세요.

예민한 아이는 소리에 대한 민감성뿐만 아니라 다양한 복합적인 문제를 가지고 있는 경우가 많습니다. 이러한 아이들은 낯선 상황이나 사람에 대한 두려움, 그리고 비정상적인 감각 반응을 함께 경험할 수 있습니다. 따라서 증상이 지속되거나 심각하게 느껴질 경우, 전문가의 도움을 통해 보다 체계적인 지도를 받는 것이 중요합니다.

문제행동의 기능이 '회피하기(불쾌자극 피하기)'라면…

소리에 예민한 아이에게는 단순한 소음 감소보다 감각 조절 능력 향상이 중요합니다. 아이가 싫어하는 소리에 점진적으로 노출시키고(예 진공청소기 소리를 멀리서부터 점차 가까이), 소리로부터 쉴 수 있는 조용한 공간을 제공합니다. 심호흡이나 근육 이완 등 이완 기술을 가르치고, 다양한 소리의 특징을 알려주어 예측 가능성을 높입니다. 소리에 대한 불안을 잘 다루는 노력에는 칭찬을 하고, 필요시 전문가의 도움을 받습니다. 항상 아이의 감정을 존중하고, 안전하고 예측 가능한 환경을 조성하며, 아이의 속도에 맞춰 꾸준히 접근하는 것이 중요합니다.

사례 5 양치질을 하지 않으려 해요.

맛있는 점심을 먹고 나면 반 친구들은 하나둘씩 칫솔과 양치 컵을 가지고 양치질하기 위해 화장실로 향합니다. 친구들은 윗니, 아랫니, 그리고 혀까지 열심히 닦고, 물로 입을 헹구며 대부분 스스로 양치질을 합니다. 교사의 도움이 필요한 친구도 있지만, 대다수는 자립적으로 양치를 할 수 있습니다. 그러나 유정이는 양치질이 싫은지 칫솔에는 관심을 두지 않고 도망가려고 합니다. 저는 유정이를 겨우 데리고 화장실로 가지만, 유정이가 입을 벌리지 않아 양치질이 매번 어려운 상황입니다. 이러한 상황을 어떻게 해결할 수 있을까요?

행동의 원인은 무엇일까요?

양치질은 선택적으로 할 수 있는 활동이 아니기 때문에, 양치질을 거부하는 유아의 행동이 더욱 고민스럽습니다. 유아가 칫솔을 입에 넣는 것부터 거부하는 이유 중 하나는 칫솔과 치약의 질감이나 느낌이 불편하기 때문입니다. 이러한 불쾌한 감각을 피하려는 마음에서 양치질 자체를 거부하게 되는 것입니다.

A 선행사건	B 행동	C 결과
점심 식사 후	양치질을 거부한다.	양치질을 하지 않는다.

- 문제행동의 기능은 **회피하기(싫은 감각 피하기)** 입니다.
- 점심 식사 후 양치질하지 않아 싫어하는 감각을 회피할 수 있었습니다.

이렇게 도와주세요

- 해야만 하는 일이 있다는 것을 알려주세요.

유아에게 유치원은 사회생활을 하는 곳입니다. 따라서 하기 싫은 것도 해야 하는 상황이 오고, 꼭 해야만 하는 일도 생깁니다. 양치질은 유아의 건강과 직결되기 때문에 꼭 해야만 하는 일입니다. 하지만 감각이 예민해서 입 안에 무엇을 넣기 싫어하는 유아, 칫솔의 질감을 싫어하는 유아, 치약의 맛과 향을 싫어하는 유아가 있을 수 있습니다. 이런 유아에게도 양치질은 반드시 해야 하는 것임을 단호하게 이야기해 주고, 하기 싫어도 양치할 수 있도록 일관성 있게 지도해야 합니다. 유아의 거부가 심한 날은 양치질하지 않게 하고 유아의 거부가 적거나 없는 날은 양치질을 시도한다면 일관성이 유지되지 않아 유아에게 교육효과가 낮아지게 될 것입니다.

유아가 좋아하는 것을 활용해 주세요.

내가 싫어하는 것을 해야 하지만, 싫어하는 활동 속에 한 가지라도 좋아하는 것이 있다면 조금은 힘이 나지 않을까요? 유아도 마찬가지입니다. 양치질은 너무 싫지만 양치하는 칫솔이 내가 좋아하는 캐릭터 모양이어서, 치약이 달콤한 맛이어서, 양치질 동영상이 재미있어서 등 유아가 좋아하는 것으로 유아의 기분이 나아진다면 양치질은 기분 나쁜 활동이 아니라 즐거운 활동으로 변화할 수 있습니다.

가정과 연계하여 습관을 만들어주세요.

양치질 지도 중 가장 중요한 것은 습관을 형성하는 것입니다. 평소 양치질을 싫어하는 유아가 양치질해야 하는 것을 배우고 좋아하는 도구를 사용하여 양치질하는 것을 반복해 주세요. 이때 가정 연계는 꼭 필요합니다. 유치원과 가정 두 곳 중 한 곳에서만 양치하고 다른 곳에서는 양치하지 않는다면 유아가 습관을 형성하기 어렵습니다. 유아를 위해 일관성을 만들어주세요.

교사의 지원은 처음엔 많이! 점차 줄여서 스스로 성공하게 해주세요.

양치하기 싫어하는 유아를 양치시키기 위해 교사가 처음부터 끝까지 도와주는 경우가 많이 있습니다. 유아를 지원하는 여러 가지 방법 중 한 가지로 교사의 도움을 점점 줄여나가는 방법이 있습니다. 이를 도움감소법이라고 합니다. 도움감소법을 활용하여 유아가 행동을 배울 수 있게 해주세요. 처음 시작은 교사가 전반적으로 도움을 주고 마지막 행동만 유아 스스로 할 수 있도록 하여 마지막 행동을 통해 유아가 스스로 성공한 것처럼 해주세요. 이때 큰 칭찬을 통해 유아가 자신의 행동이 잘한 것임을 알 수 있게 해주세요. 점차 유아의 비중을 늘려가며 유아가 스스로 성공할 수 있게 지원해 주세요.

문제행동의 기능이 '회피하기(싫은 감각 피하기)'라면…

아이가 양치질을 싫어한다면, 억지로 시키기보다 긍정적인 방법으로 접근해야 합니다. 처음에는 칫솔을 만져보게 하고, 얼굴에 살짝 대는 등 점진적으로 입에 가까이 가져갑니다. 부드러운 칫솔, 맛이 순한 치약 등 아이에게 맞는 용품을 사용하고, 양치 시도에 칭찬과 보상을 합니다. 인형에게 양치하는 놀이를 하거나, 양치 후 좋아하는 활동을 하도록 하는 등 양치를 즐겁게 만들어주는 것도 좋습니다. 가족이 양치하는 모습을 보여주는 것(모델링)도 도움이 됩니다. 아이와 함께 양치 계획을 세우고, 아이의 의견을 존중하며 협력하는 것이 중요합니다. 꾸준한 노력과 인내심이 필요하며, 강압적인 방법은 피해야 합니다.

감각통합의 관점의 원인분석

- **감각적 민감성**

유아는 칫솔의 질감과 치약의 맛, 향에 대해 민감하게 반응할 수 있습니다. 이러한 감각적 불편함은 유아에게 강한 스트레스나 불안감을 유발하며, 그로 인해 양치질을 피하려는 행동을 보입니다. 고통스럽고 불쾌하게 느껴지는 경험은 유아가 특정 행동을 거부하는 이유가 됩니다.

- **회피 동기**

양치질은 의무적인 활동으로, 유아가 느끼는 부정적인 감각을 피하려는 회피적인 성향이 작용합니다. 즉, 유아는 양치질을 하지 않음으로써 자신이 싫어하는 감각 자극을 회피할 수 있다는 것을 알고 있기 때문에 이를 반복합니다.

사례 6 활동 및 장소 변화를 싫어해요.

비가 오는 날 유치원 버스를 타고 등원한 유아는 평소 내리던 정문이 아닌 후문에서 하차하여 교실로 오게 되었습니다. 이로 인해 유아는 버스에서 내릴 때부터 소리를 지르며 짜증을 냈습니다. 이후 교실에서 놀이하다가 특별실로 이동해야 하는 시간이 되자, 유아는 교실에서 나가기 싫다며 바닥에 누워 버둥거리며 울었습니다. 이처럼 유치원에서 활동이나 장소의 변화를 싫어하며 고집을 부리는 유아를 어떻게 지도할 수 있을까요?

행동의 원인은 무엇일까요?

종종 불안감이 높거나 자폐 성향이 있는 유아들은 변화에 민감하게 반응합니다. 새로운 것을 회피하고 항상 현상을 유지하고 싶은 마음이 커서 장소를 이동하거나 활동의 변화를 싫어하는 것을 자주 볼 수 있습니다.

A 선행사건	B 행동	C 결과
활동이 끝난 후	다른 장소로 이동한다 (다른 활동을 시작한다).	장소 및 활동의 전이를 거부한다.

- 문제행동의 기능은 **회피(변화)** 입니다.
- 활동이 끝난 후 다른 장소로 이동하는 것(다른 활동을 시작하는 것)을 거부하여 장소 변화 및 새로운 활동을 회피하는 것입니다.

이렇게 도와주세요

- 사전 예측을 위해 시각적 시간표를 만들어주세요.

유난히 변화를 싫어하는 유아가 있습니다. 이 유아는 자신만의 특정 루틴이 변경되면 울거나 짜증을 내고, 심할 경우 공격적인 행동을 보이기도 합니다. 이러한 행동은 유아가 변화에 민감하고 이를 싫어한다는 것을 나타냅니다. 변화가 없는 안정적인 환경은 유아에게 도움을 줄 수 있지만, 유치원에서는 이를 실현하기 어렵습니다. 따라서 유아에게 예측 가능성을 높여주는 것이 필요합니다. 예측 가능성은 유아가 미리 다음에 무엇을 할지 알 수 있는 것입니다. 예를 들어, 오전 아침 인사 시간에 오늘 하루 우리 반이 어떻게 지낼지를 알려주는 방법이 효과적입니다. 단순히 말로만 전달하는 것보다 그림이나 사진과 같은 시각적 매체를 사용하면 유아에게 더욱 효과적입니다.

- 자기 점검을 할 수 있게 해주세요.

자기 점검은 자신의 행동의 양이나 질을 측정하여 스스로 기록하는 방법입니다. 이 과정에서 자기 행동을 기록하는 것만으로도 바람직한 방향으로 행동이 변화하는 반응 효과가 나타납니다. 특히 결과를 시각적 그래프로 기록하면 이러한 반응 효과는 더욱 강화됩니다. 유아가 자신의 행동을 점검할 수 있도록 도와주기 위해 활동 변화가 긍정적일 때 쉽게 스티커를 붙여줄 수 있습니다. 하루가 끝나면 모은 스티커의 개수에 따라 보상을 제공함으로써 유아가 자기 점검의 중요성과 긍정적인 행동 변화를 경험하도록 할 수 있습니다.

좋은 기억을 심어주세요.

장소 이동을 싫어하는 유아에게는 해당 장소에 대한 긍정적인 기억이 매우 중요합니다. 유아가 좋아하는 장소로의 이동 경험을 자주 제공함으로써 이동이 어렵고 무서운 것이 아니라는 인식을 심어줄 필요가 있습니다. 이를 효과적으로 수행하기 위해 학기 초에 유치원 곳곳을 함께 다니며 각 장소에서 무엇을 할 수 있는지를 알려주는 활동이 도움이 됩니다. 이때 유아가 그 장소에서 즐겁게 놀이하는 모습을 사진으로 찍어, 이후에 그 사진을 활용하는 것도 좋은 방법입니다.

일관성을 유지해 주세요.

유아가 변화에 대해 익숙해지기 위해서는 시간과 노력이 필요합니다. 그 시간과 노력만큼 일관성도 중요합니다. 교사 본인만의 지침을 만들어 그 지침에서 벗어나지 않도록 교육하는 것이 중요합니다. 유아가 너무 많이 운다고 그 활동을 안 하게 하거나 장소 이동을 하지 않고 교실에 머무르게 하는 것은 좋은 방법이 아니란 것입니다. 또한 유아에게 이야기할 때는 평온하고 따듯하지만 단호하게 말해주어야 합니다. 유아의 행동에 따라 화를 내거나 큰 소리로 이야기하는 것은 올바르지 못합니다.

문제행동 기능이 '회피(변화)'라면…

변화를 싫어하는 아이에게는 예측 가능성과 안정감을 제공하는 것이 중요합니다. 변화를 미리 그림이나 사진 등으로 알려주고(예고), 새로운 상황에 점진적으로 적응하도록 합니다. 좋아하는 물건이나 활동을 함께하며 안정감을 주고, 하루 일과를 그림으로 보여주는 일과표를 활용합니다. 새로운 상황에 적응하려는 노력에는 칭찬과 보상을 하고, 역할극을 통해 미리 연습할 수 있도록 합니다. 심한 불안감이 있으면 전문가의 도움을 받는 것이 좋습니다. 항상 아이의 속도에 맞춰 강압 없이 차분하게 돕는 것이 중요합니다.

감각통합의 관점의 원인분석

• **감각적 안정감**

익숙한 공간에서 오는 감각적 안정감은 유아에게 큰 안도감을 줍니다. 좁고 잘 알고 있는 환경에 있는 것이 상대적으로 안전하다고 느끼는 것입니다. 반면에 새로운 환경은 예측 불가능한 자극으로 작용하며, 이는 더 큰 불안으로 이어질 수 있습니다.

• **높은 불안감**

변화에 민감한 유아들은 새로운 상황이나 환경에 대해 불안을 느낄 수 있습니다. 특히 자폐 성향이 있는 경우에는 예측할 수 없는 상황에 대한 두려움이 더욱 커질 수 있습니다. 유아는 일정한 루틴을 선호하며, 변화가 세상을 낯설고 불안하게 느끼게 만듭니다.

• **회피 동기**

이 유아는 활동이 끝난 후 다른 장소로 이동해야 하는 상황에서 불편함을 느끼고 그로 인해 거부감을 표현합니다. 그 행동은 특정 상황에서의 긴장감이나 불안감을 회피하려는 방식입니다. 즉, 변화를 받아들이는 대신 현재의 안정된 상태를 유지하고 싶어 합니다.

감각통합 관점에서의 중재 방안

- **시각적 시간표 제공하기**

예측 가능성을 높이는 것이 중요합니다. 유아가 오늘의 일정을 미리 알 수 있도록 시각적 시간표를 만들어주세요. 그림이나 사진을 사용하여 유아가 한눈에 볼 수 있도록 하여, 어떤 활동이 언제 시작될지를 알 수 있게 돕습니다. 이 방식은 유아가 변화를 준비하는 데 도움을 줄 수 있습니다.

- **자기 점검 기회 제공하기**

자기 점검은 유아가 자신의 행동을 스스로 기록하고 확인할 수 있는 기회를 제공합니다. 활동 변화가 잘 이루어졌을 때 스티커를 붙이는 등의 긍정적인 피드백은 유아의 행동 개선에 효과를 줄 수 있습니다. 시각적인 결과를 그래프로 기록하여 유아가 자신의 목표 달성을 쉽게 확인할 수 있도록 하는 것이 중요합니다.

Chapter

15

강한 압박 자극 선호 및 촉각 자극 추구 행동의 지도 및 상담 사례

사례

1. 좁은 공간에 끼어있는 것을 좋아해요.
2. 자기 머리카락을 꼬아요.
3. 높은 곳에 올라가서 뛰어내리려고 해요.
4. 과도한 신체 접촉으로 친구들이 불편해해요.
5. 친구들 앞에서 자신의 소중한 부분을 보여주려고 해요.
6. 자위를 하는 것 같아요.
7. 활동 중 관련 없는 소리를 계속 내요.

사례 1 좁은 공간에 끼어있는 것을 좋아해요.

6세 정수는 항상 교실 구석의 교구장 옆 좁은 틈새에 혼자 앉아 있습니다. 교사로서 이 아이가 그 좁은 공간에서 다칠까 봐 걱정되기도 하고, 혼자만 노는 것 같아 넓은 곳에서 친구들과 함께 놀 것을 제안하지만, 아이는 결국 같은 자리로 돌아갑니다. 좁은 공간은 몸도 자유롭게 움직이지 못하고 불편할 텐데, 왜 이런 행동을 할까요?

행동의 원인은 무엇일까요?

촉각 자극에 대한 신경계의 불균형을 겪는 유아들 중 보통의 자극에서는 만족하지 못하고 아주 강한 자극일 때만 만족감을 느끼는 경우가 있습니다. 이 경우 좁은 공간에 몸을 꽉 끼울 때 느껴지는 강한 압박 자극이 자기 자신에게 만족감을 지속시킬 수 있습니다.

A 선행사건		B 행동		C 결과
현재의 자극에서 불충분함을 느낀다.	▶	좁은 공간에 몸을 꽉 끼운다.	▶	강한 압박으로 기분 좋은 느낌을 받는다.

- 문제행동의 기능은 **자기강화(쾌자극 획득)** 입니다.
- 현재의 자극이 불충분하다는 생각이 들자 좁은 공간에 자신의 몸을 꽉 끼웁니다. 좁은 공간은 유아에게 강한 압박 자극이 되어 기분 좋은 느낌을 줍니다.

이렇게 도와주세요

- 비슷한 느낌을 주면서 안전한 공간을 제공해 주세요.

좁은 공간에 끼어있는 행동을 문제행동으로 볼 수는 없지만, 항상 같은 공간에만 있으려고 하는 점, 안전사고의 위험이 존재하는 점, 그리고 주변과의 상호작용이 어려워지는 점에서는 교사의 지원이 필요합니다. 이 경우 비슷한 느낌을 줄 수 있는 대체 공간을 만들어주는 것이 효과적입니다. 압박 자극을 제공하는 것이 중요한 포인트이기 때문에, 해먹, 터널 매트, 튜브, 또는 1인용 소파와 같은 다양한 놀이 기구를 교실 곳곳에 배치하여 유아가 여러 공간에서 자극을 충족할 수 있도록 돕는 것이 좋습니다.

- 촉각 자극을 높이는 다양한 놀이를 지원해 주세요.

유아가 매번 좁은 공간에 앉아 있기만 하면 그 시간 동안 경험할 수 있는 다양한 기회를 놓치게 됩니다. 특히 높은 강도의 촉각 자극이 필요한 유아의 경우 다양한 촉감 놀이를 제공하는 것이 좋습니다. 예를 들어, 손과 물체가 강한 힘으로 닿는 점토 놀이, 블록 놀이, 그림 그리기와 같은 활동뿐만 아니라 실뜨기, 걸레질과 같은 일상의 소근육 활동들도 촉각 자극을 충분히 채우기에 효과적입니다. 또한 볼풀 놀이, 물총 놀이, 모래 놀이, 술래잡기와 같은 대근육 활동은 전신에 자극을 주고 친구와의 접촉이 필요하기 때문에 보다 강한 자극을 제공하며, 친구들과의 즐거운 상호작용을 촉진하는 장점도 있습니다.

문제행동의 기능이 '회피하기'라면…

우리의 뇌는 외부 자극 중에서 자신에게 필요한 정보만 선택적으로 받아들입니다. 만약 모든 자극이 정보로 유입된다면, 우리의 뇌는 쏟아지는 정보로 혼란스러워지고 일상생활에도 많은 지장을 받을 수 있습니다. 그러나 자극을 선택적으로 처리하는 능력이 부족한 유아의 경우, 과도한 자극을 차단하기 위해 일부러 좁은 장소를 선택하려는 경향이 있습니다. 따라서 이렇게 좁은 공간을 선호하는 유아를 위해 교실 내에 안전하고 편안한 공간을 마련해 주는 것이 좋습니다. 교실에서 가장 조용한 구역을 선정하고, 유아가 편안함을 느낄 수 있는 시각적 요소들과 포근한 쿠션을 배치하여 안정감을 제공하면, 유아가 필요한 감각 정보를 최소화하며 안정을 찾을 수 있도록 도와줄 수 있습니다.

감각통합의 관점의 원인분석

• **감각적 불충분함**

이 아이는 일반적인 자극에서 충분함을 느끼지 못하고, 오히려 강한 자극을 원할 가능성이 있습니다. 촉각 자극에 대한 그의 신경계가 보통의 자극에 대해서는 반응이 덜 하고, 강한 압박 자극을 통해서만 만족감을 느끼는 경우가 많습니다. 좁은 공간에 몸을 꽉 끼우는 행동은 그에게 필요한 강한 압박감을 제공하므로, 기분이 좋아지는 결과를 가져옵니다.

• **안정감과 자기조절**

촉각 자극이 필요한 아이는 친구들과의 상호작용보다 감각적 안정감과 자기조절을 우선시할 수 있습니다. 좁은 공간은 아이에게 '안전한 공간'으로 여겨질 수 있으며, 예측 가능한 환경을 제공합니다.

• **자동강화**

아이가 좁은 공간에서 느끼는 강한 압박감은 감각적 쾌감을 제공하여 이 행위를 지속하게 만드는 강화 요소로 작용합니다. 즉, 좁은 공간에 몸을 끼우는 행동은 그의 감각적 욕구를 충족시켜 주는 쾌자극을 기반으로 한 자기강화 행동입니다.

감각통합 관점에서의 중재 방안

• **촉각 자극을 높이는 다양한 놀이 지원**

아이가 좁은 공간에서 노는 시간 동안 잃게 되는 다양한 경험을 보완하기 위해 다양한 촉각 놀이를 지원하는 것이 필요합니다. 예를 들어, 점토 놀이, 블록 놀이 또는 그림 그리기와 같이 손과 물체가 강하게 닿는 활동을 제공할 수 있습니다. 일상적인 소근육 활동인 걸레질이나 실뜨기 같은 것도 좋습니다. 대근육 활동에서는 볼풀 놀이, 물총 놀이, 모래 놀이, 술래잡기 등을 통해 아이가 다른 친구들과 상호작용할 수 있도록 유도하는 것이 중요합니다. 이러한 활동은 아이에게 필요한 자극의 강도를 제공할 뿐만 아니라 친구들과의 즐거운 상호작용을 가능하게 해줍니다.

• **안전한 대체 공간 제공**

아이가 좋아하는 압박감을 느낄 수 있는 대체 공간을 제공하는 것이 중요합니다. 해먹, 터널 매트, 튜브, 혹은 1인용 소파 등을 교실에 배치하여 아이가 강한 압박감각을 느낄 수 있는 안전한 장소를 만들어주어야 합니다. 이러한 대체 공간은 감각 욕구를 충족시키면서도 안전사고의 위험을 줄일 수 있습니다.

사례 2 자기 머리카락을 꼬아요.

조용하고 내성적인 5세 여아가 유치원에서 머리카락을 빙빙 꼬는 모습을 자주 보입니다. 최근에는 그 행동이 심해져 머리카락을 한 올씩 뽑는 경우도 종종 발견됩니다. 특히 수업 시간이나 친구들 없이 혼자놀이할 때 이러한 행동이 두드러집니다. 이러한 상황에서 어떻게 도와줄 수 있을까요?

행동의 원인은 무엇일까요?

내성적인 아이에게 수업 시간은 긴장감의 연속입니다. 수업이 어떤 방향으로 흘러갈지 예측할 수 없기 때문입니다. 어려운 과제가 주어지기도 하고, 갑작스럽게 발표를 해야 하는 긴장감을 높이는 상황이 생기기도 합니다. 또한 내성적인 아이들은 친구관계에 있어서도 어려움을 보입니다. 친구가 먼저 말을 건네지 않는다면 먼저 다가가는 것을 어려워해 친구와의 놀이시간이 어색하고 불편할 수 있습니다.

A 선행사건	B 행동	C 결과
예측이 어려운 수업 시간이나 혼자 있는 놀이시간	머리카락을 빙빙 꼬고 뽑는다.	긴장감이 줄어든다.

- 문제행동의 기능은 **회피하기(긴장감 줄이기)** 입니다.
- 유아가 예측할 수 없는 수업 시간이나 친구에게 먼저 다가가는 것이 어려운 놀이시간 동안 유아는 머리카락을 빙빙 꼬고 뽑으면서 자신의 긴장감을 줄입니다.

이렇게 도와주세요

- 긴장 완화 방법을 찾아보세요.

아이들은 성장 과정에서 긴장도가 높아지는 순간을 자주 경험하게 됩니다. 이럴 때 자기만의 건강한 이완 방법을 찾아보는 것이 중요합니다. 예를 들어, 심호흡을 통해 마음을 가라앉히거나, 머릿속에서 자신만의 긍정적인 주문을 외워볼 수 있습니다. 때로는 긴장한 상황을 애써 피하려 하지 않고 정면으로 마주하는 것이 오히려 긴장을 완화하는 데 도움이 될 수 있습니다. 아이가 자신에게 맞는 이완 기법을 발견하고 연습할 수 있도록 지원하는 것이 중요합니다.

- 주변의 애정과 관심을 통해 유아에게 자신감을 키워주세요.

내성적이고 긴장도가 높은 아이들은 작은 성취 경험이나 주변의 애정과 관심만으로도 자신감을 키울 수 있습니다. 교사는 이러한 유아의 강점을 발휘할 수 있는 활동을 제공함으로써 성취감 있는 경험을 주고, 친구들을 적극적으로 도와주는 꼬마 선생님이나 또래 도우미의 기회를 제공합니다. 이러한 접근은 유아가 자신의 존재에 대해 긍정적으로 생각하게 하고, 주도적인 삶을 살아갈 수 있도록 돕는 데 큰 도움이 됩니다.

친구에게 용기 내어 다가갈 수 있도록 격려해 주세요.

교사는 유아에게 친구관계는 기다림보다 노력이 필요한 순간이 많음을 알려줍니다. "친구를 사귀기 위해서는 너의 노력도 필요해. 처음에는 가벼운 인사로 시작하면 돼. 선생님이 함께 도와줄게."라고 말하며 친구에게 먼저 다가가는 것을 어려워하는 유아의 곁에서 든든한 지원군이 되어줍니다. 이때 교사는 유아들 곁에서 함께 놀이하며, 놀이가 시작되고 유지되기 위한 적절한 말과 행동을 시범 보입니다. 또한 유아들 간의 공통된 관심사가 담긴 교구를 배치하여, 교구를 중심으로 유아들이 자연스럽게 놀이를 시작할 수 있도록 환경적 지원을 아끼지 않습니다.

문제행동의 기능이 '자동강화'라면…

아무런 이유 없이 일관성 없이 시시때때로 유아가 자신의 머리카락을 꼬고 뽑는 행동을 반복한다면, 이러한 행동은 감각적으로 즐거움을 주기 때문일 수 있습니다. 이 경우 반복적인 행동이 습관처럼 굳어져 무의식적으로 계속 나타날 위험이 있으므로, 유아가 현재 하고 있는 행동에 대해 의식적으로 인식할 수 있도록 지도할 필요가 있습니다. 예를 들어, 이렇게 이야기할 수 있습니다. "머리카락을 빙빙 돌리며 꼬는 게 꽈배기 모양 같아서 신기해. 그런데 머리카락을 돌릴 때 혹시 따갑거나 아프지는 않을까? 선생님은 네가 계속 머리카락을 꼬을 때마다 너의 소중한 머리카락이 자꾸 뽑혀서 나중에 사라질까 걱정이야." 이처럼 대화를 통해 유아가 현재의 행동을 반복했을 때 발생할 수 있는 상황을 자각하도록 돕는 것이 중요합니다. 이러한 접근은 유아가 자신의 행동에 대한 책임감을 느끼고, 좀 더 긍정적인 대체 행동을 찾도록 유도하는 데 도움이 될 수 있습니다.

감각통합의 관점의 원인분석

• **감각적 불안정성**

예측할 수 없는 수업 시간이나 친구에게 먼저 다가가는 것이 어려운 상황에서, 이 아이는 높은 긴장감을 느끼고 있습니다. 감각적인 자극이나 사회적 상호작용의 불확실성은 아이로 하여금 불안감이 극대화되도록 만듭니다. 이럴 때 아이는 머리카락을 빙빙 꼬거나 뽑는 행동으로 긴장감을 줄이려는 경향을 보입니다. 이러한 행동이 아이에게 어느 정도는 안정적인 감각적 자극을 제공하는 기능을 하는 것으로 볼 수 있습니다.

• **감각 추구**

머리카락을 만지고 뽑는 행위는 또한 자극을 추구하는 경향을 나타낼 수 있습니다. 이러한 행동이 반복되면 아이는 안정감이나 즐거움을 느낄 수 있으며, 감각통합 과정에서 스스로에게 필요한 자극을 찾는 방식이 되는 것입니다.

• **회피 동기**

머리카락을 꼬고 뽑는 행동은 주어진 상황에서 느껴지는 긴장감에서 벗어나기 위한 회피적인 반응으로 볼 수 있습니다. 이 아이는 수업의 예측 불가능성과 사회적 상호작용의 어려움으로부터 벗어나기 위해 이러한 행동을 반복합니다. 스스로 느끼는 긴장감이나 불안감을 다루는 방식으로, 자신의 감각적 욕구를 충족하려고 하는 것입니다.

사례 3 높은 곳에 올라가서 뛰어내리려고 해요.

6세 남아입니다. 몸을 잠시도 가만히 있지 않고 돌아다니려 합니다. 특히 교사가 조금이라도 시선을 돌리면 그 순간 낮은 책상, 의자, 교구장 위 어느 곳이든 올라가 있다가 힘껏 뛰어내립니다. 어떤 날은 바깥놀이에 나갔는데 나무 위에 올라타서 아래로 뛰어내려 크게 혼낸 적이 있습니다. 아무리 지도해도 나아지지 않고 아이는 교사의 눈을 피해 같은 행동을 반복합니다. 언제 한번 크게 다치진 않을까 매일 매일 불안하고 걱정이 됩니다. 아이의 이러한 행동의 원인이 무엇일까요? 안전을 최우선으로 하면서 아이의 행동을 개선할 수 있는 방법을 알고 싶습니다. 아이의 에너지를 안전하게 발산할 수 있도록 어떤 활동을 제공하는 것이 효과적일까요?

행동의 원인은 무엇일까요?

몸을 자꾸 부산스럽게 움직이거나 높은 곳에서 과감하게 뛰어내리는 것을 재미있어 하는 유아의 경우, 일반적인 사람들이 느끼는 자극의 강도보다 더 높은 강도에서 만족감을 느끼는 경우가 많기 때문에 규칙에서 벗어난 행동을 자주 보입니다.

A 선행사건	B 행동	C 결과
현재의 자극에서 불충분함을 느낀다.	높은 곳에서 아래로 힘껏 뛰어내린다.	기분 좋은 느낌을 받는다.

- 문제행동의 기능은 **자동강화(쾌자극 얻기)** 입니다.
- 현재의 자극이 불충분하다는 생각이 들자 높은 곳에 올라가 아래로 힘껏 뛰어내립니다. 뛰어내릴 때 느껴지는 자극은 유아에게 기분 좋은 느낌을 줍니다.

이렇게 도와주세요

- 위험성에 대해 일관되게 설명해 주세요.

과감한 신체 운동은 유아의 운동 능력과 안전 감각을 개발하는 데 도움을 줄 수 있지만, 유치원에서 교사와 유아의 비율이 1대 다수인 현실에서는 개개인의 도전을 마음 놓고 격려하기 어려운 상황입니다. 유치원은 항상 안전사고의 위험에 노출되어 있기 때문입니다. 유아들도 높은 곳에서 뛰어내리는 것이 위험한 행동이라는 것을 잘 알고 있습니다. 하지만 아이들은 즐거움을 추구하는 과정에서 위험한 행동을 할 수 있습니다. 교사가 이러한 위험성을 심각하게 인지하도록 아이들에게 반복적으로 설명한다면, 아이들은 자신의 행동을 더욱 주의 깊게 통제하려고 노력할 것입니다.

관심을 다른 곳으로 돌릴 수 있게 해주세요.

유아가 높은 곳에 올라가려 할 때, 대신 다른 재미있는 활동을 제안하여 유아의 관심을 돌리는 것이 좋습니다. 예를 들어, "너 지난번에 블록으로 주차타워를 만든 거 정말 신기했어. 이번에는 큰 트럭도 주차할 수 있는 주차타워를 만들어볼 수 있을까?"라고 말하며 유아의 능력을 칭찬하고 도전의식을 자극합니다. 이렇게 하면 유아는 자신의 창의력을 발휘할 수 있는 기회를 얻게 되고, 높은 곳에 올라가는 것 대신 블록 놀이에 집중하게 되어 보다 안전하게 놀 수 있습니다.

에너지를 발산할 수 있는 기회를 제공해 주세요.

모험심이 강한 유아에게는 위험하다는 이유만으로 높은 곳에서 뛰어내리는 행동을 금지하는 것은 효과적이지 않을 수 있습니다. 유아들은 "나는 다치지 않을 만큼 안전하게 뛰어내릴 수 있다."는 자신에 대한 믿음을 가지고 있기 때문입니다. 따라서 무조건적인 금지보다는 안전한 환경에서 에너지를 마음껏 발산할 수 있도록 지원하는 것이 훨씬 효과적입니다. 하루 중 일정한 시간을 정해 놀이터에 가거나 산책을 하고, 공놀이 및 전통놀이를 통해 에너지를 소모할 기회를 제공하면 유아는 높은 곳에서 뛰어내리는 것 외에도 즐겁게 에너지를 발산할 수 있는 다양한 방법을 알게 될 것입니다.

문제행동의 기능이 '관심 끌기'라면…

유아들은 또래 속에서 자신의 힘을 과시하고 능력을 인정받는 것을 좋아합니다. 특히 어린아이들은 힘이 세고 운동 신경이 뛰어난 친구들을 칭찬하고 동경하는 경향이 있어, 이에 맞추어 더 과격한 행동을 보일 때도 많습니다. 높은 곳에서 뛰어내리는 행동은 단순히 뛰어난 운동 능력뿐만 아니라 용기도 필요하기 때문에, 친구들에게 많은 주목을 받을 수 있습니다. 이런 경우 안전의 중요성을 반복적으로 강조하는 것이 필요합니다. 유아가 위험한 행동을 하지 않도록 지도하며, 대신 친구들에게 칭찬과 관심을 받을 수 있는 유아의 다른 강점을 발견하고, 이를 교실에서 뽐낼 수 있는 기회를 제공하는 것이 좋습니다.

감각통합의 관점의 원인분석

• 감각적 불충분함

아이가 현재의 자극에서 불충분함을 느낀다는 점은 매우 중요합니다. 이 아이는 일반적으로 경험하는 감각 자극의 강도가 부족하다고 느끼기 때문에, 스스로 감각적 자극을 증가시키기 위해 높은 곳에 올라가서 뛰어내리는 행동을 선택합니다. 높은 곳에서 내려오는 과정에서 받아들이는 중력과 속도, 그리고 땅에 착지하는 순간의 감각은 매우 강렬하고 자극적이기 때문입니다.

• 감각 추구 행동

아이는 감각 추구에 의해 높은 곳에서 뛰어내리는 행동을 하게 될 수 있습니다. 감각 추구란 특정 감각을 즐기거나 자극을 얻기 위해 특정 행동을 반복하는 것입니다. 높은 곳에서의 착지로 인한 감각은 아이에게 강한 쾌감을 주며, 이는 아이에게 즐거움과 만족감을 줍니다. 이러한 행동은 감각통합에 필요한 감각 자극을 의도적으로 찾는 방식일 수 있습니다.

• 자동강화

이 행동은 자동강화의 한 예로 볼 수 있습니다. 즉, 뛰어내릴 때 느끼는 감각적 쾌감이 동기가 되어 반복적으로 행동하게 됩니다. 이는 내적 만족을 추구하는 행동으로, 다른 사람의 반응이나 외부의 보상을 기다리는 것이 아니라 스스로에게서 오는 즐거움으로 이어지는 것입니다.

감각통합 관점에서의 중재 방안

높은 곳에 올라가서 뛰어내리려는 6세 남아의 행동은 감각적 불충분함과 감각 추구, 자동강화, 그리고 운동 능력 발달의 복합적인 요인에 의해 설명될 수 있습니다. 이러한 행동을 이해하고 분석하는 것은 단순히 문제행동을 지적하는 것이 아니라, 아이가 왜 그런 행동을 하는지를 파악하여 적절한 중재 방법을 찾는 데 중요한 기초가 됩니다.

• 관심을 다른 곳으로 돌리기

아이가 높은 곳에 올라가려 할 때, 그 순간에 다른 재미있는 활동을 제안해 보세요. "너 지난번에 만든 블록 주차타워가 정말 멋졌어! 이번엔 큰 트럭도 주차할 수 있는 주차타워를 만들어볼 수 있을까?"와 같이 아이의 능력을 칭찬하면서도 도전의식을 자극할 수 있는 대화를 나누는 것이 중요합니다. 이렇게 하면 아이는 다른 활동에 집중하게 되고 높은 곳에서 뛰어내리는 행동에서 관심을 돌릴 수 있습니다.

• 에너지를 발산할 기회 제공

모험심 강한 아이들은 위험을 회피하게만 한다고 해서 해결할 수 있는 문제가 아닙니다. 무조건적으로 금지하는 것보다는 안전한 환경에서 자신의 에너지를 마음껏 발산할 수 있도록 돕는 것이 훨씬 효과적입니다. 하루 중 일정 시간을 내어 놀이터에 가거나 산책하고, 공놀이와 전통놀이를 통해 에너지를 소모할 수 있게 해준다면, 아이는 높은 곳에서 뛰어내리는 것이 아닌 다른 방법으로도 에너지를 발산할 수 있다는 것을 배우게 됩니다.

사례 4 과도한 신체 접촉으로 친구들이 불편해해요.

6세 윤후는 정적인 놀이보다는 몸을 크게 움직이며 노는 것을 좋아합니다. 힘이 세서 친구를 꽉 껴안거나 높이 들어올리기도 하며, 대부분의 친구들은 이를 재미있어 합니다. 하지만 최근 한 여자아이의 어머니로부터 연락이 왔습니다. 자신의 아이가 친구의 강한 신체 접촉을 불편해한다며, 아무리 여섯 살의 놀이일지라도 다른 사람의 신체에 손대는 일은 삼가 주었으면 좋겠다고 부탁하셨습니다. 유치원에서는 신체 접촉이 잦은 활동이 많은데, 어느 정도까지 이를 놀이로 허용해야 할지 고민이 됩니다.

행동의 원인은 무엇일까요?

유아기는 신체 움직임이 활발한 시기로 온몸을 사용해 친구와 놀이하며 우정을 만들어갑니다. 친구를 힘껏 안고 높이 들어올리는 행동이 또래와 즐거움을 나눌 수 있고, 또래의 관심을 끌 수 있는 효과적인 방법임을 알게 된 유아는 같은 행동을 지속적으로 반복하게 됩니다.

A 선행사건	B 행동	C 결과
친구와 함께하는 놀이시간	친구를 있는 힘껏 껴안고 높이 들어올린다.	친구들이 재미있다고 반응한다.

- 문제행동의 기능은 **관심 끌기(친구들이 주는 관심)** 입니다.
- 친구와 함께하는 놀이시간에 친구를 있는 힘껏 껴안고 높이 들어올리자 친구들이 재미있다고 반응해 주어 친구의 관심을 획득하게 되었습니다.

이렇게 도와주세요

- 신체 접촉에 대한 거리두기 전략을 사용해 보세요.

몸으로 마음껏 노는 경험은 매우 중요합니다. 유아는 신체 활동을 통해 놀이의 영역과 친구를 불편하게 하지 않는 선을 인식하며 자신을 조절하는 능력을 기를 수 있습니다. 이러한 과정에서 가장 좋은 것은 유아가 스스로 놀이하면서 배우는 것이지만, 유아기는 자기중심성이 높은 시기로, 자신의 즐거움이 곧 친구의 즐거움이라고 생각하는 경향이 있습니다. 따라서 친구의 관심과 감정을 살피고 고려하는 것이 어렵다면, 놀이와 상황에 따라 신체 접촉의 거리두기 전략을 사용하는 것이 필요합니다. 예를 들어, 같은 성별의 친구와는 껴안는 것이 가능하겠지만, 다른 성별의 친구와는 손잡기나 가볍게 팔 토닥이기 정도로 제한하는 규칙을 정할 수 있습니다. 이마저도 불편한 친구가 있다면, 그 친구와는 하이파이브를 하거나 대화를 통해서만 활동하도록 하는 거리두기 방법도 고려할 수 있습니다. 이러한 전략은 유아가 친구를 존중하고 서로의 경계를 이해하는 데 도움이 될 것입니다.

친구와 즐겁게 놀이할 수 있는 다양한 방법을 알려주세요.

유치원에서는 신체 접촉 없이도 친구와 어울릴 수 있는 다양한 놀이가 많습니다. 만약 유아가 몸으로 노는 것 외에 친구와 놀이하는 방법을 잘 모른다면, 평소 유아를 세심하게 관찰하여 유아가 가장 좋아하는 놀잇감이나 활동이 무엇인지 파악하는 것이 중요합니다. 이러한 정보를 바탕으로 유아가 관심을 가지는 활동을 중심으로 또래와 어울릴 수 있도록 도와줄 필요가 있습니다. 예를 들어, 유아가 블록 놀이를 좋아한다면 친구들과 함께 블록을 쌓는 활동을 제안하거나, 그림 그리기를 좋아한다면 같이 그림을 그리는 시간을 만들 수 있습니다.

안전교육을 통해 과도한 신체 놀이의 위험성을 안내해 주세요.

유아기는 활발한 신체 에너지를 바탕으로 활동하기 때문에, 안전 감각을 익히기 전에 몸이 먼저 반응해 다칠 위험이 높습니다. 따라서 친구를 세게 껴안거나 높이 들어올리는 행동이 일어난 후에는, 이러한 행동으로 인해 발생할 수 있는 안전사고에 대해 함께 이야기하는 것이 중요합니다.

친구가 불편해하면 멈출 수 있도록 지도해 주세요.

가끔 즐겁게 놀다가도 누군가가 먼저 삐치거나 울며 놀이의 분위기를 반전시킬 때가 있습니다. 이런 상황에서 함께 놀이한 다른 친구는 매우 억울해할 수 있습니다. 하지만 처음에는 모두가 즐겁게 놀이를 시작했더라도, 감정은 언제든지 변할 수 있다는 점을 설명해 주는 것이 중요합니다. 또한 함께 놀이하는 친구가 현재의 놀이를 불편해한다면 즉시 놀이를 멈출 수 있도록 해주는 것이 필요합니다.

문제행동의 기능이 '자동강화'라면…

평소 뚜렷한 목적 없이 주변 사람들과 스킨십을 좋아하는 유아는 신체 접촉 자체가 편안함을 주는 자동강화 기능을 가질 수 있습니다. 스킨십은 상호작용의 한 방법이기 때문에 부정적인 것이라고 단정할 수는 없지만, 유아가 성장함에 따라 신체 접촉의 빈도와 범위를 조절할 필요가 있습니다. 이 경우 바람직한 신체 접촉의 대상과 대체 감각을 미리 정해두면 좋습니다. 예를 들어, 가까운 부모님에게는 언제든지 안겨 편안함을 받도록 하고, 당장 신체 접촉의 대상이 없을 때는 신체 접촉과 같은 편안함을 제공하는 애착 물품을 소지하고 다니게 하여 만족감을 느낄 수 있도록 합니다.

감각통합의 관점의 원인분석

• 감각 자극의 강화

아동은 주변 환경과 상호작용하면서 신체 감각을 깨닫고 다양한 경험을 쌓아갑니다. 이 아이는 신체 활동을 통해 친구들과의 유대감을 형성하고, 강한 신체적 접촉에서 오는 감정적 만족감을 느꼈을 가능성이 높습니다. 친구들이 "재미있다."고 반응할 때, 이는 아이에게 긍정적인 강화로 작용하여, 그 행동을 계속 반복하도록 만듭니다. 친구들과의 신체 접촉을 통해 즐거움을 느끼고, 그 경험을 더욱 강하게 기억하게 되는 것입니다.

사례 5 친구들 앞에서 자신의 소중한 부분을 보여주려고 해요.

7세 학급에서, 여자아이들이 화장실에 간 후 시간이 지나도 교실로 돌아오지 않아 찾아가 보았습니다. 세 명의 친구가 한 칸 안에 들어가 서로의 몸을 관찰하며 웃고 떠들고 있었습니다. 순간 화를 참지 못하고 아이들을 크게 혼냈지만, 놀라운 것은 이것이 처음이 아니라는 점이었습니다. 같은 성별끼리라 그나마 다행이라고 생각했지만, 만약 남녀 사이에서 이런 일이 발생했다면 걱정스러울 수 있습니다. 어떻게 도와주면 좋을까요?

행동의 원인은 무엇일까요?

대부분의 아이들은 성적 행동의 의미를 이해하지 못하고 단순히 재미나 호기심으로 가볍게 행동하는 경우가 많습니다. 예를 들어, 자신의 생식기에서 소변이 나온다는 사실이 신기해서 친구에게 보여주고 싶어 하거나, 친구의 몸에 대한 호기심 때문에 이러한 행동을 할 수 있습니다.

A 선행사건	B 행동	C 결과
세 명의 여자아이들이 함께 놀이하려고 한다.	화장실 같은 칸에 들어가서 자신의 생식기를 보여준다.	생식기에서 소변이 나오는 모습을 보며 놀이로 즐긴다.

- 문제행동의 기능은 **활동 얻기(놀이하기)** 입니다.
- 세 명의 여자아이들이 함께 놀거리를 찾다가 소변이 마렵다고 하며 교사의 시선이 닿지 않는 화장실 칸으로 들어갑니다. 그곳에서 서로의 생식기를 보여주며 놀게 되는데, 이로 인해 생식기에서 소변이 나오는 모습을 관찰하면서 놀이처럼 즐기게 됩니다.

이렇게 도와주세요

- 아이가 궁금해하는 것을 설명해 주세요.

프로이드는 5~7세 유아기의 성 에너지가 성기에 집중되는 단계인 남근기(Phallic Stage)를 설명합니다. 이 시기는 아이들이 자신의 성기를 가지고 놀거나 다른 사람에게 보여주고 싶어 하며, 타인의 생식기를 관찰하고 싶어 하는 욕구를 가지게 되는 시기입니다. 중요한 점은 이러한 궁금증이 발달 과정에서 자연스럽게 나타나는 현상이라는 것입니다. 따라서 교사는 유아의 행동에 대해 지나치게 예민하게 반응해서는 안 됩니다. 유아가 자신의 궁금증을 해소하고 건강하게 발달 과업을 이룰 수 있도록 돕기 위해, 교사는 유아들이 현재 궁금해하는 부분을 확인하고 적절히 설명해야 합니다. 만약 유아가 생식기의 생김새와 역할에 대해 궁금해한다면, 관련된 그림책이나 영상 자료, 교육용 모형 등을 활용하여 설명해 주는 것이 효과적입니다.

나의 몸은 소중하다는 것을 인지시켜 주세요.

성은 단순한 호기심에서 비롯된 것일 수 있지만, 이러한 행동은 반복되어서는 안 됩니다. 교사는 지속적인 성교육을 통해 유아에게 자신의 몸과 다른 사람의 몸이 모두 소중하다는 것을 명확히 인식시킬 필요가 있습니다. 유아가 "보여줘서도 안 되고, 보아서도 안 된다."는 중요한 메시지를 이해할 수 있도록 분명하게 가르쳐야 합니다.

가정에 앞으로의 지도 계획을 안내하고 협조를 구하세요.

문제행동이 일회적인 지도만으로 해결되면 좋겠지만, 어린 유아를 대상으로 빠른 변화를 요구하는 것은 쉽지 않습니다. 따라서 가정의 적극적인 협조가 필요합니다. 가정과 소통할 때는 이번 상황이 유아 발달 과정에서 자연스럽게 나타날 수 있는 행동이라는 점을 강조하여, 너무 심각하게 생각할 필요가 없다고 설명해야 합니다. 성적 행동은 다른 문제행동들에 비해 보호자들이 과민하게 반응할 가능성이 높기 때문에 더욱 신중하게 접근할 필요가 있습니다. 또한 유치원의 지도 계획을 구체적으로 안내하는 것도 중요합니다. 예를 들어, 유치원에서는 '반복적인 성교육 실시'와 '화장실은 한 명씩 이용하기'와 같은 지도 계획이 있다면, 이를 가정에 공유하여 가정에서도 연계성 있게 지도해 줄 것을 요청합니다.

문제행동의 기능이 '관심 끌기'라면…

유아들은 사회적으로 수용되지 않는 방법일지라도 자신의 목적을 달성하기 위해 행동하는 경향이 있습니다. 예를 들어, 평소 친하게 지내고 싶은 친구에게 우연히 자신의 몸의 소중한 부분을 보여주었을 때, 친구가 관심을 보인다면 다음번에도 그 행동을 반복하여 친구의 관심을 끌고자 할 수 있습니다. 따라서 교사는 이러한 행동이 반복되지 않도록 분명한 말투로 해당 행동의 위험성에 대해 충분히 설명해야 합니다. 그리고 이를 통해 행동의 부적절함을 인식할 수 있도록 도와줍니다. 또한 유아가 친하게 지내고 싶은 친구의 관심을 얻을 수 있는 바람직한 방법을 안내하여, 긍정적인 상호작용을 촉진할 수 있도록 합니다.

감각통합의 관점의 원인분석

- 감각적 즐거움과 호기심

어린아이들은 신체에 대한 호기심이 굉장히 강합니다. 이 시기에는 생식기와 소변이 나오는 현상에 대해 탐구하고, 이를 참조하고 싶어 하는 본능적인 욕구가 큽니다. 여아들이 이러한 신체 변화를 친구와 공유함으로써 즐거움을 느끼는 것은 발달 과정에서 자연스러운 현상입니다. 생식기의 기능을 탐색하는 것은 신체 인식과 자신에 대한 이해의 중요한 부분이기 때문입니다.

사례 6 자위를 하는 것 같아요.

유아가 놀이시간이 되면 몸을 떨고 식은땀을 흘리는 모습을 여러 번 관찰했습니다. 처음에는 아이가 아픈 것이 아닌가 싶어 열을 체크하며 상태를 살폈습니다. 이후 아이는 교사의 시선을 의식하며 몰래 숨어서 같은 행동을 반복했습니다. 이러한 행동이 자위행위일 가능성이 있어, 계속 지속하지 않을까 걱정됩니다.

행동의 원인은 무엇일까요?

강조하고 싶은 점은 유아의 자위행동을 지나치게 심각하게 바라볼 필요가 없다는 것입니다. 유아의 자위는 성인의 자위와는 다르며, 주로 신체 감각을 탐색하는 놀이의 일환으로 볼 수 있습니다. 아이들은 다양한 신체 부위를 만지면서 감각을 즐기고, 그 과정에서 성기를 우연히 만졌을 때 다른 부위에 비해 자극이 강하다는 것을 깨닫고 호기심과 즐거움을 충족시키려고 할 수 있습니다. 이러한 행동은 자연스러운 신체 탐색의 일부로 이해할 수 있습니다.

A 선행사건	B 행동	C 결과
자유 놀이시간	자위행동을 한다.	신체적인 쾌감을 느낀다.

- 문제행동의 기능은 **자동강화(신체적 쾌감 얻기)** 입니다.
- 자유롭게 놀이할 수 있는 시간에 자위행동을 함으로써 신체적인 쾌감을 느낄 수 있었습니다.

이렇게 도와주세요

- 민감하게 반응하지 말아 주세요.

처음 유아의 자위행동을 관찰했을 때 당혹스러울 수 있으며, "지금 뭐하는 거야? 소중한 몸을 왜 만져?"라고 윽박지르거나 "이제 그만해!"라며 즉각 행동을 중단시킬 수 있습니다. 하지만 유아의 자위행동은 성적 호기심이 아닌 신체적 즐거움을 위한 자연스러운 행동이므로, 지나치게 민감하게 반응할 필요는 없습니다. 교사가 지속적으로 민감하게 반응할 경우, 유아는 이 행동을 몰래 하거나 과도한 죄책감을 느낄 위험이 있습니다.

- 동일한 감각 자극을 얻을 수 있는 놀이나 활동을 제공해 주세요.

신체적 즐거움을 중요시하고 에너지가 많은 유아라면, 유아가 즐길 수 있는 신체 놀이나 야외 활동을 제공하는 것이 유익할 수 있습니다. 이러한 활동을 통해 유아는 생식기에 집중된 관심을 전체적인 신체 움직임으로 분산시킬 수 있습니다. 교사가 매 순간 이러한 유아를 지속적으로 지원하기 어렵다면, 교실 환경을 점검하는 것이 중요합니다. 유아가 혼자 심심하지 않도록 유아가 좋아하는 놀잇감이 충분히 마련되어 있는지 살펴보고, 또래 간의 상호작용이 쉽게 일어날 수 있는 환경인지를 확인하여 필요한 지원을 마련해야 합니다.

생식기를 자주 만졌을 경우의 문제점을 알려주세요.

생식기는 매우 민감한 부분이기 때문에 지나친 자극은 손상이나 염증을 유발할 수 있습니다. 따라서 유아에게 손을 씻지 않고 만졌을 경우 발생할 수 있는 위험성과 위생의 중요성에 대해 알려주는 것이 중요합니다. 아이들이 이해할 수 있는 방식으로, 깨끗한 손으로만 몸을 만지는 것이 왜 중요한지 설명하고, 손 씻기의 중요성을 강조합니다. 이를 통해 유아가 자신의 신체를 안전하고 건강하게 관리하는 방법을 배우도록 도울 수 있습니다.

유아 수준에 적합한 성교육을 해주세요.

생식기는 몸에서 특별히 소중한 부분이므로, 유아 수준에 맞춘 적절한 성교육이 필요합니다. 유아에게 생식기의 정확한 명칭과 기본적인 역할을 알리고, 이 부위가 다치거나 아프게 되면 어떤 일이 생길 수 있는지를 이해할 수 있도록 교육하는 것이 중요합니다. 이를 위해 유아가 쉽게 이해할 수 있는 언어와 자료를 사용하여 생식기를 포함한 모든 신체 부위를 존중하고 보호하는 법을 가르칩니다. 이러한 교육은 유아가 자신의 몸에 대한 긍정적인 인식을 가지도록 도와줍니다.

문제행동의 기능이 '회피'라면…

불안감이 높은 상황에서 자위행동을 반복한다면, 이는 자위행동을 통해 불안한 마음에서 벗어나려는 회피의 목적을 가질 수 있습니다. 이런 경우 교사는 유아의 불안감을 감소시키기 위한 노력을 할 필요가 있습니다. 작은 성취에도 칭찬하여 자신감을 키울 수 있도록 합니다. 이러한 긍정적인 경험은 유아의 불안감을 줄이는 데 도움이 될 수 있습니다. 또한 유아의 불안감을 유발할 수 있는 상황을 미리 조절하면 자위행동은 자연스럽게 감소할 가능성이 큽니다.

감각통합의 관점의 원인분석

- **신경계의 감각 처리**

아이는 세상에 대한 경험이 부족하여 자신의 감각을 효과적으로 처리하는 데 어려움을 겪을 수 있습니다. 예를 들어, 어떤 아이는 불안하거나 압박감을 느낄 때, 스스로를 안정시키기 위해 자위행동을 할 수 있습니다. 감각통합 이론에 따르면, 신경계가 충분한 자극을 잘 처리하지 못하면, 아이는 강한 압박 자극이나 특별한 감각적 경험을 찾으려는 경향이 있습니다.

- **감각적 즐거움과 호기심**

아이들은 세상을 배우는 과정에서 신체 감각을 탐색하게 되며, 그 과정에서 성기와 같은 특정 신체 부위에 대한 자연스러운 호기심을 보입니다. 성기에 대한 탐색은 단순히 신체적 즐거움을 느끼는 일반적인 행동입니다. 이처럼 아이들은 자위행동을 통해 강한 신체적 쾌감을 경험하고, 이를 통해 안정감을 찾으려 합니다.

- **불안감과 회피**

아이가 놀이시간에 느끼는 강한 불안감이나 스트레스도 자위행동으로 이어질 수 있습니다. 이러한 행동은 불안감을 잠시 잊고 편안한 상태로 돌아가기 위한 회피 방법이 될 수 있습니다. 이로 인해 자위행동은 단순히 신체적 쾌감이 아니라, 감정적으로 안정감을 찾기 위한 반응임을 알 수 있습니다.

사례 7 활동 중 관련 없는 소리를 계속 내요.

주말에 있었던 일을 이야기하는 교실에서 학급 친구들은 발표하고 싶어 손을 들고 교실 앞으로 나가 발표합니다. 친구들의 이야기를 듣고 궁금한 점을 물어보기도 하며, 모두 즐거운 주말을 보낸 것 같습니다. 그러나 예나는 친구들의 이야기에 관심이 없어 보입니다. 혼자 무언가를 중얼거리며 계속 반복하고 있는데, 그 말을 알아듣기 어렵습니다. 처음에는 시간이 지나면 나아질 것이라 생각했지만, 예나의 중얼거림은 줄어들지 않고 오히려 더 커지고 많아지는 것 같습니다. 어떻게 도와줄 수 있을까요?

행동의 원인은 무엇일까요?

유아의 문제행동은 때때로 단일 원인보다는 복합적인 원인에 의해 발생할 수 있습니다. 수업 활동 중 유아가 반복적으로 소리를 내는 행동은 몇 가지 이유에 기인할 수 있습니다. 첫째, 유아가 하기 싫은 활동을 피하기 위한 방법일 수 있습니다. 특정 활동에 대한 불편함이나 부담을 느낄 때, 소리를 내어 그 상황을 회피하려는 경향을 보일 수 있습니다. 둘째, 이러한 행동은 타인의 관심을 끌기 위한 시도로 나타날 수도 있습니다. 소리를 낼 때 교사나 또래의 주목을 받음으로써 자신에게 집중되는 관심을 즐기는 경우입니다.

A 선행사건	B 행동	C 결과
수업 활동 중	지속적으로 소리를 낸다.	활동을 회피하거나 관심을 받는다.

문제행동의 기능은 **회피/ 관심 끌기** 입니다.

이렇게 도와주세요

활동을 재구성해 주세요.

유아가 활동에 더 잘 참여할 수 있도록 활동의 분량과 수준을 조절하는 것은 매우 중요합니다. 만약 활동이 유아의 수준보다 어렵다면 단계를 더 세분화하고 쉬운 과제를 먼저 제시하여 성취감을 주도록 합니다. 활동의 양이 많을 경우, 적정량으로 줄여 유아가 부담 없이 참여할 수 있도록 합니다. 또한 활동 내에서 선택의 기회를 제공하는 것도 효과적입니다. 두 가지 이상의 활동을 제시하여 유아가 스스로 선택할 수 있게 함으로써 참여 의지를 높이고, 자신감을 키울 수 있도록 지원합니다. 이로 인해 유아는 스스로 결정한 것에 대한 책임감을 느끼며 더 적극적으로 활동할 수 있게 됩니다. 선택의 폭을 제공할 때는 유아의 흥미와 선호를 고려하여 다양한 옵션을 준비하는 것이 좋습니다.

미리 관심을 주세요.

유아가 수업 중 소리를 내어 활동이 방해받을 경우, 유아가 소리를 내기 전에 선제적으로 관심을 줌으로써 소리를 내지 않도록 유도할 수 있습니다. 소리를 내는 것이 관심을 받기 위한 행동이라면, 미리 적절한 관심을 받음으로써 유아가 이를 통해 얻고자 하는 목적이 충족되어 소리로 방해하는 행동이 줄어들 수 있습니다. 하지만 관심을 너무 자주 제공하면 오히려 부정적인 영향을 미칠 수 있습니다. 따라서 유아에게 관심을 줄 때는 적절한 비율로 주는 것이 중요합니다. 교사는 이 균형을 잘 맞추어 유아가 긍정적인 방식으로 관심을 받고, 수업 분위기를 유지할 수 있도록 조율할 필요가 있습니다. 유아가 조용히 참여할 때마다 긍정적 피드백을 제공하는 것도 좋은 방법이 될 수 있습니다.

자리를 바꿔주세요.

유아가 교사의 관심을 받고 싶어 한다면, 유아를 교사와 가까운 자리로 배치하는 것이 좋은 방법일 수 있습니다. 교사와 가까운 자리에서 유아는 보다 쉽게 교사와 눈 맞춤을 할 수 있으며, 이는 유아에게 자연스러운 관심으로 느껴질 수 있습니다. 또한 유아가 좋아하는 친구 옆에 앉게 하면 친구로부터도 긍정적인 관심과 상호작용을 받을 수 있습니다. 이는 유아가 자신이 안전하고 존중받고 있음을 느끼게 하며, 수업 활동에 더 적극적으로 참여할 수 있도록 도와줍니다.

문제행동의 기능이 '감각 자극'이라면…

감각 추구는 특정 감각을 일상생활에서 자주 찾는 행동으로, 상동 행동도 감각 추구 행동의 일환입니다. 이러한 감각 추구를 억지로 막는 것은 어려움이 있으므로, 자연스럽게 다른 활동으로 전환하거나 대체 행동을 제시하는 것이 바람직합니다. 유아는 감각 추구를 통해 안정감을 얻기 때문에, 환경을 구성하여 유아에게 안정감을 줄 수 있습니다. 만약 유아가 활동 중 끊임없이 소리를 내며 자기 자극 행동에 빠져 다른 유아들에게 방해가 된다면, 청각 자극을 촉각 자극으로 전환해 보는 것이 효과적일 수 있습니다. 예를 들어, 유아가 소리를 낼 때 손을 잡아주거나, 어깨를 부드럽게 눌러 촉각 자극을 제공할 수 있습니다. 또한 유아가 손으로 눌러볼 수 있는 작은 인형이나 장난감을 주어 청각 자극을 촉각 자극으로 바꿔주는 것도 한 가지 방법입니다. 이러한 방법들은 유아가 환경 속에서 보다 편안함을 느끼고, 적절한 감각 자극을 통해 안정성을 찾도록 도와줄 수 있습니다.

문제행동의 기능이 '회피' 및 '관심 끌기'라면…

이러한 문제행동은 예나가 느끼는 감정적 불안과 사회적 상호작용에서의 어려움을 나타내는 신호로 볼 수 있습니다. 지속적인 소리는 소통의 한 형태이지만, 표현 방식이 아닌 다른 방법으로 자신의 존재를 알리고 싶은 욕구로 해석할 수 있습니다. 즉, 예나가 원치 않는 활동을 피하기 위해 소리를 내는 경우가 있습니다. 수업 활동이 어려워 그에 대한 불안을 느끼거나, 활동에 참여하기 싫은 마음에서 생길 수 있습니다. 그리고 예나는 주변 친구들이 발표하고 소통하는 동안, 자신의 발언을 통해 타인의 관심을 끌고자 할 수 있습니다. 이는 교사나 친구들의 반응을 기대하게 만드는 행동일 수 있습니다.

감각통합의 관점의 원인분석

- **감각적 대체 행동 제안**

예나가 소리를 내는 대신 다른 감각적 자극을 통해 안정감을 얻도록 도와주는 것이 좋은 방법입니다. 예를 들어, 예나가 소리를 낼 때 부드러운 인형을 주거나 손을 잡아 주고, 어깨를 가볍게 눌러주는 방법을 사용해 보세요. 이러한 신체 접촉은 예나에게 안정감을 줄 수 있습니다.

- **미리 관심 주기**

예나가 소리를 내기 전에 미리 관심을 가져주는 것이 중요합니다. 수업 중에 잠깐 예나의 눈을 맞추거나 예나가 흥미를 가질 만한 질문을 던지는 방법이 효과적입니다. 이렇게 하면 예나는 소리를 내고 싶어 하는 충동이 줄어들어, 점차 소리를 내는 행동이 감소할 것입니다.

- **자리 바꿔주기**

예나의 자리를 교사와 가까운 곳으로 옮겨 보면 자연스럽게 눈 맞춤과 상호작용이 늘어납니다. 이렇게 하면 교사가 예나에게 더 많은 관심을 기울일 수 있고, 예나도 보다 편안함을 느낄 수 있습니다. 또한 예나가 좋아하는 친구 옆에 앉히는 것도 긍정적인 영향을 줄 것입니다.

참/고/문/헌

Aktar, E., Colonnesi, C., de Vente, W., Majdandžić, M., & Bögels, S. M.(2017). How do parents' depression and anxiety, and infants' negative temperament relate to parent-infant face-to-face interactions. *Development and Psychopathology, 29*(3), 697-710.

Allevato, S.(2011). *Why consistency is important: A parent's guide to variable reinforcement.* University of Pittsburgh.

Arslan, E.(2021). Investigación del autoconcepto de los niños en edad preescolar en términos de habilidad para regular las emociones, comportamiento y estado emocional. *Anales de Psicología, 37*(3), 508-515. https://doi.org/10.6018/analesps.364771

Ashton, K., et al.(2021). Adult support during childhood: A retrospective study of trusted adult relationships, sources of personal adult support and their association with childhood resilience resources. *BMC Psychology, 9*, 101. https://doi.org/10.1186/s40359-021-00595-7

Ayres, A. J.(1989). *Sensory Integration and Praxis Test(SIPT).* Western Psychological Services.

Baer, R. A.(2010). Self-compassion as a mechanism of change in mindfulness-and acceptance-based treatments. In R. A. Baer(Ed.), *Assessing mindfulness & acceptance processes in clients*(pp. 135-154). New Harbinger.

Barragan-Jason, G., Atance, C. M., Kopp, L., & Hopfensitz, A.(2018). Two facets of patience in young children: Waiting with and without an explicit reward.

Journal of Experimental Child Psychology, 171, 14–30. https://doi.org/10.1016/j.jecp.2018.01.018

Barrett, L. F.(2017). The theory of constructed emotion: An active inference account of interoception and categorization. *Social Cognitive and Affective Neuroscience, 12*(1), 1–23.

Batson, C. D., Eklund, J. H., Chermok, V. L., Hoyt, J. L., & Ortiz, B. G.(2007). An additional antecedent of empathic concern: Valuing the welfare of the person in need. *Journal of Personality and Social Psychology, 93*(1), 65–74. https://doi.org/10.1037/0022–3514.93.1.65

Baumeister, R. F., Campbell, J. D., Krueger, J. I., & Vohs, K. D.(2003). Does high self–esteem cause better performance, interpersonal success, happiness, or healthier lifestyles? *Psychological Science in the Public Interest, 4*, 1–44.

Berliner, R., & Masterson, T. L.(2015). Review of research: Promoting empathy development in the early childhood and elementary classroom. *Childhood Education, 91*(1), 57–64. https://doi.org/10.1080/00094056.2015.1001675

Berkman, E. T.(2016). Self–regulation training. In K. D. Vos & R. F. Baumeister (Eds.), *Handbook of self-regulation*(pp. 440–457). The Guilford Press.

Bensalah, L., Caillies, S., & Anduze, M.(2016). Links among cognitive empathy, theory of mind, and affective perspective–taking by young children. *Journal of Genetic Psychology, 177*, 17–31. https://doi.org/10.1080/00221325.2015.1106438

Bettinger, E., & Slonim, R.(2007). Patience among children. *Journal of Public Economics, 91*(1–2), 343–363.

Blair, C., & Raver, C. C.(2012). Child development in the context of adversity: Experiential canalization of brain and behavior. *American Psychologist, 67*(4), 309. https://doi.org/10.1037/a0027493

Blandon, A. Y., & Scrimgeour, M. B.(2015). Child, parenting, and situational characteristics associated with toddlers' prosocial behaviour. *Infant and Child Development, 24*, 643–660. https://doi.org/10.1002/icd.1910

Bodison, S. C.(2015). Developmental dyspraxia and the play skills of children with autism. *American Journal of Occupational Therapy, 69*(5), 6905185060p1–6905185060p6. https://doi.org/10.5014/ajot.2015.017954

Boyer, W.(2010). Empathy development in teacher candidates. *Early Childhood Education Journal, 38*(4), 313–321. https://doi.org/10.1007/s10643–010–0419–8

Brennan, E. M., Huffstutter, K., Rosenzweig, J. M., & Bradley, J. R.(2008). Child care and employed parents of children with emotional or behavioral disorders. *Journal of Emotional and Behavioral Disorders, 16*(2), 78–89.

Brownell, C. A., Svetlova, M., Anderson, R., Nichols, S. R., & Drummond, J.(2013). Socialization of early prosocial behavior: Parents' talk about emotions is associated with sharing and helping in toddlers. *Infancy, 18*(1), 91–119.

Buettner, C. K., Jeon, L., Hur, E., & Garcia, R. E.(2016). Teachers' social–emotional capacity: Factors associated with teachers' responsiveness and professional commitment. *Early Education and Development, 27*(7), 1018–1039. https://doi.org/10.1080/10409289.2016.1168227

Camacho, R., Anderson, A., Moore, D. W., & Furlonger, B.(2014). Conducting a function–based intervention in a school setting to reduce inappropriate behaviour of a child with autism. *Behaviour Change, 31*(1), 65–77. https://doi.org/10.1017/bec.2013.33

Campbell, S. B.(2002). *Behavior problems in preschool children: Clinical and developmental issues.* Guilford.

Carvalho, A., Lemos, S. M., & Goulart, L. M.(2016). Language development and its relation to social behavior and family and school environments: A systematic review. *Codas, 28*, 470–479.

Chandler, G. E., Roberts, S. J., & Chiodo, L.(2015). Resilience intervention for young adults with adverse childhood experiences. *Journal of the American Psychiatric Nurses Association, 21*, 406–414.

Cole, P. M., Ram, N., & English, M. S.(2018). Toward a unifying model of self–regulation: A developmental approach. *Child Development Perspectives, 79*, 555–556. https://doi.org/10.1111/cdep.12316

Corbin, C. M., Hugh, M. L., Ehrhart, M. G., et al.(2022). Teacher perceptions of implementation climate related to feasibility of implementing schoolwide positive behavior supports and interventions. *School Mental Health, 14*, 1057–1069. https://doi.org/10.1007/s12310-022-09528-z

Cross, D., Fani, N., Powers, A., & Bradley, B.(2017). Neurobiological development in the context of childhood trauma. *Clinical Psychology: Science and Practice, 24*(2), 111–124. https://doi.org/10.1111/cpsp.12198

Crooks, C. V., Bax, K., Delaney, A., et al.(2020). Impact of MindUP among young children: Improvements in behavioral problems, adaptive skills, and executive functioning. *Mindfulness, 11*, 2433–2444. https://doi.org/10.1007/s12671-020-01460-0

Cunningham, J. E., Hemmeter, M. L., & Kaiser, A. P.(2020). The relation between teachers' positive behavior support and language support. *Topics in Early Childhood Special Education, 40*(3), 131–142. https://doi.org/10.1177/0271121420943653

Davidson, R.(2007, October). Changing the brain by transforming the mind: The impact of compassion training on the neural systems of emotion. Paper presented at the 13th annual Mind and Life Institute Conference, Emory University, Atlanta, GA.

Davis, M.(2018). *Empathy: A social psychological approach*. Routledge.

Duda, M. A., Dunlap, G., Fox, L., Lentini, R., & Clarke, S.(2004). An experimental evaluation of positive behavior support in a community preschool program. *Topics in Early Childhood Special Education, 24*(3), 143–155.

Engel-Yeger, B.(2010). The applicability of the Short Sensory Profile for screening sensory processing disorders among Israeli children. *International Journal of Rehabilitation Research, 33*, 311–331.

Fuller, E. A., & Kaiser, A. P.(2020). The effects of early intervention on social communication outcomes for children with autism spectrum disorder: A meta-analysis. *Journal of Autism and Developmental Disorders, 50*, 1683–1700. https://doi.org/10.1007/s10803-019-03927-z

Gailliot, M. T.(2012). Breaking the rules: Low trait or state self-control increases social norm violations. *Psychology, 3*(12), 1159.

Gallese, V.(2003). The roots of empathy: The shared manifold hypothesis and the neural basis of intersubjectivity. *Psychopathology, 36*, 171-180.

Galla, B. M., & Duckworth, A. L.(2015). More than resisting temptation: Beneficial habits mediate the relationship between self-control and positive life outcomes. *Journal of Personality and Social Psychology, 109*, 508-525. https://doi.org/10.1037/pspp0000026

Germer, C. K.(2009). *The mindful path to self-compassion*. Guilford Press.

Gilbert, P., & Irons, C.(2005). Therapies for shame and self-attacking: Using cognitive, behavioural, emotional imagery and compassionate mind training. In P. Gilbert(Ed.), *Compassion: Conceptualisations, research and use in psychotherapy*(pp. 263-325). Routledge.

Gioia, G. A., Isquith, P. K., Guy, S. C., & Kenworthy, L.(2000). *BRIEF: Behavior rating inventory of executive function*. Psychological Assessment Resources.

Greenberg, M. T., Domitrovich, C. E., Weissberg, R. P., & Durlak, J. A.(2017). Social and emotional learning as a public health approach to education. *Future of Children, 27*(1), 13-32. https://doi.org/10.1353/foc.2017.0001

Grenell, A., Prager, E. O., Schaefer, C., Kross, E., Duckworth, A. L., & Carlson, S. M.(2018). Individual differences in the effectiveness of self-distancing for young children's emotion regulation. *British Journal of Developmental Psychology, 36*(1), 1070-1017. https://doi.org/10.1111/bjdp.12259

Hauser, M. D.(2019). Patience! How to assess and strengthen self-control. *Frontiers in Education, 4*, 25. https://doi.org/10.3389/feduc.2019.00025

Hanewald, R.(2011). Reviewing the literature on "at-risk" and resilient children and young people. *Australian Journal of Teacher Education, 36*(2), 16-29. https://doi.org/10.14221/ajte.2011v36n2.2

Hemmeter, M. L., Fox, L., Jack, S., & Broyles, L.(2007). A program-wide model of positive behavior support in early childhood settings. *Journal of Early Intervention,*

29, 337–355. https://doi.org/10.1177/105381510702900403

Hussein, Z. A., Abdel–Aty, S. A., & Elmeniawey, G. H.(2023). Sensory–based motor processing in children with specific learning disabilities. *Physiotherapy Quarterly, 31*(1), 95–99. https://doi.org/10.5114/pq.2023.115855

Kerr, M. M., & Nelson, C. M.(2010). *Strategies for addressing behavior problems in the classroom*(6th ed.). Pearson Education.

Kilroy, E., Aziz–Zadeh, L., & Cermak, S.(2019). Ayres theories of autism and sensory integration revisited: What contemporary neuroscience has to say. *Brain Sciences, 9*, 68.

Kim, E., Jackman, M. M., Jo, S., Oh, J., Ko, S., McPherson, C. L., Hwang, Y., & Singh, N. N.(2020). Effectiveness of the mindfulness–based OpenMind–Korea (OM–K) preschool program. *Mindfulness, 11*(4), 1062–1072. https://doi.org/10.1007/s12671–020–01337–2

LoBue, V., & Ogren, M.(2022). How the emotional environment shapes the emotional life of the child. *Policy Insights from the Behavioral and Brain Sciences, 9*(1), 137–144. https://doi.org/10.1177/23727322211067264

Maloney, J. E., Lawlor, M. S., Schonert–Reichl, K. A., & Whitehead, J.(2016). A mindfulness–based social and emotional learning curriculum for school–aged children: The MindUP program. In K. A. Schonert–Reichl &R. W. Roeser(Eds.), *Handbook of mindfulness in education: Integrating theory and research into practice*(pp. 313–334). Springer. https://doi.org/10.1007/978–1–4939–3506–2_20

Maruyama, J. M., Valente, J. Y., Tovo–Rodrigues, L., et al.(2023). Maternal depression trajectories in childhood, subsequent maltreatment, and adolescent emotion regulation and self–esteem: The 2004 Pelotas birth cohort. *European Child &Adolescent Psychiatry, 32*, 1935–1945. https://doi.org/10.1007/s00787–022–02022–6

McLay, L., France, K., Blampied, N., & Hunter, J.(2017). Using functional behavioral assessment to treat sleep problems in two children with autism and vocal stereotypy. *International Journal of Developmental Disabilities, 65*(3), 175–184. https://doi.

org/10.1080/20473869.2017.1376411

McMahon, E. L., Wallace, S., Samuels, L. R., et al.(2024). The relationships between resilience and child health behaviors in a national dataset. *Pediatric Research*. https://doi.org/10.1038/s41390-024-03664-9

Moffitt, T. E., Arseneault, L., Belsky, D., Dickson, N., Hancox, R. J., Harrington, H., et al.(2011). A gradient of childhood self-control predicts health, wealth, and public safety. *Proceedings of the National Academy of Sciences, 108*, 2693-2698. https://doi.org/10.1073/pnas.1010076108

Montroy, J. J., Bowles, R. P., Skibbe, L. E., McClelland, M. M., & Morrison, F. J.(2016). The development of self-regulation across early childhood. *Developmental Psychology, 52*(11), 1744-1762. https://doi.org/10.1037/dev0000159

Morales, S., Brown, K. M., Taber-Thomas, B., LoBue, V., Buss, K. A., & Pérez-Edgar, K. E.(2017). Maternal anxiety predicts attentional bias towards threat in infancy. *Emotion, 17*, 874-883.

Neff, K.(2011). Self-compassion, self-esteem, and well-being. *Social and Personality Psychology Compass, 5*(1), 1-12.

Nigg, J. T.(2016). On the relations among self-regulation, self-control, executive functioning, effortful control, cognitive control, impulsivity, risk-taking, and inhibition for developmental psychopathology. *Journal of Child Psychology and Psychiatry, 58*, 361-383. https://doi.org/10.1111/jcpp.12675

Ornaghi, V., Conte, E., & Grazzani, L.(2020). Empathy in toddlers: The role of emotion regulation, language ability, and maternal emotion socialization style. *Frontiers in Psychology, 11*, 586862. https://doi.org/10.3389/fpsyg.2020.586862

Pandey, A., Hale, D., Das, S., Goddings, A.-L., Blakemore, S.-J., & Viner, R. M.(2018). Effectiveness of universal self-regulation-based interventions in children and adolescents: A systematic review and meta-analysis. *JAMA Pediatrics, 172*, 566-575. https://doi.org/10.1001/jamapediatrics.2018.0232

Park, J. H., Alber-Morgan, S. R., & Fleming, C.(2011). Collaborating with parents to implement behavioral interventions for children with challenging behaviors.

Teaching Exceptional Children, 43(3), 22–30.

Peterson, C. A., Mayer, L. M., Summers, J. A., et al.(2010). Meeting needs of young children at risk for or having a disability. *Early Childhood Education Journal, 37*, 509–517. https://doi.org/10.1007/s10643-010-0375-3

Peterson, C. A., Wall, S., Raikes, H. A., Kisker, E. E., Swanson, M. E., Jerald, J., et al.(2004). Early Head Start: Identifying and serving children with disabilities. *Topics in Early Childhood Special Education, 24*, 76–88.

Pfeiffer, B., Daly, B. P., Nicholls, E. G., & Gullo, D. F.(2015). Assessing sensory processing problems in children with and without attention deficit hyperactivity disorder. *Physical & Occupational Therapy in Pediatrics, 35*, 1–12.

Reinke, W. M., Herman, K. C., & Stormont, M.(2013). Classroom-level positive behavior supports in schools implementing SW-PBIS: Identifying areas for enhancement. *Journal of Positive Behavior Interventions, 15*, 39–50. https://doi.org/10.1177/1098300712459079

Ringold, S. M., McGuire, R. W., Jayashankar, A., Kilroy, E., Butera, C. D., Harrison, L., Cermak, S. A., & Aziz-Zadeh, L.(2022). Sensory modulation in children with developmental coordination disorder compared to autism spectrum disorder and typically developing children. *Brain Sciences, 12*(9), 1171. https://doi.org/10.3390/brainsci12091171

Rodríguez-Armendariz, E., Vela-Romero, M., & Galiana, A.(2024). Sensory processing challenges in children with neurodevelopmental disorders and genetic conditions: An observational study. *NeuroSci, 5*(3), 339–353. https://doi.org/10.3390/neurosci5030027

Rimm-Kaufman, S. E., Curby, T. W., Grimm, K. J., Nathanson, L., & Brock, L. L.(2009). The contribution of children's self-regulation and classroom quality to children's adaptive behaviors in the kindergarten classroom. *Developmental Psychology, 45*(4), 958–972. https://doi.org/10.1037/a0015861

Rimm-Kaufman, S., Early, D., Cox, M., Saluja, G., Pianta, R. C., Bradley, R., & Payne, C.(2002). Early behavioral attributes and teachers' sensitivity as predictors of competent behavior in the kindergarten classroom. *Journal of Applied Developmental Psychology, 23*(4), 451–470. https://doi.org/10.1016/S0193-3973(02)00128-4

Schonert-Reichl, K. A., Smith, V., Zaidman-Zait, A., & Hertzman, C.(2012). Promoting children's prosocial behaviors in school: Impact of the "Roots of Empathy" program on the social and emotional competence of school-aged children. *School Mental Health, 4*, 1–21. https://doi.org/10.1007/s12310-011-9064-7

Simonsen, B., Eber, L., Black, A. C., Sugai, G., Lewandowski, H., Sims, B., & Myers, D.(2012). Illinois statewide positive behavioral interventions and supports: Evolution and impact on student outcomes across years. *Journal of Positive Behavior Interventions, 14*, 5–16. https://doi.org/10.1177/1098300711412601

Solomon, R., Van Egeren, L. A., Mahoney, G., Huber, M. S. Q., & Zimmerman, P.(2014). PLAY Project Home Consultation intervention program for young children with autism spectrum disorders: A randomized controlled trial. *Journal of Developmental and Behavioral Pediatrics, 35*(8), 475.

Summers, J. A., Steeples, T., Peterson, C., Naig, L., McBride, S., Wall, S., et al.(2001). Policy and management supports for effective service integration in Early Head Start and Part C programs. *Topics in Early Childhood Special Education, 21*, 16–30.

Turner-Brown, L., Hume, K., Boyd, B. A., & Kainz, K.(2016). Preliminary efficacy of Family Implemented TEACCH for toddlers: Effects on parents and their toddlers with autism spectrum disorder. *Journal of Autism and Developmental Disorders*. https://doi.org/10.1007/s10803-016-2812-7

Wanless, S., McClelland, M., Tominey, S., & Acock, A.(2013). The influence of demographic risk factors on children's behavioral regulation in prekindergarten and kindergarten. In S. Wanless &C. Cameron(Eds.), *Self-regulation and early school success*(pp. 97–124). Routledge.

Watts, T. W., Duncan, G. J., & Quan, H.(2018). Revisiting the marshmallow test: A conceptual replication investigating links between early delay of gratification and later outcomes. *Psychological Science, 29*(7), 1159–1177. https://doi.org/10.1177/0956797618761661

Wetherby, A. M., & Woods, J. J.(2006). Early Social Interaction Project for children with autism spectrum disorders beginning in the second year of life: A preliminary study. *Topics in Early Childhood Special Education, 26*(2), 67–82.

Wink, M. N., LaRusso, M. D., & Smith, R. L.(2021). Teacher empathy and students with problem behaviors: Examining teachers' perceptions, responses, relationships, and burnout. *Psychology in the Schools, 58*, 1575–1596. https://doi.org/10.1002/pits.22516

Wu, L., Kim, M., & Markauskaite, L.(2020). Developing young children's empathic perception through digitally mediated interpersonal experience: Principles for a hybrid design of empathy games. *British Journal of Educational Technology, 51*, 1168–1187. https://doi.org/10.1111/bjet.12918

Yoder, P. J., Bottema–Beutel, K., Woynaroski, T., Chandrasekhar, R., & Sandbank, M.(2013). Social communication intervention effects vary by dependent variable type in preschoolers with autism spectrum disorders. *Evidence-Based Communication Assessment and Intervention, 7*(4), 150–174.

Yoleri, S.(2014). The effects of age, gender, and temperament traits on school adjustment for preschool children. *e-International Journal of Educational Research, 5*(2), 54–66.

저 / 자 / 약 / 력

백상수

미국 The State University of New York -Albany 학사

미국 University of Illinois Urbana-Champaign 유아특수교육 전공 석사

미국 University of Illinois Urbana-Champaign 유아특수교육 전공 박사

역임) 미국 Roberts Wesleyan University 교수

현) 대구대학교 사범대학 학장

한국유아특수교육학회 회장

대구대학교 사범대학 유아특수교육학과교수

sangsu@daegu.ac.kr

한민경

유아특수교사/ 유치원교사/ 유치원장/ 사회복지사/ 간호조무사

[아동심리 및 교육학 전공]

연세대학교 대학원 아동가족학과 석사

미국 University of Oklahoma 대학원 교육학과 박사

[특수교육학 전공]

대구대학교 대학원 유아특수교육학 석사

대구대학교 대학원 특수교육학 박사(지적장애아교육)

수상) 장애인복지분야 보건복지부 장관상

역임) 유치원 교사 및 원장 역임(12년)

소아정신건강의학과 실장(3년)

현) 대구대학교 유아특수교육과 초빙교수

동영유치원 IB 프로그램 코디네이터

7778ece@gmail.com

류은영

유아특수교사/ 유치원 교사

대구대학교 사범대학 유아특수교육과 학사

대구대학교 특수교육대학원 유아특수교육전공

한국방송통신대학교 유아교육과 학사

역임) 2011.3. ~ 2019. 8. 경상남도교육청 소속 유아특수교사

교사 연수/ 교육부 장학자료 집필

현) 2019.9 ~ 경상북도교육청 소속 유아교사

교사 연수/ 경북교육청 유치원 콘텐츠 개발위원

cutezg@hanmail.net

신용현

유아특수교사

대구대학교 유아특수교육 학사

대구대학교 특수교육대학원 유아특수교육전공 석사 졸업

대구대학교 대학원 특수교육(정서행동장애아교육) 박사수료

역임) 남부교육지원청 진단평가위원회 외부위원 (2022, 2023)

특수교육 교육과정 핵심교원(2023)

장애유아 통합교육 교수 학습자료 개발 집필위원

제 42회 장애인의 날 기념(통합교육 분야) 교육감 표창 수상

현) 대구시교육청 소속 유아특수교사(2016. 3.~)

대구광역시교육연수원 파견교사

행동중재지원단/ 문제행동중재 교사 대상 다수 강의

yhyun7040@naver.com

이희정

유아특수교사

대구대학교 유아특수교육 학사

대구대학교 특수교육대학원 유아특수교육전공

역임) 인천동부교육지원청 진단평가위원회 위원 (2021~2023)

인천 행동분석전문가 양성과정 참여 (2023~2024)

현) 인천시교육청 소속 유아특수교사(2020. 3.~)

인천 동부교육지원청 행동중재 컨설팅 위원

hee-hee0305@naver.com

최인영

유치원교사/ 원감/ 보육시설장/ 장애영유아보육교사/ 사회복지사

대구가톨릭대학교 교육대학원 교육학석사(유아교육 전공)

대구대학교 특수교육(정서행동장애아교육) 박사수료

역임) 유치원 교사(일반학급, 특수학급) 및 원감(교육 경력 30년)

한국몬테소리 교사 및 연구주임교사

어린이집 원장

유치원교사, 특수학급 교사, 원감

waitsun2@naver.com

저 / 자 / 약 / 력

임미희
유아특수교사
대구대학교 유아특수교육 학사
대구대학교 특수교육대학원 유아특수교육전공 석사
역임) 성모유치원 특수교사
서울특별시 서부교육지원청 특수교사
서울동대문구육아종합지원센터 특수교사
인천 가림초등학교 병설유치원 특수교사
김포마송중앙초등학교 병설유치원 특수교사
현) 김포샘재유치원 특수교사
수상) 특수교육유공 경기도교육감 표창 수상(2023)
특수교육유공 김포교육지원청교육장 표창 수상 (2022)
goon0121@korea.kr

성경진
유아특수교사
대구대학교 유아특수교육 학사
활동) 통합거점유치원 협의회 통합교육 사례 발표
대구광역시교육청 전문학습공동체 디지털교육 사례 발표
대구대학교 사범대학 유아특수교육과 협력 교수법 특강
현) 대구시교육청 소속 유아특수교사(2023. 3. 1.~)
rudwls2597@naver.com

허혜정
유치원교사
영남대학교 문과대학 아동학 전공 문학사
대구대학교 사범대학 유아교육 심화전공 교육학사
대구교육대학교 교육대학원 유아 및 아동교육전공 교육학 석사
대구대학교 특수교육대학원 유아특수교육 석사수료
역임) 전라남도 교육청 소속 공립유치원 교사
Korean school of Malaysia 유치원 초빙 교사 (2018~2021)
Korean speech contest in Malaysia 심사 위원(2020)
대구광역시 유치원교사 수업연구대회 2등급 수상(2022)
대학 출강 및 교육청 및 연수원 강의 다수
현) 대구광역시 교육청 소속 공립유치원 교사
대구광역시유아교육진흥원 파견교사(2023. 3. ~2025. 2.)
337toto@hanmail.net

이주영
유아특수교사/ 유치원교사/ 보육시설장
대구대 유아특수교육 학사
덕성여대 대학원 유아교육학과 석사덕성여대 대학원 유아교육학과 박사
역임) 장애통합어린이집 교사
유아교육 및 아동학 전공 대학 외래/ 겸임교수
현) 전북대 아동학과 초빙교수
leejuyoung1572@gmail.com

김희은
유치원교사/ 보육기관장/ 중고등학교 체육교사
계명대학교 체육학과 학사
수성대학교 유아교육과 학사
계명대학교 유아교육대학원 유아교육전공 석사 졸업
계명대학교 대학원 유아교육 박사수료
역임) 중학교·고등학교 체육교사
어린이집 원장/ 미술교육센터장
수성대 유아교육과 겸임교수
현) 대구대학교 유아특수교육과 겸임교수
모이스쿨스영재교육원 대표
대구시보육교사 승급보수교육 강사
유치원 어린이집 부모교육·교사교육
더현대 대구점 문해력교육/ 부모교육/ 현대커넨트 부산점 강사
tobi-tobi@daum.net

조혜진
작업치료사/ 초·중등 치료교사자격
대구대학교 재활과학대학원 재활과학과(작업치료 전공)
세계보건기구 WHO 양육기술훈련프로그램 CST-Korea Facilitor
대한감각통합치료학회 주강사
대한작업치료사협회 보수교육 내용전문가
감각통합치료학회 월버거프로토콜적용 치료자격
역임) 요한바오로2세 어린이집 작업치료사 (2007~2009)
밝은 어린이집 작업치료사(2009)
세란아동발달센터 작업치료사 및 소장 (2009~2022)
현) 어바웃차일드 아동청소년 발달상담센터원장 (2022~)
iz-heyjo@hanmail.net

저/자/약/력

홍 진

작업치료사/ 사회복지사/ 중등생물교사

연세대학교 재활치료학 학사(작업치료 전공)

연세대학교 보건대학원 보건학 석사

연세대학교 대학원 재활치료학 박사

단국대학교 의생명과학부 생명과학전공 학사

역임) 국립재활원 연구원/ 서울시 보건소 작업치료사
대학 및 대학원 재활치료 전공 전임교수/ 겸임교수

현) 특수교육, 사회복지, 재활치료 전문 H-SQUARE 대표

hongjincare@gmail.com

유아특수교사, 유아교사, 작업치료사의 다학문적 협력을 통한

영유아 문제행동 지도와 상담

이론과 실제

| **공저자** | 백상수 · 한민경 · 류은영 · 신용현 · 이희정 · 최인영 · 임미희
성경진 · 허혜정 · 이주영 · 김희은 · 조혜진 · 홍 진

| **1판 1쇄** | 발행 2025년 2월 28일

| **발행인** | 김동훈
| **펴낸곳** | 공동체

| **주소** | 경기도 고양시 일산동구 호수로 358-39, 동문타워 1차 905호(백석동)
| **전화** | 031)814-3000(대표)
| **팩스** | 031)814-3100
| **홈페이지** | www.compub.co.kr
| **전자우편** | compub@naver.com
| **출판등록** | 2005년 10월 6일
| **등록번호** | 제396-2005-36호

| **ISBN** | 979-11-6725-840-3
정가 23,000원